“新世纪”经济学文库

总主编　王秋石

中国市场经济导论

谢望礼　彭武汉　编著

经济管理出版社

责任编辑 凌 霄
技术编辑 晓 成
责任校对 叶 子

图书在版编目（CIP）数据

中国市场经济导论/谢望礼，彭武汉编著．—北京：经济管理出版社，2008

（“新世纪”经济学文库/王秋石主编）

ISBN 978－7－80162－461－1

Ⅰ．中…　Ⅱ．①谢…②彭…　Ⅲ．社会主义经济：市场经济—中国　Ⅳ．F123.9

中国版本图书馆 CIP 数据核字（2002）第 054614 号

“新世纪”经济学文库

中国市场经济导论

谢望礼　彭武汉　编著

出版： 经济管理出版社

（北京市海淀区北蜂窝 8 号中雅大厦 11 层　邮编：100038）

发行： 经济管理出版社总发行　全国各地新华书店经销

印刷： 北京诚信伟业印刷有限公司

787mm×960mm/16　　18 印张　　322 千字

2002 年 9 月第 1 版　　2010 年 2 月北京第 8 次印刷

印数：25001～28000 册

ISBN 978－7－80162－461－1/F·445

定价：26.00 元

《“新世纪”经济学文库》编委会

总　　序

人类社会已经进入20世纪90年代末期，即将跨入一个崭新的世纪，在这世纪之交，我们不禁苦苦思索：本世纪经济学有些什么特征？新世纪经济学将有或者应该有一条什么样的发展路径？新世纪经济学新在何处？新世纪中国的经济学发展情况如何？

为了适应时代的要求，教育部决定在1999年实行新的本科专业目录，经济学教育面临着一个重大的研究课题：如何面向21世纪设置一个较为科学、合理的经济学专业课程结构以及如何加强经济学专业教材体系的建设问题。

带着上述思考，面对这一课题，我们江西财经大学长期从事经济学教学的教授们集多年研究之成果，聚集体研究之智慧，组织编写了这套丛书，谨以此作为我们献给21世纪的一份带有探索性的学术答卷。正因为如此，我们将这套丛书取名为《“新世纪”经济学文库》，祈望这套丛书的出版对繁荣我国经济学科建设、培养跨世纪的经济人才有所裨益。

王秋石

1998年5月

目录

第一章　市场经济的一般原理

第一节　市场经济的产生及其发展过程

一、市场的涵义

在明确什么是市场经济之前，先要了解市场的一般含义。首先，市场是社会生产和社会分工的产物，它与商品交换是同时出现的。列宁指出："哪里有社会分工和商品生产，哪里就有'市场'；社会分工和商品生产发展到什么程度，'市场'就发展到什么程度"①。可见，从经济活动空间角度讲，市场是商品交换的场所或领域。其次，商品生产是以交换为目的的，是为了满足他人需要而进行的生产，也是只有依赖他人劳动及产品才能进行的生产，这就决定了商品生产者之间具有密切的经济联系，这种经济联系只有通过市场才能实现，市场成为各个经济主体之间经济活动的集合点。可见，从经济主体角度讲，市场又是各经济主体之间全部交换关系的总和。再次，在直接以交换为目的的经济形式即商品经济条件下，商品生产者在市场上能否卖出自己生产的商品，能否买进自己所需要的商品，卖出买进商品的价格如何，直接取决于市场上的供求关系，从而最终决定着商品生产者的命运。因此，商品生产者必须以市场价格信号为导向，来安排自己的生产经营活动，即相应占用一定的经济资源。商品经济就是在市场的这种作用下运行的。可见，从经济运行角度讲，市场也是一种经济资源配置的调节机制或调节手段，市场经济正是从市场的这一含义角度提出来的。

总之，市场既是商品交换的场所或领域，又是各经济主体之间全部交换关系的总和，也是一种经济资源配置的调节机制或调节手段。

二、市场经济的涵义及其与商品经济的关系

市场经济这一概念，是在 19 世纪末新古典经济学兴起以后才广泛流行的。

① 《列宁全集》第一卷，人民出版社 1972 年版，第 79 页。

长期以来，无论是西方资产阶级学者，还是实践中的社会主义者，都把它视为一种社会经济制度，并作为资本主义经济的同义语。其实，这是对市场经济的误解。市场经济，是从经济资源配置方式的角度而概括出来的一个经济范畴。所谓市场经济，就是以市场机制为导向配置经济资源的经济形式。简而言之，是以市场为导向的经济形式。大家知道，物质资料的生产是人类经济活动的基础。人们要进行物质资料的生产，就必须具备一些基本的生产要素或经济资源，如劳动力、生产资料和经济信息等，并使这些经济资源在生产过程中结合起来，从而生产出产品，满足人们的各种需要。由于人们的需要是无限的，而经济资源却是有限的，投入到某种产品生产的资源的增加会导致投入其他产品生产的资源的减少。因此，就需要对经济资源在各种可能的生产用途之间做出选择，使一切可以利用的资源得以有效利用，以获得最佳的经济效益。这就是资源的合理配置过程。资源的合理配置问题是任何社会经济生活的基本问题。采取什么样的资源配置方式使有限的资源得到充分利用，实现社会生产与社会需要的平衡，不是取决于人们的主观选择，而是取决于人类社会一定发展阶段的特定生产条件。更明确地讲，是取决于人类社会一定发展阶段的生产力水平。在自然经济条件下，生产力水平低下，劳动者受血缘关系或人身依附关系所制约，不是独立的劳动者；人们在狭窄的特定自然区域范围内生产和获取所需要的物质资料。因此，经济资源主要是由各个经济单位或家庭独立地按自然分工进行支配的。而在商品经济条件下，由于市场是商品经济的必然产物，商品生产者正是依据市场来从事生产经营活动。因此，基础性的或主要的配置方式只能是市场配置。

关于市场经济和商品经济的关系，目前我国学术界仍有不同的看法。较有代表性的看法有两种：一种看法认为，市场经济与商品经济属于经济发展的不同阶段，市场经济是商品经济发展到较高阶段的产物，是商品经济的高级形态。另一种看法认为，市场经济和商品经济本质上是同一事物从两个不同的角度所概括的两个范畴，不存在发展阶段的区别。作者持后一种看法，即认为两者具有同一性或本质上是一回事。

其一，市场经济是商品经济的自我运行方式。商品经济是一种交换经济，是产品作为商品的经济形式。这种经济形式既不同于自然经济又不同于产品经济的一般特点，就在于产品既不是作为直接的使用价值来生产，也不是作为直接的社会产品来生产，而是作为交换价值来生产。产品是通过市场上供求双方的买卖活动转化为商品。市场作为各种交换关系的总和体现了商品经济条件下人们在生产、交换、分配、消费中形成的各种经济关系。各种经济活动通过市场来进行，商品经济就表现为市场经济。因此，商品经济和市场经济是内容和形式的关系。商品经济是市场经济的内容，市场经济是商品经济的自我运行方式。

其二，两者是同一事物的两种不同称谓。商品经济是直接以交换为目的的经济形式；市场经济是以市场机制为导向配置经济资源的经济形式。商品经济是从人们的经济联系要通过商品买卖活动来实现的角度所界定的经济形式。正如列宁所指出的，商品生产“也就是通过市场而彼此联系起来的单独的生产者的生产”[①]。商品经济所相对的是人们的经济联系不需要通过产品的买卖这种交换活动来实现的角度所界定的自然经济和产品经济；而市场经济则是人们的经济联系要通过市场配置资源来实现的角度所界定的经济形式，其相对的是人们的经济联系不需要通过市场而只要通过指令性计划配置资源来实现的计划经济。这好比张三这个人就有乳名和笔名两个名字，除了张三这个笔名外，还有一个小名或乳名叫毛毛。这两个名字的出现有其特定的场所环境或内容，在家庭以外可能更多的叫张三，在家庭以内便更多地叫毛毛了。张三是毛毛，毛毛就是张三。

其三，两者不能割裂。这如同商品经济不能与市场调节割裂一样，从来不存在只有商品经济而没有市场经济的情况；也从来不存在只有市场经济而没有商品经济的情况。如果像有的观点把市场经济拔高到商品经济形式之外的新阶段或更高阶段，那就否定了市场经济在当代的普遍性。因为，既然商品经济只有在发展到发达之后的新阶段或更高阶段才出现市场经济，那么商品经济尚未发达的国家（含现阶段的中国）就不会出现市场经济。这显然不符合当今时代的经济实际。需要特别指出的是，把市场经济看成是建立在高度发达的商品经济基础上的观点，是自觉或不自觉地将“商品经济”和“市场经济”与特定的社会形态相联系，进一步说，是自觉或不自觉地和西方经济学界一样，把市场经济和资本主义经济联系在一起。这种认识的误区在于混淆了“某个社会的经济是不是商品经济或市场经济”和“某个社会的经济存不存在商品经济或市场经济”这样两个完全不同的命题。如后面将提到的资本主义以前社会的经济，说它们存在商品经济或市场经济，并不能说明它们就是商品经济或市场经济。因为，商品经济或市场经济在这几个社会形态中并不占主导地位。把握商品经济和市场经济的同一性，就能更好地说明人类社会的经济发展过程和市场经济的发展过程。

三、市场经济的产生及其发展过程

在人类社会的经济发展过程中，最初的经济形式是自然经济即生产者以满

① 《列宁全集》第一卷，人民出版社1972年版，第385页。

足自身需要为目的的经济形式，后来随着社会分工和生产力的发展又出现了商品经济。商品经济的发展经历了三个历史阶段，即古代商品经济、近代商品经济和现代商品经济。作为商品经济的自我运行方式的市场经济，也相应经历了古代市场经济、近代市场经济和现代市场经济。

古代市场经济，从严格意义上讲，是在原始社会的末期就已出现，在奴隶社会和封建社会得以发展。人类社会经历了漫长的原始社会，在原始社会的早、中期，没有社会分工，没有私有制，也就没有交换，自然也就没有市场，因而也就无所谓市场经济。在原始社会的后期，出现了畜牧业和农业相分离的人类第一次社会大分工，这就使得它们彼此之间的交换成为必要和可能。但这时只是一些剩余产品的交换行为，并不专为交换而生产商品，所以并不存在商品生产，市场只是起着互通有无的作用。原始社会经过第一次社会大分工后，生产力有了进一步的发展。随着金属工具的被利用，人类社会出现了手工业从农业分离的第二次社会大分工。从此直接以交换为目的的商品生产便开始出现。恩格斯在《家庭、私有制和国家的起源》一书中明确指出："在野蛮时代高级阶段，农业和手工业之间发生了进一步的分工，从而发生了直接为了交换的、日益增加的一部分劳动产品的生产，这就使单个生产者之间的交换变成了社会的迫切需要。"[①] 因而市场经济的雏形得以形成。随着社会分工的不断发展，尽管奴隶社会和封建社会的市场经济有了进一步发展，但就其总体性质而言，市场经济只是作为其社会经济的补充形式，在那些阶段占主体地位或占统治地位的仍旧是自给自足的自然经济。古代市场经济只是一种单一的、简单的市场经济，只有一般的商品和消费市场，没有完善的生产要素市场。

近代市场经济是伴随着资本主义制度的建立而成长起来的。18 世纪中叶，以英国首开其端，法、美、德、俄等国紧随其后的工业革命极大地改变了世界经济的格局，生产社会化的步伐骤然加速，社会生产力水平得到空前的提高，信用交换关系迅速发展，近代市场经济从此形成。在这个阶段，包括生产要素市场在内的各种市场构成的市场体系已相当发达，社会分工成为社会生产的最基本方式，劳动社会化在广度和深度上不断扩大；市场经济关系占据了社会生产的主要领域，商品生产和商品交换主宰了一切；市场交换突破了地域和地理条件的限制，逐步扩展到整个国家和全世界。一句话，这时的市场已起着配置经济资源的主导作用。因此说，人类社会发展到这一历史阶段，其社会经济不仅存在商品经济或市场经济，而且就是商品经济或市场经济。但是，近代市场经济是自发的、盲目的、无政府状态的市场经济，自由竞争是国内及国际经济

① 《马克思恩格斯选集》第四卷，人民出版社 1972 年版，第 161 页。

活动的主要原则。随着科学技术的发展，生产和资本的积聚和集中，生产社会化程度的进一步提高，生产与交换方式国际化趋势的加强，经济的自动调节功能逐渐失灵，近代市场经济逐渐被现代市场经济所取代。

现代市场经济是伴随着生产社会化的进一步发展而形成的。19世纪末20世纪初，随着竞争的进一步加剧，信用和银行制度的逐渐完善，使得资本的积聚和集中加速进行，资本的垄断性与国际化日益增强，生产与消费的矛盾空前激化，经济危机的爆发在广度和深度上都是全社会和全方位的。为避免大规模经济危机对经济运行造成的危害，因此，从20世纪20～30年代起，西方各发达国家都先后放弃自由放任的经济政策，通过国家运用各种经济杠杆对经济进行控制和调节。于是，以市场导向为基础，计划与市场相结合来配置经济资源的现代市场经济逐渐形成。目前我们所说的市场经济，通常指的就是这种现代市场经济。

从以上阐述可以看出，市场经济是随着商品经济的产生而产生，发展而发展。只是在不同的历史时代，市场经济的发展程度和范围有所不同而已。市场经济不是哪个民族的专利，也不是哪种社会制度特有的东西。它的形成和发展不是人们的主观选择。它是社会生产力发展到一定阶段的产物，是社会化生产的必然形式。它的发展状况，是社会生产力发展水平的重要标志。市场经济作为一种资源配置的方式，它并不是某种社会制度所决定的，不具有任何社会制度的属性，更不要谈它只姓“资”，从它的发展史来看，它比资本主义的历史要长得多。

第二节　市场经济运行机制的特点和功能

一、经济运行机制的涵义与特点

“运行”一词，一般是指事物按照一定的规律所发生的运动过程。如星体按一定轨迹行进，机器按一定的机械原理运转，动物或人的机体按相应的生命机理不断新陈代谢的再生运动等。社会经济作为一个有机的整体，也同样按照一定的经济规律进行再生产运动。因此，所谓经济运行，实际就是指再生产运动过程。从微观而言，经济运行就是作为经济主体的各个企业的再生产运动；从宏观而言，经济运行就是国民经济各部门作为一个有机整体在物质补偿和价值补偿的相互联系中进行的社会再生产运动。

对经济运行的分析，一般有两种角度：一种是经济变量分析；另一种是经济机制分析。

经济变量分析，就是采取数量分析方法，考察经济中有关变量之间的关系。对微观经济运行的分析，主要是考察市场价格、供给与需求等变量之间的相互关系；对宏观经济运行的分析，主要是考察经济增长速度、积累率、货币供应量、价格总水平、失业率等变量之间的相互关系。这些分析的成果，可用以指导微观经济决策和宏观经济决策。

经济机制分析，是把整个社会经济看做一台机器，研究这台机器正常运转需要哪些零部件，它们之间是什么样的关系，它们是按照什么样的机理结合在一起的，又是按照什么样的方式协调运转从而达到一定目标的。

“经济机制”这个术语，渊源于“机制”一词。“机制”一词来源于希腊文，意指机器的构造和动作原理，其本意是指机器运转过程中的各个零部件之间的相互联系及运转方式。后来，生物学、医学通过类比方式使用了生物机制、病理机制等概念。什么叫经济机制呢？它是指一定经济机体内各构成要素之间的有机联系及其功能。例如，在通常情况下，市场上某种商品供过于求，其价格就会下跌，而价格下跌，则会抑制其供给而刺激其消费需求；反之亦然。这说明价格和供求之间就有一种内在的联系和相互作用的机制。由于经济机制是在经济运行中发挥功能的，所以它又可称为经济运行机制。

经济运行机制具有如下特点：①关联性。经济运行机制是经济有机体的各构成要素之间的相互联系或关系，一个孤立的经济要素对经济运行不会起作用。②客观性。一定的经济运行机制的生成和运行过程都不以人的意志为转移。一定的经济运行机制是一定经济条件的产物；一定的经济运行机制是有规律地按一定的方式调节经济运行。③功能性。经济运行机制是协调经济有机体运行的各构成要素相互作用所产生的调节机能或推动力。

二、市场机制的功能

一定的经济运行机制总是一定社会经济的产物。一定社会的经济形式、经济制度和经济体制等因素都在不同层次上影响和制约着经济运行机制。而经济形式则是经济运行机制的决定性因素。在不同经济形式下，经济运行是不同的。

在自然经济中，各个生产单位处于分散的孤立的状态，经济运行则是由各个孤立的单位依据自身的需要，结合自然条件按照自然分工（性别、年龄等）进行调节，由此决定了其经济运行的调节机制是传统的自然调节机制。

在商品经济或市场经济条件下，每一个生产单位都是独立的商品生产者，他们是为了市场生产商品，通过市场交换，实现其商品价值，满足社会生产和消费的需要，由此决定了其经济运行的调节机制是市场机制，即决定了这种调节经济运行的机制，只能是各个产品生产者依据市场价格涨落的行情变化，自动调整其生产经营的水平、规模和方向等，从而在供求非均衡的经济波动中实现社会资源的合理配置。

市场机制或市场经济运行机制，是通过市场价格的波动、市场主体对利益的追求、市场供求的变化，调节经济运行的机制。换句话说，市场机制就是市场经济机体内的供求、竞争、价格等要素之间的有机联系及其功能。市场机制的功能主要包括：

(一) 经济运行自组织、自协调的功能

商品有一系列内在矛盾，其中，私人劳动与社会劳动的矛盾是最基本的矛盾。私人劳动必须而且只能通过市场交换才能转化为社会劳动。每个商品生产者作为市场活动的主体和细胞，既是商品的供给者，又是商品的购买者。通过市场这个桥梁和纽带，一方面实现商品的价值；另一方面实现使用价值的让渡。这个商品交换的过程，就具体表现为商品供给和商品需求之间的矛盾运动。供给要适应需求，并创造出新的需求。同时，供需二者之间又存在着时间上和空间上供求数量和构成等各种复杂的关系和矛盾。上述各经济行为主体之间的经济联系与协调，社会经济活动的矛盾运动，均是由市场自组织的运行系统自动地解决。这就是市场内在的自组织、自协调的功能。

(二) 调节资源配置的功能

任何社会都面临着资源的稀缺性问题，如何把稀缺的资源利用好，使其配置适当，是任何社会都必须解决的问题。要做到：第一，使各种资源得到最有效的利用，减少以至避免各种浪费和损失；第二，使各种资源的配置形成的供给的比例能适应社会需求的比例，从而也避免由于它们之间的不相适应而导致的浪费和损失。在市场经济中稀缺资源的配置主要是由市场机制来进行的。市场的功能在于，通过市场上商品、劳务要素的需求和供给的变化变动它们的价格，从而使价格反映资源的稀缺性，进而由于价格的变动引导着资源在各产业部门之间的流动，这种流动是由经济效益低的部门流向经济效益高的部门，从供给过剩的部门流向供给不足的部门，从而达到资源利用的节约及其在各部门的配置适应社会需求的变化。也就是说，达到资源配置的优化。

(三) 信息传导的反馈功能

市场是商品交换的集散地，同时也是各种经济信息产生源和集散地。经济信息是社会经济活动和运行的综合反映。市场经济信息包括经济情报、数据、报表、文件、资料等，在生产经营和科学研究中连续地输入和输出，不断地在市场经济活动主体中传导和反馈，引导市场主体不断地调整自己的经济行为以适应变化了的市场供求关系，从而掌握生产经营和市场竞争的主动权。随着科学技术的迅速发展，导致市场的经济信息传导和反馈功能对于市场经济的正常运转、经济效益提高起着越来越重要的作用。

(四) 经济利益分配功能

任何社会的分配关系，都是由生产资料所有制的性质决定的。但是，在一定的分配关系下，各经济行为主体能在多大程度上实现其经济利益，则与市场有着密切的关系。因为市场上的供求关系经常处于不平衡而导致市场价格与价值的背离。而每个生产者生产的商品又只能在流通过程中即在市场上实现它的价值，因此，市场的交易状况，包括商品的价格是高于还是低于其价值，直接关系着生产者与消费者的经济利益。所以，市场上供求关系以及价格的波动，会使按所有制关系应得的分配份额受到修正，引起生产者之间经济利益的再分配。市场的这种经济利益分配功能，是引导和约束经济主体行为的主要动因。它驱使生产者不断地改进生产技术，调整生产规模和生产发展方向。

(五) 民主推进功能

市场经济可以推进社会主义政治民主，这主要是由于：①市场经济中的等价交换原则，构成了人与人之间平等交往的物质基础。随着市场经济的进步，这种交往关系的公平性和机会的均等性，可以提高群众的“参政”意识。这样，其价格交换原则就变成了从“参与”角度促进政治民主的杠杆。②市场经济的竞争性，必将促使人们迅速认识自己，改造自己，提高自身素质，从而提高参政议政素质水平。③市场经济对社会整体的经济进步的巨大促进作用，必将把人们从较多地注重物质生活的满足，转向较高层次的精神追求上，使他们有更多的时间关心国家大事，从而从整体上提高人们参政议政、建设政治民主的质量。

三、市场机制发挥作用的条件

市场机制要有效地发挥上述功能，需要具备一定的客观条件，这些条件是：

(一) 存在多元的、经济上独立的、直接依赖于市场的经济主体

在市场经济中，经济活动的参与者，是不能一元化而必须是多元化的。这些主体也必须是具有独立地位的、有着自身利益追求的和行为各不相同的真正主体，而不应是处于特殊地位或附属地位的、没有利益的行为方式差异的“假主体”。由于存在多元化的经济主体，必然会引起各个主体之间为争取自身的经济利益而展开竞争。只有这样，市场才可以通过价格机制的作用，对各个主体的利益进行调整，以促使生产要素合理流动，使有限的资源达到优化配置。

(二) 存在完善的市场体系

市场经济要求几乎所有的劳动产品、生产要素都成为商品，投入市场进行交换。只有这样，市场机制的调节作用，才能最大范围地覆盖整个社会的经济活动。

(三) 存在有效的宏观调控

市场机制的调节作用不是万能的。这是因为，经济活动中存在一些市场机制难以渗透进去的“盲点”，因此，要求国家参与经济活动。但是，这种参与必须在范围上只限于宏观经济领域发挥其调控职能；在行动上要严格遵循市场原则，即在正常的情况下，国家对宏观经济的调控，主要采取经济杠杆和经济手段，通过市场去发挥作用，在范围极其有限的微观经济领域，也要讲究成本效益原则。

(四) 存在完善的信息网络

在市场经济中，只有建立一个纵横交错、四通八达、上下通畅的市场信息系统，国家和企业才能及时准确地掌握各种经济信息，并据此做出正确的宏观经济决策和正确的微观经济决策。

可见，经济运行机制是由一定的客观经济条件决定的，因而是内在的、客观的，是一定客观经济规律起作用的结果。所以，经济运行机制实际上是一定经济规律起调节作用的形式。换言之，市场经济的运行，在客观上遵循着一系列经济规律，正是由于这些经济规律的作用，市场机制才能正常发挥作用并充分实现其功能，达到合理配置经济资源的目的。市场经济中运行的经济规律，主要有价值规律、供求规律、竞争规律等。

第三节 市场经济运行的一般规律

一、价值规律

(一) 价值规律的内容及其作用形式

价值规律是市场经济运行规律中最基本的规律，其内容可表述为：商品的价值由生产商品的社会必要劳动时间决定；商品之间按照价值量相等的原则进行交换。就价值规律的内容而言，有两个基本要求：①就个别劳动来说，不管众多的同行生产者在生产单个商品时各自耗费的个别劳动量怎样不同，价值规律要求该商品的价值量只能由当时生产它的社会必要劳动量来决定。②就社会劳动或社会总劳动来说，价值规律要求每个生产部门生产的一种商品总量的价值量，要由社会总劳动分配给各个部门的社会必要劳动总量来决定。

价值规律的第一点基本要求告诉我们，生产商品所耗费的社会必要劳动时间，是决定单位商品价值量的内在尺度；而第二点基本要求则说明，“另一种意义”的社会必要劳动时间是决定商品价值量实现的数量界限。这就是整个价值规律的主要内容。

商品的价值是用货币来表现的，价值的货币表现就是价格。而价格水平的高低首先取决于商品价值量的大小，其次取决于货币价值量的变动，再次受商品的供求关系变化的影响。市场竞争会使商品价值量及供求关系发生波动，正是通过竞争的波动从而通过商品价格的波动，价值规律才能得到贯彻，社会必要劳动时间决定商品价值这一点才能成为现实。

一方面，通过部门内部企业之间的竞争，实现价值规律的如下要求：由生产单个商品的社会必要劳动量决定该商品的社会价值。

各个生产部门的同行生产者之间竞争销售市场，就把社会所需要的各种商品量提供到了市场上来。假如有甲、乙、丙三个生产鞋的企业，各自都按个别劳动时间决定的不同个别价值把同样的鞋提供到市场上来，这将出现三个不同的价格，但社会只能承认一个社会价值或个别价值。

假定甲企业的劳动生产率最高，乙企业次之，丙企业最低，将出现如下竞争过程：三个生产者竞相将自己生产的鞋运到市场上去卖，购买者则首先竞相购买甲企业的鞋（因为单位商品的价值与劳动生产率成反比），由于甲企业的鞋供应有限，不能满足人们的需要，因而人们开始购买较便宜的乙企业的鞋，若乙企业生产的鞋量多，可以充分供应，则鞋的价值就稳定在乙企业的个别价值量上，这个价值就成为由社会承认的鞋的社会价值或市场价值。在这种情况下，甲企业也会提高价格，而丙企业则必须按社会价值出售鞋，否则将很难卖出自己的鞋。

另一方面，通过不同部门之间的竞争，实现价值规律的另一要求，每个生产部门所生产的一种商品总量的价值量，由社会总劳动按一定比例分配给各生产部门的社会必要劳动总量决定。

在市场上，当一种商品供不应求时，由于商品购买者之间的竞争，该商品价格就会上涨，该生产部门的利润率就会上升；反之，当一种商品供过于求时，由于商品生产者之间的竞争，就会使商品价格下降，从而使该种商品的生产部门的利润率下降。由于不同部门的利润率存在差别，便会引起不同生产部门之间的竞争，表现为生产要素由利润率低的部门转移到利润率高的部门去。这样，原来利润率低的部门由于生产要素的减少而导致生产规模缩小，商品供应减少，当减少到供不应求时，商品的价格又会上升，利润率提高；原来利润率高的部门由于生产要素的投入增加而导致生产规模扩大，商品供应增加，当增加到供过于求时，商品的价格则会下降，利润率下降。直到不同生产部门的利润率大体平均起来时，这种生产要素的转移才会暂时停止。这样，通过以上竞争过程，便实现了社会总劳动在各生产部门之间合乎比例的分配，从而使社会总劳动的必要的比例量使用在各生产部门，决定每种商品总量的价值量。

上述表明，竞争是价值规律得以贯彻的必要条件，价格波动是价值规律发生作用的形式。无论是部门内部企业之间的竞争，还是不同部门之间的竞争，其供求关系的变化都会引起商品价格的波动，正是通过这种竞争和价格的波动，使价值规律才得以贯彻并显示其作用。

（二）价值规律的特点

价值规律作为市场经济运行中的基本规律，与其它规律相比，有两个明显的特点：

第一，价值规律具有高度抽象性的特点。价值规律中的重要因素是价格，其本质是商品的价值，而价值是由生产商品的“社会必要劳动时间”决定的。这个“社会必要劳动时间”是马克思运用科学的抽象法得出的概念。这个劳动时间是抽象的，在现实中是很难计量出来的。我们只能运用科学的思维进行理解，从最抽象的角度认识这一规律所要反映的本质。这就难怪古典经济学家亚当·斯密把价值规律比喻为一只“看不见的手”。正是从这一意义上讲，价值规律具有高度的抽象性特点。

第二，价值规律具有平均数的特点。价值规律的作用表现形式是商品价格围绕价值上下波动，在市场上，价格与价值常常不一致，有时价格高于其价值，有时价格又低于其价值，但这同价值规律并不矛盾。因为在长期过程中，把大量的多次的售卖活动联系起来，那么，较高的售价与较低的售价可以互相抵消，从而在平均数的意义上，价格同价值是一致的。或者说，在相当长的一个时期内，商品价格的总额与商品价值的总额是相同的。价值规律的这一个特点说明，价值规律可以用来解释和说明价格运动的长期的平均的趋势，但不能用来直接说明某一商品的具体价值是多少。

（三）价值规律的作用

在市场经济中，价值规律的作用主要体现在调节、刺激分配等方面。

第一，自发地调节生产要素在社会各生产部门和经济单位之间的配置。任何生产活动都不能缺少必备的生产要素。在市场经济条件下，生产要素是通过市场配置到不同的生产部门中去的，即通过市场交换来配置，在这种配置过程中，价格机制起了调节作用。一般来说，主要的生产要素有资本、劳动力、土地等。这些要素的价格在市场上就像信号灯，引导厂商的市场行为，使生产要素向有利可图的部门和企业流动。如劳动力市场上的工资变动，会影响、调节劳动力供给的数量和结构。经济效益好的部门会增加对劳动力的需求，从而会提高劳动者的工资即劳动力价格，这样吸引劳动力流向这些部门；同时，社会需要的工种，其劳动者的工资也会提高，也引导劳动者更多地从事这些行为的劳动。又如资本市场上的利率变动，对消费和投资比例有重大影响。在通常情况下，利率上升会使社会消费减少，储蓄增加，投资来源扩大，但会弱化企业投资的意图；而利率下降则会刺激企业增加投资。正是价格机制这种自发的调节，使社会生产的各个部门和经济单位大体上形成一定的比例关系，使社会资源得到合理的配置。

第二，自发地促进社会生产力的发展。在市场上，商品的价格是以价值为基础的，而价值是由社会必要劳动时间决定的。这一机制，意味着各个商品生产者即使在供求平衡的条件下也有三种命运：当个别劳动时间等于社会必要劳动时间时，其劳动耗费就能得到全部补偿；当个别劳动时间高于社会必要劳动时间时，其超出部分的个别劳动消耗就会得不到社会承认和补偿，使生产企业陷于亏损甚至导致倒闭；当个别劳动时间低于社会必要劳动时间时，由于产品还是按社会价值出售，使生产企业会获得一部分超额利润。可见，价格机制对追求利润的厂商来说，既是获得利润的内在动力，又是避免淘汰的外在压力，驱使厂商在市场竞争中不断地进行技术创新，加强经营管理，降低生产费用。这样，就会使整个社会出现一种推动生产发展的激烈竞争的局面，从而提高劳动生产率，促进社会生产力的发展。

第三，自发地调节不同的生产者与消费者之间的经济利益的分配。价值规律的这个作用，主要是通过价格和价值的背离及其波动，实现不同生产者与消费者之间经济利益的再分配，并直接影响到生产者、消费者的生产和需求的积极性。

商品生产者的生产和经营能否获得经济利益，能获得多少，取决于商品价值在市场上的实现程度，价格是商品价值的实现形式，因而也是生产者实现和分配经济利益的重要机制。厂商的总收益等于价格乘以商品销售量。在市场上，商品的价格是按社会价值和供求关系形成的。然而，各个商品生产者的生产和经营条件不同，有的厂商的个别价值高于社会价值，就不能获得经济利益；而有的厂商的个别价值显著低于社会价值，则能获得较多的经济利益。上述经济收益的差别，实质是生产经营效率的差别。这是价格机制调节经济利益分配的一个重要特点——按效率分配。

二、供求规律

（一）供给和需求的涵义及其变动因素

市场经常地呈现出波动的状态，突出地表现为价格的经常性波动，而这种波动则根源于商品供给与需求之间的不平衡。

所谓供给，就是卖者在一定价格下愿意而且能够出售的某一商品或劳务的数量。从供给方面考察，生产者为提供一定的商品或劳务所愿意接受的价格叫做供给价格。一般而言，供给量与商品的价格之间存在着这样的关系：价格越高，生产者出售的该商品的数量就越多；价格越低，生产者出售的该商品的数量就越少。这也就是供给变动的规律。

具体地说，以下一些因素会影响供给的变动：①商品的成本。在商品价格既定的条件下，商品生产的成本越高，则该商品的供给就越少；反之就越多。②商品的价格。在其它因素既定的条件下，商品的供给量与商品的价格按同方向变动。③相关商品的价格。例如，咖啡价格不变而可可价格提高，生产者将缩减咖啡的种植面积而扩大生产可可。这表明可可价格的提高会引起咖啡供给的减少。④生产要素的价格。某种商品生产要素的价格变动将会引起生产该商品的成本变动，从而影响该商品的供给变动。⑤生产技术进步。在其它因素不变的条件下，技术进步将引起商品供给增加。⑥政府的税收政策。在其它因素不变时，如果对某种商品（如烟、酒等）课税较重，将使售价更高，在一定的条件下，会通过需求的减少而使供给减少。

所谓需求，就是指消费者有支付能力的需要。需求总是同时涉及两个变量：一是该商品的销售价格；二是人们在某种价格水平下愿意并且能够购买的该商品的数量。在通常情况下，某种商品的价格越高，人们愿意购买的数量就越少；价格越低，人们愿意购买的数量越多。这也就是需求变动的规律。

具体地说，以下一些因素会影响需求的变动：①商品的价格。在一般情况下，商品的价格与人们对该商品的需求呈反方向变动。②消费者的收入。一般来说，其它条件不变，人们的收入越高，对商品的需求越多；反之则相反。③相关商品的价格。人们对于一种商品的需求量，除了取决于该商品本身的价格以外，还受到其替代品价格的影响，例如，牛肉价格的提高会引起人们对猪肉需求的增加（猪肉价格不变）；还受到其互补品的影响，例如，汽油价格的提高会引起人们对汽车需求量的减少。④人们对商品消费偏好的改变。在其它条件不变时，消费者对某种商品偏好的变动将引起该商品需求量的变化。⑤人们对商品价格的预期。当人们预期某种商品价格将要上涨时，就会增加对该商品的现期需求量；反之则会减少现期需求量。

（二）供求规律的内容和作用

以上分析说明，供给和需求是市场上两种相反的力量，它们反映生产者和消费者对不同的目的的追求。因此，当供求关系形成时，供求双方不可能在数量上、构成上正好相等，而是或者供大于求，或者供小于求。但是，在矛盾运动中，供求双方总是力求彼此相互适应，商品供过于求时，社会要求减少供给或增加需求；商品供不应求时，社会要求增加供给或减少需求，从而使供求关系逐渐趋于平衡。然而，一旦趋于平衡，供求双方又会由于各自形成因素不同而出现不同方向、不同幅度的变动，再现新的不平衡。所以，供给和需求之间总是沿着从不平衡到平衡，又从平衡到不平衡的客观规律运动着，这也就是所谓的供求规律。可见，供求规律就是指在价值规律发挥作用的过程中，商品的市场供给同需求之间所具有的内在联系和趋于平衡的客观必然性。

市场供求有均衡和不均衡两种类型，供求规律在这两种不同类型市场上的作用是不相同的。

非均衡市场有两种状态：一是供大于求，即买方市场；二是求大于供，即卖方市场。

在买方市场，由于需求不足，而供给过剩，所以使买者处于特别有利的地位，购买者在市场上有较大的选择余地，在与生产者的竞争中便处于优势。在这种情况下，供求规律的作用是促使生产者为改进技术、提高效率、更新产品而展开竞争。因为生产者只有率先提高劳动生产率，降低产品成本，提高产品质量，才能在市场上吸引消费者购买自己的产品，从而在竞争中获胜。但是，若全社会范围的供过于求，生产过剩，则会使商品大量积压，资金周转缓慢，使供大于求的矛盾不断积累，最后不得不通过社会劳动的巨大浪费，强制性地使供给适应需求。

在卖方市场上，由于供给不足，需求过旺，所以使卖者在与买者的竞争中形成对自己最有利的要价条件；购买者则因需求过旺和急于求购而失去市场选择和与生产者讨价还价的余地。在这种情况下，供求规律的作用是阻碍生产者进行技术改造和革新，从而使社会生产力发展缓慢。因为，供不应求的市场，使供给一方感受不到市场约束，往往会通过提价等手段获得较高利益，这就是使生产者不再考虑改进技术，降低成本，更新产品和提高生产效率，从而为劣质、陈旧的产品提供了持久的市场。

可见，卖方市场和买方市场都会造成社会经济运行的紊乱，不是理想状态的市场。不过，轻微的买方市场是可以承受的。当然，较理想的市场是供求均衡的市场。

绝对的供求均衡市场是几乎不存在的，因此，均衡市场也只能是动态中趋于均衡。均衡市场有两种表现形式：一是供略大于求的市场；二是求略大于供的市场。

在供略大于求的市场上，供求关系所影响的市场价格下降会促使生产者之间的竞争加剧，因而生产者会降低生产成本，提高产品质量，增加新品种，努力提高生产率。在求略大于供的市场上，供求关系所影响的市场价格上升则使企业产品的销路看好，这会促进企业增加生产，利润和收入也相应增加。供略大于求的市场或求略大于供的市场都不是静止不变的，供求规律往往通过价格的波动，促使这两类市场不断互相转化，使市场趋于购销两旺的最佳状态。

同时，还应该指出，在市场经济条件下，供求规律是与其它规律结合在一起发挥作用的，价格是影响供求关系的重要因素，而供求关系的变化又会对价格产生重要的影响。从总量来看，在供大于求的场合，会形成生产者之间在市场上为销售商品展开剧烈的竞争，价格就会下跌，一些商品生产者就会被迫压缩生产规模；反之，在供不应求的场合，会形成购买者之间在市场上竞相购买商品，从而引起商品价格上涨，会刺激厂商增加生产和抑制消费者的需求。从构成来看，当某种商品供过于求，以致它的价格下降时，就会有一些厂商把自己拥有的生产资料和劳动力从生产这种商品转移到另一种商品上；反之，当某种商品供不应求，以致它的价格上升时，就会有一些厂商把自己拥有的生产要素投入到这种商品的生产上来。在要素转移过程中，各部门和各商品的生产会因为这种转移而趋于平衡。这就是供求机制调节作用的表现和效果。

三、竞争规律

（一）竞争的条件和手段

市场经济在本质上是一种竞争性经济，竞争是市场经济的基本特征之一。凡有商品生产和商品交换的地方，就必然存在市场竞争。这主要是由于市场竞争的原动力是企业对自身利益的追求，优胜劣汰是竞争规律的强制机制。

在市场上，竞争是各市场主体为了生存和发展的利益，通过市场的优胜劣汰而展开的争斗和竞赛，它包括生产经营者为追求利润最大化在部门内部和部门之间展开的销售竞争，消费者为争取效用最大化展开的购买竞争，以及生产者、经营者和消费者之间的竞争。这样，市场竞争便将各经济主体追求自身经济利益的内在要求转化为外部的压力。

有效的市场竞争必须具备一定的市场条件。这些条件一般可以从两个方面来说明：

从市场结构方面看，应存在以下条件：①市场上存在着相当多的买者和卖者。②其中的任何卖者和买者都没有占有市场上的很大份额。③任何卖者和买者集团都不存在“谋合”行为。④新企业能够进入市场。

从市场效果方面看，应存在以下条件：①存在着不断改进产品和工艺的市场压力。②当生产费用降低时，价格可以降低。③生产集中在最有效率的规模适当的企业中进行。④没有长期的设备过剩，即生产能力与实际产量是协调的。⑤能避免销售活动中的资源浪费。

市场竞争可以分为两种：一种是部门内部的竞争；另一种是部门之间的竞争。部门内部的竞争表现为各生产者改进技术、改善管理，结果是使商品的个别价值平均化为社会价值；部门之间的竞争表现为资本在部门之间转移，后果是使各部门的利润率平均化为社会平均利润率。

市场主体参与市场竞争的手段有很多，但主要的手段有以下几种：

第一，企业的价格竞争。价格是影响消费者购买商品的最重要因素，为了占有更多市场，各企业在制定价格时展开激烈的竞争。企业制定价格的主要原则是要保证获得尽可能多的利润，同时还要尽可能限制更多的企业进入市场。根据这个原则，各企业在市场上会不断地调整商品定价，以便使自己的产品价格既能被多数消费者接受，同时又能获得较高的利润。

在不同的市场结构中，企业的定价行为是不尽相同的。在完全竞争市场中，企业往往注重追求短期利润的最大化，倾向于制定能获得较高利润的价格；而在寡头垄断市场上，企业往往倾向于追求长期利润的最大化，则主要采取协调方式制定价格。如搞价格协定、领导价格、默契价格等。

第二，企业的非价格竞争。企业的非价格竞争主要是指企业在技术和产品方面的开发行为和销售行为（如广告宣传、促销活动、售后服务）方面的竞争。企业非价格竞争的目的在于扩大本企业产品与其他企业产品的差别，降低本企业产品生产的成本，提高产品质量，以期增加本企业产品的销售，形成限制其他企业进入的障碍。

第三，企业兼并。企业兼并也是一种市场竞争的手段，从兼并企业看，兼并的主要目的，一是为了扩大生产规模，加强企业在原有市场上的竞争优势；二是为了通过兼并进入新的产业领域，特别是通过混合兼并，可以利用其它产业的被兼并企业与该产业的联系，较快地进入这一领域。从被兼并企业来看，其目的，一是为了摆脱原有的某些困境；二是为了获得对方的技术诀窍而自愿被人兼并。企业通过兼并这种竞争手段，占领更大的商品市场，获得更多的经济效益。

（二）竞争规律的客观性

竞争规律，就是各市场主体之间为了自身的生存和发展而展开的争斗的必然性。其基本特点是：①普遍性。它存在于市场买者之间、卖者之间以及买者与卖者之间；存在于企业内部各部门之间与劳动者之间；存在于不同行业之间。②刺激性。它能最大限度地刺激各种利益主体的能动性。竞争规律的存在，使每一个经济行为主体都面临着成功与失败的双重选择。在市场经济条件下，各个经济行为主体的地位是平等的，除了竞争，不存在其它超越于各经济主体之外的权威。竞争规律是市场经济中不以人的意志为转移的客观规律。因为：

第一，竞争是市场经济中商品内在矛盾的外在表现。在市场上，一个商品的价值的大小，它自身无法衡量，只能通过交换而由另一个商品的使用价值表现出来。在商品交换中，这种一个商品的价值必须依赖于另一个商品的使用价值来表现的矛盾关系，即两种商品的互相比较，本身就孕育着竞争。货币出现以后，商品使用价值和价值的对立进一步表现为商品和货币的对立，每一位商品购买者都力图用自己有限的货币换取尽可能多的商品，生产者则力图用有限的商品换取尽可能多的货币，市场竞争由此发生。可见，竞争不过是商品自身矛盾运动的产物。

第二，竞争是市场经济中价值规律发挥作用而提出的客观要求。价值规律是市场经济运行的基本规律，它的内容包括商品价值由生产商品的社会必要劳动时间决定和商品以价值为基础进行等价交换。在市场上，同一种商品究竟按哪个生产者花费的个别劳动时间来确定价格呢？只有当商品生产经营者把商品拿到市场上进行比较时才能确定，这种比较事实上就已经是竞争。竞争的结果是中等生产条件，也就是大多数生产者的生产条件下耗费的平均劳动时间，被社会承认为生产该种商品的社会必要劳动时间，从而使商品生产的价值规律得到贯彻。

(三) 竞争规律的作用

在市场经济条件下，竞争机制及其运行规律如同上述两个规律一样，对市场经济的运行起着重要的调节和激励作用，主要体现在以下几个方面：

第一，促进企业技术进步和效率，激发经济主体的活力。市场经济下竞争机制的存在，促进了各类商品相互之间的交流和比较，形成了参与商品生产和流通的各经济主体之间的竞赛态势。那些技术先进、经营管理好、产品质优的企业，就能在竞争中处于优势而取得胜利；而那些技术陈旧、管理落后、产品质次的企业就有被淘汰的危险。因此，竞争成为推动技术进步的强大推动力，激发各经济行为主体努力采用先进技术，加强经营管理，降低生产成本，提高产品质量，改进服务态度，按照市场需求组织生产。同时，竞争也迫使企业克服因循守旧、不思进取的倾向，代之以创新精神。因为只有不断创新，使企业的产品更新换代快，才能打开销路，占领市场，取得较好的经济效益。竞争还会迫使企业千方百计地采取灵活多样的经营方式，改进服务态度，提高服务质量，从而促进经济效益的提高。

第二，促进社会经济资源最优配置。通过市场竞争，可以显示出哪些产品是社会需要的，哪些是社会不怎么需要的；哪些企业经营管理水平高，哪些企业经营管理落后，各市场主体总是选择效益好的领域投入自己的资源，从而可以使各种经济资源流入那些社会需要的部门和企业，并且促使那些落后的企业退出市场，实现优胜劣汰。这样，社会有限的资源就可配置到社会最需要的、效益好的生产环节上去，社会总劳动时间就能按照社会需要的比例在各部门间分配，从而使社会资源得到合理配置和有效使用，实现社会劳动时间的节约。据美国经济学家介绍，在美国，每年要诞生100多万个公司，同时又要淘汰几十万个公司。其中，新的小企业两三年之后一般要被淘汰掉2/3。企业被淘汰后，其资产马上通过各种方式转向好的企业，社会资源就得到了重新的合理的配置。这也就是市场机制赋予市场经济的活力所在。

第三，有利于企业走向国际市场。市场经济是开放型的经济，随着生产社会化和走向国际化，许多企业为求发展而必须把商品拿到国际市场上交换。而国际市场同样充满着竞争，因而国内市场竞争则成为走向国际竞争的跳板。国内市场竞争，一方面能促使企业产品质量提高和花色品种增多，增强企业的应变能力和开拓能力，从而增强其市场竞争力；另一方面，可以使企业经受竞争的锻炼，增加竞争经验，为在国际市场竞争中获胜创造条件。

当然，竞争规律也有消极的一面。由于企业更多地从自身利益出发参与竞争，在信息堵塞或失常的情况下，就不可避免地会带来盲目性，甚至造成经济生活的震荡。另外，随着市场竞争的深入展开，也会出现一些不正当的竞争现象，如一些企业在市场销售中掺杂使假、欺骗顾客；有的假冒、仿冒他人产品的商标或包装等；有的对产品做虚假宣传以推销自己的质次价高的产品等等。为此，政府必须制定有关的法律对市场竞争做出规范。

本章内容提要

市场既是商品交换的场所或领域，又是各经济主体之间全部交换关系的总和，也是一种经济资源配置的调节机制或调节手段。

市场经济是以市场为导向配置经济资源的经济形式。商品经济是直接以交换为目的的经济形式，两者本质上是一回事，是同一个事物从两个不同的角度而概括的两种称谓。商品经济是市场经济的内容，市场经济是商品经济的运行方式。从人类社会的经济发展过程来看，商品经济的发展先后经历了古代商品经济、近代商品经济和现代商品经济；作为商品经济的自我运行方式的市场经济，也相应经历了古代市场经济、近代市场经济和现代市场经济。

经济运行机制是指一定经济机体内各构成要素之间的有机联系及其功能，它具有如下特点：①关联性；②客观性；③功能性。

市场经济运行机制即市场机制，是市场经济机体内的供求、竞争、价格等要素之间的有机联系及其功能。市场机制主要有如下功能：①经济运行自组织、自协调的功能；②调节资源配置的功能；③信息传导和反馈功能；④经济利益分配功能；⑤民主推进功能。

市场机制功能的发挥，需要具备相应的条件：①存在多元的、经济独立的、直接依赖于市场的主体；②存在完善的市场体系；③存在有效的宏观调控；④存在完善的信息网络。

市场经济有着自身的运行规律，其中主要有价值规律、供求规律和竞争规律。它们在市场经济中分别起着不同的作用。

第二章　中国市场经济理论的确立

第一节　社会主义经济本质属性的理论探索

一、马克思主义经典作家对社会主义经济属性的认识

社会主义经济究竟是一种什么经济形式，进一步讲，它是商品经济（或市场经济）还是产品经济（或社会经济），人们的认识经历了一个长期的发展过程。让我们先了解一下马克思主义经典作家对此的认识。

马克思在《资本论》中分析资本主义商品生产时，曾经预言，在公有制的条件下，鲁滨逊在孤岛上进行的那种为满足自己各种需要而进行的产品生产，将在社会的范围内重演，因而商品关系及商品拜物教将会消亡。他在谈到未来社会的“自由人联合体”时，设计了一个非商品化、完全由计划调控的经济形式。他写道：“劳动时间的有计划的分配，调节着各种劳动职能同种种需要的适当的比例。另一方面，劳动时间又是计量生产者个人在共同劳动力所占份额的尺度。”① 后来，他在1875年发表的《哥达纲领批判》中又明确表示：“在一个集体的、以共同占有生产资料为基础的社会里，生产者并不交换自己的产品；耗费在产品生产上的劳动，在这里也不表现为这些产品的价值，不表现为它们所具有的某种物的属性，因为这时和资本主义社会相反，个人的劳动不用经过迂回曲折的道路，而是直接地作为总劳动的构成部分存在着。”②

1847年恩格斯在《共产主义原理》中对社会主义经济实行计划调节的思想已十分明确，他指出：在未来社会里，“一切生产部门将由整个社会来管理，也就是说，为了公共的利益按照总的计划和在社会全体成员的参加下来经营。”③ 在《反杜林论》中，他更明确认为：“一旦社会占有了生产资料，商品

---

① 《马克思恩格斯全集》第二十三卷，人民出版社1972年版，第96页。

② 《马克思恩格斯选集》第三卷，人民出版社1972年版，第10页。

③ 《马克思恩格斯选集》第一卷，人民出版社1972年版，第217页。

生产就将被消除，而产品对生产者的统治也将随之消除。社会生产内部的无政府状态将为有计划的自觉的组织所代替。"① 不难看出，在马克思和恩格斯所预言的社会主义社会不存在商品生产和商品交换，即没有商品经济，而是一种可以通过计划来调节的产品经济。在马克思恩格斯逝世后的数十年中，由于还没有社会主义的实践，科学社会主义的理论家在论述社会主义社会的基本特征时，通常也都把它看做是一个没有商品经济的社会。

对于马克思和恩格斯的有关这方面的论述，我们持历史唯物主义的科学态度。马克思和恩格斯著作中讲的，只是对未来的社会主义制度的设想，是对未来社会发展趋势的一般性预测，而不是对社会主义现实经济规律的总结。他们设想的社会是比资本主义社会生产力水平更高的社会，而现实的社会主义社会的生产力还远远没有达到这种水平，因此，我们绝不能把马克思主义的科学社会主义理论做教条化的理解，把它看做是对社会主义现实经济规律的总结。正像邓小平所指出的：我们"绝不能要求马克思为解决他去世之后上百年、几百年所产生的问题提供现成答案。"②

列宁是马克思主义事业的第一位继承人和社会主义建设事业的第一位实践者。十月革命前，列宁是完全接受马、恩关于社会主义社会商品经济将被消亡的观点。他在十月革命前写的《国家与革命》中提出了社会主义条件下整个社会成为一个"辛迪加"，"全体公民都成了一个全民的、国家的'辛迪加'的职员和工人"的设想。既然全社会是一个大公司，商品货币关系当然也就不再存在。十月革命胜利后，俄国共产党人开始按照这种没有商品货币关系的产品经济模式建设社会主义。

1919 年，俄共在党纲里把迅速消除商品货币关系规定为自己的目标。但列宁很快就发现，这样做是行不通的。于是 1921 年 3 月，俄共第十次全国代表大会正式做出决定，实行新经济政策，"从国家资本主义转到国家调节商业和货币流通"③，用粮食税取代余粮收集制，在一定范围内恢复贸易自由，将雇工 20 人以下的小企业退还原主，对国内外资本家实行租让制，在国营企业实行经济核算制，恢复计件工资和奖金制，充分利用外国资本的技术来加快国民经济的恢复和发展等。这个政策大大促进了社会主义经济的迅速恢复和发展。

虽然新经济政策在实践中取得了很大的成功，但社会主义经济是否是商品

---

① 《马克思恩格斯选集》第三卷，人民出版社 1972 年版，第 323 页。

② 《邓小平文选》第三卷，人民出版社 1993 年版，第 291 页。

③ 《列宁全集》第三十三卷，人民出版社 1972 年版，第 73 页。

经济的问题在理论上并没有得到解决。可以说，前苏联实行新经济政策只是为解决当时的经济困难而采取的权宜之计。列宁就曾在 1922 年 3 月召开的第十一次党代会上宣称："我们退却已经一年了。现在我们应当代表全党来说：已经够了，退却所要达到的目的已经达到了。这个时期就要结束，或者已经结束。"[①] 在列宁看来，对于市场的利用只是过渡时期的一种特殊情况，对于社会主义制度建立后社会主义经济中是否还保留商品、货币和市场机制，他没有来得及在理论上做进一步探索。

1924 年列宁逝世以后，斯大林在当时联共的主流派影响下，继续实行新经济政策至 1927 年，但在 1928 年开始执行第一个五年计划并发生粮食危机以后，便转而采取了较之"左"派更左的方针，否定了新经济政策，并掀起了批判"建设市场自发力量"的理论风波，在经济管理中重新强调实物指标，确立了"社会主义经济＝占统治地位的国家所有制＋产品经济（计划经济）"的公式。虽然斯大林在实现农业集体化以后曾指出，有全民所有制和集体所有制两种公有制并存，就存在工人和农民两个阶级，就需要有交换。但当时苏联实际上采取的是剥夺农民的政策，因此也不可能真正回答两种公有制之间的交换是不是商品交换，价值规律起不起作用的问题。至于国营企业，当时采取的"经济核算制"，已经不是列宁讲的那种自负盈亏的经济核算制，价值、价格、成本、利润等只看做是经济核算的计算工具。直到斯大林逝世的头一年即 1952 年，他才在《苏联社会主义经济问题》一书中承认两种公有制之间存在着商品生产和商品交换关系，认为必须利用价值规律。

可是他同时又认为，全民所有制内部流通的生产资料不是商品，仅仅保存着商品的"外壳"，不属于价值规律发生作用的范围。价值规律甚至对农业中的原料生产也不起调节作用。斯大林还一再强调要限制商品生产和价值规律的作用，力图从商品交换过渡到产品交换。所以我们可以这样说，斯大林在主观上是要建设马克思和恩格斯所预言的产品经济，在行动上是按照产品经济的要求，设计和实行了以行政手段为主的单一的指令性计划经济体制。这种体制，对于一定时期集中力量搞重工业，准备和支持卫国战争，以及医治战争创伤，是成功的。但在经济进入新的发展阶段以后，其弊端就日益明显。虽然后来赫鲁晓夫和勃列日涅夫时期搞了一些改革，但都没有触动社会主义经济不是商品经济而是产品经济这一思想认识根基，因而实际进展不大。结果，苏联的经济搞得很死，新技术发展停滞，发展速度减慢，经济效益不好，人民群众得到的实惠不多，国家终于解体。

---

① 《列宁选集》第四卷，人民出版社 1972 年版，第 629 页。

斯大林的观点长时期被视为社会主义理论的标准，斯大林模式在前苏联被视为圭臬，并被其他社会主义国家所仿效，从而带来了整个社会主义世界的经济停滞与低效率问题。

二、中国对社会主义经济本质属性的认识过程

中国对社会主义经济属性的认识，也经历了一个曲折的过程。

新中国建立之初，我们没有任何现成的经验可资借鉴，又遭到帝国主义的封锁与破坏，加之我们信奉斯大林理论，所以便按斯大林的社会主义模式和体制行事。从20世纪50年末开始，实行计划经济的原苏联和东欧各国的经济增长日趋缓慢，经济运行动力不足、经济结构僵化、效益低下的弊端日益明显。在这种情况下，各个实行集中计划经济体制的国家都不同程度地对这一体制进行了反思和总结。

1956年，中国在全党总结第一个五年计划的过程中，大家也开始认识到苏联那种决策权过分集中的体制的弊端。这种认识反映在毛泽东1956年4月25日在中央政治局扩大会议上关于《论十大关系》的讲话中，毛泽东在这一讲话中要求我国的企业管理要突破苏联高度集权的管理模式，创造能够调动干部、工人两个积极性的中国式企业管理形式；要注意充分调动中央和地方两个积极性；处理好国家、集体和个人利益三者的关系；强调向外国学习，必须有分析、有批判地学，不能盲目地学，不能一切照抄、照搬等。在这之后，毛泽东还提出了许多重要观点。比如，他曾提出社会主义条件下允许资本主义在一定范围内存在和发展的观点。

1956年12月，他对民主党派人士说：只要社会有需要，可以允许资本家开私营大厂，华侨投资一百年不没收，可以消灭资本主义，又搞点资本主义。又如，他曾认为社会主义社会存在商品货币关系。

1958年11月，他在郑州会议上讲话时批评说："我们有些人大有消灭商品之势，一提商品生产就发愁，觉得这是资本主义的东西。""商品生产不能与资本主义混为一谈"。"商品生产与资本主义相联系，就出资本主义；与社会主义相联系，就出社会主义"。

1959年，他在读斯大林的《苏联社会主义经济问题》时，批评斯大林关于生产资料不是商品、农业机器不能卖给农民的观点，指出：我国是商品生产落后的国家，不如巴西、印度；商品生产要大发展；商品不限于消费品，有些生产资料也是要属于商品的；即使是完全社会主义全民所有制了，某些地方仍要通过商品来交换。

1959年3月，他又针对农村搞"一平二调"、刮"共产风"的错误，强调要按价值规律办事，明确指出：价值规律"是一个伟大的学校，只有利用它，才有可能教会我们的几千万干部和几万万人民，才有可能建设我们的社会主义和共产主义，否则一切都不可能”。但是，使人困惑的是，毛泽东未能始终坚持这些正确的观点，在他的晚年提出了社会主义社会商品生产和货币交换跟旧社会没有多少区别，只能在无产阶级专政下加以限制的说法。

在我国经济理论界，1956 年起，时任国家统计局副局长的孙冶方率先批评了苏联的经济形式和体制的弊端，指出它们是在自然经济论影响下的产物。他还尖锐地批评了斯大林和苏联经济学界长期以来把价值和价值规律看成社会主义经济的异物的错误观点。但是，他也反对社会主义条件下存在市场作用的“商品经济论”，说自己讲的“价值规律”不是指市场规律，而是指生产一种商品的社会平均必要劳动量决定它的价值量的规律。在这同时，另一位经济学家、中国社会科学院经济研究所顾准则是一针见血地指出，社会主义经济的问题是废除了市场制度。因此，对于社会主义经济来说，可供选择的体制，是由企业根据市场价格的自发涨落来做出决策，即让市场的力量在资源配置中起决定性作用。遗憾的是，对这一真知灼见，当时未能被大多数经济学家所理解和关注，当然也不可能被政府所采纳。之后不久，顾准被划为“资产阶级右派分子”，他的学术观点被视为异端邪说而湮没无闻了。

从全局上对社会主义经济本质属性的真正探索，应该说是从党的十一届三中全会以后开始的。从那时起，从社会主义经济只能是计划经济的传统观念，一步一步地转向为是社会主义市场经济观念，经过反复的探索，最终确立了社会主义经济是市场经济的理论，并以此为依据，把建立社会主义市场经济体制作为我国经济体制改革的目标。这期间大体经历了以下几个阶段：

第一阶段：计划经济为主、市场调节为辅阶段（1978 年 12 月～1984 年 9 月）。这一期间已经意识到社会主义经济不是完全的计划经济，之外还应有市场调节部分。1979 年 3 月，负责财经工作的时任副总理的陈云指出：“整个社会主义时期必须有两个组成部分：（1）计划经济部分（有计划按比例部分）；（2）市场调节部分（即不作计划，让它根据市场供求的变化进行生产，即带有‘盲目’调节的部分）；第一部分是基本的主要的，第二部分是从属的次要的，但又是必需的。”①

1981 年 11 月，五届人大四次会议通过的政府工作报告中指出：“正确认识和处理计划经济和市场调节的关系，是改革中的一个关键问题。”“我国经济体制改革的基本方向应当是：在坚持实行社会主义计划经济的前提下，发挥市场调节的辅助作用，国家在制定计划时也要充分考虑和运用价值规律；对于带

① 《三中全会以来重要文献选编》(上)，人民出版社 1982 年版，第 69 页。

全局性的、关系到国计民生的经济活动，要加强国家的集中统一领导，对于不同企业的经济活动要给以不同程序的决策权，同时扩大职工管理企业的民主权利；改变单纯依靠行政手段管理经济的做法，把经济手段和行政手段结合起来，注意运用经济杠杆、经济法规来管理经济。"[①]

1982 年 9 月，党的十二大报告中更加明确地指出："我国在公有制基础上实行计划经济。有计划的生产和流通，是我国国民经济的主体。同时，允许对于部分产品的生产和流通不作计划，由市场来调节，也就是说，根据不同时期的具体情况，由国家统一计划划出一定的范围，由价值规律自发地起调节作用。这一部分是有计划生产和流通的补充，是从属的，次要的，但又是必需的、有益的。"

报告还指出："正确贯彻计划经济为主、市场调节为辅的原则，是经济体制改革中的一个根本性问题。我们要正确划分指令性计划、指导性计划、指导性计划和市场调节各自的范围和界限，在保持物价基本稳定的前提下有步骤地改革价格体系和价格管理办法。改革劳动制度和工资制度，建立起符合我国情况的经济管理体制。"[②] 同年，"计划经济为主、市场调节为辅"的提法，被写进了我国宪法。

关于社会主义经济本质属性是"计划经济为主、市场调节为辅"的认识，较之于排斥市场调节的完全计划经济而言，无疑是一个进步，它结束了多年来我国经济运行完全靠人为的指令性计划调节的局面，表明了向社会主义经济是商品经济或市场经济认识转变的开始。

第二阶段：有计划的商品经济阶段（1984 年 10 月～1988 年）。这一期间全新解释了计划经济的含义，突破了长期以来把计划经济与商品经济对立起来的传统观念，强调计划与市场的统一，第一次明确提出了社会主义经济是有计划的商品经济的理论，它标志着我国对社会主义本质属性认识的一次重大突破。从而从根本上动摇了传统计划经济的基础。

1984 年 10 月 20 日，党的十二届三中全会通过的《中共中央关于经济体制改革的决定》中明确指出："改革计划体制，首先要突破把计划经济和商品经济对立起来的传统观念，明确认识社会主义计划经济必须自觉依据和利用价值规律，是在公有制基础上的有计划商品经济。"我国计划体制的基本点可以概括为："第一，就总体说，我国实行的是计划经济，即有计划的商品经济，而不是那种完全由市场调节的市场经济；第二，完全由市场调节的生产和交

① 《三中全会以来重要文献选编》（下），人民出版社 1982 年版，第 1028～1029 页。

② 《十二大以来重要文件选编》，人民出版社 1985 年版，第 68 页。

换，主要是农副产品，日用小商品和服务修理行业的劳务活动，它们在国民经济中起辅助但不可缺少的作用；第三，实行计划经济不等于以指令性计划为主，指令性计划和指导性计划都是计划经济的具体形式；第四，指导性计划主要依靠运用经济杠杆的作用来表现，指令性计划则是必须执行的，但也必须运用价值规律。”①

基于社会主义经济是有计划的商品经济的理论，1985年9月，《中共中央关于制定国民经济和社会发展第七个五年计划的建议》中，对于我国经济体制改革的总体规划做了如下概括：“建立新型的社会主义经济体制，主要是抓好互相联系的三个方面：第一，进一步增强企业特别是全民所有制大中型企业的活力，使它们真正成为相对独立的、自主经营、自负盈亏的商品生产者和经营者；第二，进一步发展社会主义的有计划的商品市场，逐步完善市场体系；第三，国家对企业的管理逐步由直接控制为主转向间接控制为主，主要运用经济手段和法律手段，并采取必要的行政手段，来控制和调节经济运行。要围绕这三个方面，配套地搞好计划体制、价格体制、财政体制、金融体制和劳动工资制度等方面的改革。”② 这个规划已初步勾划出中国经济体制改革的基本轮廓。

1984年间，人们对社会主义经济本质属性是有计划的商品经济的认识，不足之处主要有两点：一是承认是商品经济但不承认是市场经济，把市场经济当做完全的自发的市场调节，当做资本主义的专属物；二是把发展市场体系只理解为发展商品市场。

1987年10月，党的十三大报告进一步总结过去的实践，对有计划商品经济体制进行新的概括和更深刻的说明。报告指出：“社会主义有计划商品经济的体制，应该是计划与市场内在统一的体制，在这个问题上，需要明确几个基本观念：第一，社会主义商品经济同资本主义商品经济的本质区别，在于所有制基础不同。建在公有制基础上的社会主义商品经济为在全社会自觉保持国民经济的协调发展提供了可能，我们的任务是要善于运用计划调节和市场调节这两种形式的手段，把这种可能变为现实。社会主义商品经济的发展离不开市场的发育和完善，利用市场调节决不等于搞资本主义。第二，必须把计划工作建立在商品交换和价值规律的基础上。以指令性计划为主的直接管理方式，不能适应社会主义商品经济发展的要求。不能把计划调节和指令性计划等同起来。应当通过国家对企业的管理应逐步转向以间接管理为主。第三，计划和市场的作用都是覆盖全社会的。新的经济运行机制，总体上来说应当是国家调节市

---

① 《十二大以来重要文件选编》，人民出版社1985年版，第24页。

② 《十二大以来重要文件选编》，人民出版社1985年版，第45页。

场，市场引导企业的机制。”[①]

报告还指出：“社会主义的市场体系，不仅包括消费品和生产资料等商品市场，而且应当包括资金、劳务、技术、信息和房地产等生产要素市场；单一的商品市场不可能很好发挥市场机制的作用。社会主义的市场体系还必须是竞争的和开放的；垄断的或分割的市场不可能促进商品生产者提高效率，封闭的市场不利于发展国内的分工和促进国际贸易。”[②]

党的十三大对有计划商品经济体制的阐述，较之党的十二届三中全会的认识，无疑又是一重大发展。其主要表现和意义在于：第一，明确提出社会主义商品经济这一范畴，并指出社会主义商品经济与资本主义商品经济的区别在于所有制不同，而不在于市场与计划的多少。第二，明确指出了“计划与市场都是覆盖全社会的”，这就否定了主辅论、板块论、层次论等各种不重视市场调节的观点，把市场调节的作用提到了过去从来没有过的高度。第三，清晰地指出了新的经济运行机制是“国家调节市场，市场引导企业”的机制，这与现代市场经济的运行机制或方式已基本一致。第四，明确提出了社会主义市场体系，不仅包括商品市场，而且包括生产要素市场。不难看出，党的十三大对社会主义经济本质属性的认识已接近社会主义市场经济的认识水平。

第三阶段：计划经济与市场调节相结合阶段（1989～1991 年）。这期间是我国一个较为特殊的治理整顿时期。1988 年 9 月，中共十三届三中全会针对前几年改革过程中出现的投资和消费双失控而导致的经济过热、价格的双轨制所引起的市场秩序和分配关系的混乱，部分政府官员愈演烈的寻租行为等情况，提出了“治理经济环境，整顿经济秩序，全面深化改革”的方针、政策和措施，政府加强了对经济的行政控制，直接计划调节的作用有所加强，对市场作用的认识有所降低。计划经济与市场调节相结合的提法就是这种特殊环境的产物。从总体上看，这是对社会主义经济本质属性的认识较党的十三大有所后退。在 1990 年 12 月《中共中央关于制定国民经济和社会发展十年规划和“八五”计划的建议》中指出，实行计划经济与市场调节相结合，需要明确以下几点：①计划经济可以从总体上保持经济按比例发展，市场调节可以发挥优胜劣汰机制的作用和增强经济发展的活力。②计划经济不限于指令性计划，指令性计划和指导性计划都是实行计划经济的具体形式。经济改革中要进一步缩小指令性计划的范围。③大体上说，属于总量控制，经济结构和经济布局的调整以及关系全局的重大经济活动主要发挥计划调节作用，企业日常生产经营、一般

---

① 《十二大以来重要文献选编》，人民出版社 1987 年版，第 26～27 页。

② 《十二大以来重要文献选编》，人民出版社 1987 年版，第 29 页。

性技术改造和小型建设等经济活动，主要由市场调节。④国家经济管理的主要任务，是合理确定国民经济的发展计划、规划和宏观控制目标，制定正确的产业政策、地区政策和其它经济政策，做好综合平衡，协调重大比例关系，综合运用经济、法律和行政手段引导和调整经济的运行。

第四阶段：社会主义市场经济阶段（1992 年后）。1992 年 1～2 月间，邓小平视察武昌、深圳、珠海、上海等地并发表重要谈话以来，我国对社会主义经济本质属性的认识终于提高到了社会主义市场经济的高度，从而使党的十四大最终明确了我国经济体制改革的目标是建立和完善社会主义市场经济体制。

第二节　社会主义市场经济理论确立的依据

一、计划经济不适应社会主义经济发展的要求

计划经济是指以国家指令性计划来配置经济资源的经济形式。计划经济被当做社会主义制度的本质特征，是传统的社会主义经济理论的一个基本原理。这种观点的逻辑推理是：社会化大生产把国民经济各部门联结成为一个有机的整体，因而客观上要求它们之间保持一定的比例关系。换句话说，要求资源均衡配置于各个部门。但由于资本主义私有制的存在，这种要求不可能通过国家计划来达到。只有在建立生产资料公有制为基础的社会主义国家，才可能并且可以通过计划来实现。实践表明，这种认识是不正确的。

计划经济的要点是中央计划机关按照预先编制的统一计划，用行政手段来配置资源。因此，计划经济在资源上的配置要有效率或成功，就必须具备两个最基本的条件：

第一，制定计划必须科学。即中央计划机关预先编制的统一计划必须反映客观实际，符合资源配置的要求。而要做到这一点，关键是中央计划机关必须及时、准确地掌握并处理各种经济信息。如果生产力水平较低，经济目标单一，社会经济结构简单，制定计划所需要的信息收集、传输、处理还相对容易解决，计划的可行性则较强。这也正是计划经济在我国“一五”时期能够起到良好作用的原因所在。但在现实社会主义经济中，社会供求关系复杂多变，各种经济联系错综复杂，要把社会所有经济信息及时、准确地收集起来，并加以迅速处理编制成计划，层层分解下达基层单位去执行，是任何一个中央机关都无法办到的。可见，由中央计划机关预先编制一个统一的、无所不包的、并具有科学性的经济计划，在现阶段只能是不切实际的幻想。

第二，执行计划必须无误。而要做到这一点，关键是全社会一切经济活动

的当事人的利益完全一致，没有自身独立的经济利益。这是因为，中央计划是要靠千百万个基层单位分散执行的，只有在它们没有自身特殊利益的情况下，它们才会不折不扣地执行而不会出现任何偏差。但事实上，社会主义公有制的建立，并没有从根本上消除人们经济利益上的差别和矛盾。在现阶段，每一个经济活动当事人都有区别于整体利益的个体利益和局部利益，而个人的利益仍然是人们从事经济活动的基本动因。在这种情况下，每一个基层单位的经济行为，由于受自身局部利益的影响，难免与以社会整体利益为出发点的计划目标发生偏离。如果通过强制性的行政命令要求它们去准确地执行计划，不仅会导致监督成本过高，而且会由于压抑了它们的利益而势必挫伤其积极性、主动性和创造性，导致微观资源配置效益低下。不难看出，由于计划经济缺乏协调个体或局部利益与社会整体利益的有效机制，所以也无法保证统一的经济计划能够得到准确无误的执行。

然而，在市场经济条件下，一方面每个经济活动当事人都可以根据自身需要及时掌握有关信息，并自主地迅速做出决策，这就克服了社会化大生产条件下，任何信息的迅速统一收集、传递、处理等方面的困难；另一方面，每一个经济活动当事人要实现自身利益最大化，就必须依据社会需要组织生产，精打细算地使用自己所拥有的经济资源，从而使个体或局部利益与整体利益大体协调起来。市场经济的特点正在于，经济资源的配置是通过无数个具有独立的自身利益的经济活动当事人，在市场信号指引下的平等竞争而实现的。

二、社会主义经济的内在要求

从根本上讲，理论上确立社会主义经济是市场经济，不是少数理论家和政治家心血来潮的产物，而是我国社会主义经济的内在要求和必然的实现形式。

众所周知，商品经济赖以存在的客观经济条件有两个：一是存在社会分工；二是存在不同经济利益的所有者。

在社会主义的历史阶段，不仅存在社会分工，而且随着社会生产力的发展，社会分工日益发达。社会分工的存在，必然产生各个生产单位产品的单一性同自身需要多样性的矛盾。解决这一矛盾，就使得各个生产单位之间相互交换劳动产品成为必要，也就使得彼此交换的劳动产品成为商品具有可能。

但是，社会分工并不是商品经济发展的惟一条件。“只有独立的互不依赖的私人劳动的产品，才作为商品互相对立。”① 光有社会分工存在，不存在不同的所有者或不具有不同经济利益的经济实体，商品交换也无必要，因为所有产品都归同一的所有者，用自己的一种产品通过市场按等价交换的原则去换取

---

① 《资本论》第一卷，人民出版社1975年版，第55页。

自己的另一种产品是毫无意义的。那么，社会主义经济中参与社会分工的各个单位是否作为不同的所有者来相互对待呢？答案是肯定的。

第一，我国现阶段存在多种所有制形式。这就决定了不同的所有制企业之间，以及除国有制企业外的各种不同的所有制内部的各企业之间，它们都必须承认对方是各自产品的所有者，交换必须按价值量相等的原则进行。

第二，全民所有制内部的各企业都是独立的经济实体。这是因为就全民所有制的国有企业来讲，在现阶段，其劳动者的劳动，仍然是谋生手段，劳动能力是劳动者的“天然特权”。所以，在劳动者之间自然存在经济利益的差别，这种利益上的差别，只能用等价交换的原则来调节。又由于在社会化大生产条件下，产品是由许多劳动者共同组合的企业生产出来的，个别劳动者只能完成一件产品生产的某道工序或某个职能，因而劳动者之间等价交换的关系，首先必须通过国有企业之间产品的等价交换关系来体现，这就意味着每个国有企业对自己所生产的产品拥有所有权。值得一提的是，我国商品经济的发展，逐渐出现了财产的终级所有权与法人财产权的分割，它使国有企业更加成为一个独立的法人实体。

综上所述，在我国现阶段，商品经济赖以产生的两个基本条件广泛存在。这说明商品经济不仅在我国存在，而且占据主导地位。因此，社会主义经济必然是商品经济。商品经济的发展是社会主义不可逾越的阶段，商品经济和社会主义社会共始终。在商品经济条件下，资源配置和经济运行只能采取市场经济的形式，从而，社会主义经济也就是市场经济。

三、邓小平对马克思主义的丰富和发展

社会主义市场经济理论在我国的确立，固然从根本上讲，是社会主义经济的内在要求，但客观地讲，如果没有邓小平从关于社会主义事业的生死存亡大局出发，解放思想、实事求是地探索，大胆突破“市场经济就是资本主义”的传统观念，不可否认，它或许还将经历一个漫长的生成过程。从这个意义上说，社会主义市场经济理论的确立，是邓小平对马克思主义的丰富和发展的结果。

早在1979年11月26日，邓小平会见美国不列颠百科全书出版公司编委会副主席吉布尼和加拿大麦吉尔大学东亚研究所主任林达光时，吉布尼提问，是不是可能在将来某个时候，在中国社会主义制度范围之内，在继续中国社会主义经济的同时，也发展某种形式的市场经济？很明显，吉布尼是把“市场经济”看做是“社会主义经济”之外并与之对立的一种东西。林达光也问：“您是不是认为过去中国犯了一个错误，过早地限制了非资本主义的市场经济，这方面限制得太快，现在就需要在社会主义计划经济的指引下，扩大非资本主义的市场经济作用？”

邓小平果断地回答："说市场经济只存在于资本主义社会，只有资本主义的市场经济，这肯定是不正确的。社会主义为什么不可以搞市场经济，这个不能说是资本主义。我们是计划经济为主，也结合市场经济，但这是社会主义的市场经济。虽然方法上基本上和资本主义社会的相似，但也有不同，是全民所有制之间的关系，当然也有不同所有制之间的关系，也有同外国资本主义的关系，但是归根到底是社会主义的，是社会主义社会的。市场经济不能说只是资本主义的市场经济，在封建社会时期就有了萌芽。社会主义也可以搞市场经济。同样地，学习资本主义国家的某些好东西，包括经营管理方法，也不等于实行资本主义。这是社会主义利用这种方法来发展社会生产力。把这当作方法，不会影响整个社会主义，不会重新回到资本主义。"[①] 邓小平关于市场经济的第一次谈话，开始突破社会主义不能搞市场经济的框子，否定了市场经济限定在资本主义范围内的传统观点。

1989年1月16日，邓小平在中共中央召集的干部会议上谈《目前的形势和任务》时强调指出："我们在经济方面，正在寻求一条合乎中国实际的，能够快一点、省一点的道路，其中包括扩大企业自主权和民主管理，发展专业化和协作，计划调节和市场调节相结合，先进技术和中等技术相结合，合理地利用外国资金、外国技术等等。"[②] 在这里邓小平强调了发展经济中利用市场调节的必要性。

1982年10月14日，邓小平同国家计委负责同志谈及长远规划时指出："社会主义同资本主义比较，它的优越性就在于能做到全国一盘棋，集中力量，保证重点。缺点在于市场运用得不好，经济搞得不活。计划与市场的关系问题如何解决？解决得好，对经济的发展就有利，解决不好，就会糟。"[③] 在邓小平看来，要搞活经济就必须发挥市场的作用。

1984年10月20日，党的十二届三中全会通过《中共中央关于经济体制改革的决定》明确提出了"社会主义经济是在公有制基础上的有计划的商品经济"的论断。邓小平对此给予了很高的评价，称其为"是马克思主义基本原理和中国社会主义实践相结合的政治经济学"[④]，把这个决定称做"纲领性文件"[⑤]。这个决定虽然没有提到"市场经济"这个概念，但"有计划的商品经济"，也就是"有计划的市场经济"。

① 《邓小平文选》第二卷，人民出版社1994年版，第236页。

② 《邓小平文选》第二卷，人民出版社1994年版，第246～247页。

③ 《邓小平文选》第三卷，人民出版社1993年版，第16～17页。

④ ⑤《邓小平文选》第三卷，人民出版社1993年版，第83、91页。

1985年8月28日，邓小平会见津巴布韦非洲民族联盟主席、政府总理穆加贝时谈到："为了发展生产力，必须对我国的经济体制进行改革，实行对外开放的政策。""社会主义究竟是什么样子，苏联搞了很多年，也并没有完全搞清楚。可能列宁的思路比较好，搞了个新经济政策，但是后来苏联的模式僵化了。"① 邓小平这一谈话否定了苏联的传统计划经济模式，肯定了列宁市场取向的新经济政策。

1985年10月23日，邓小平会见美国高级企业家代表团，在回答格隆瓦尔德提出的"市场经济和社会主义制度之间的矛盾"问题时说："社会主义和市场经济之间不存在根本矛盾。""多年的经验表明，要发展生产力，靠过去的经济体制不能解决问题。所以，我们吸收资本主义中一些有用的方法来发展生产力。现在看得很清楚，实行对外开放政策，搞计划经济和市场经济相结合，进行一系列的体制改革，这个路子是对的。"②

1987年2月6日，邓小平同几位中央负责同志谈话时进一步指出："为什么说市场就说是资本主义，只有计划才是社会主义呢？计划和市场都是方法嘛。只要对发展生产力有好处，就可以利用。它为社会主义服务，就是社会主义的；为资本主义服务，就是资本主义的。好像一说计划就是社会主义，这也是不对的，日本就有一个企划厅嘛，美国也有计划嘛。我们以前是学苏联的，搞计划经济。后来又讲计划经济为主，现在不要再讲这个了。"③根据邓小平这个意见，1987年党的十三大报告没有再讲计划经济为主。

1990年12月24日，邓小平同几位中央负责同志谈话时又指出："我们必须从理论上搞懂，资本主义与社会主义的区分不在于是计划还是市场这样的问题。社会主义也有市场经济，资本主义也有计划控制。资本主义就没有控制，就那么自由？最惠国待遇也是控制嘛！不要以为搞点市场经济就是资本主义道路，没有那么回事。计划和市场都得要。不搞市场，连世界上的信息都不知道，是自甘落后。"④

1991年1月28日～2月18日，邓小平在上海进行视察的过程中，同上海市负责同志谈话时再次指出："不要以为，一说计划经济就是资本主义，一谈市场经济就是资本主义，不是那么回事，两者都是手段，市场也可以为社会主义服务。"⑤

1992年1月18日～2月21日，邓小平在视察南方的谈话中，更加明确地指出："计划经济不等于社会主义，资本主义也有计划；市场经济不等于资本

---

①②③④《邓小平文选》第三卷，人民出版社1993年版，第138～139、148～149、203、364页。
⑤《邓小平文选》第三卷，人民出版社1993年版，第367页。

主义，社会主义也有市场。计划和市场都是经济手段。"① 这就对社会主义也可不可以搞市场经济这个长期争论不休、但又事关重大的问题，做了一个透彻、精辟的总回答，从根本上解除了把计划经济和市场经济作为姓"社"还是姓"资"的标志这样一个传统思想的束缚。

根据邓小平关于社会主义市场经济理论的总结性论述，1992年6月9日，江泽民在中共中央党校讲话中明确提出把"社会主义市场体制"作为要建立的社会主义新体制的想法，1992年10月12～18日召开的党的十四大正式决定把建立社会主义市场经济体制作为经济体制改革的目标，从而实现了社会主义经济理论的重大突破。对此，邓小平做出了巨大的贡献。

四、中外社会主义建设历史经验的科学总结

社会主义市场经济理论的确立，也是中外社会主义建设历史经验教训的总结，特别是中国改革开放新鲜经验的总结。

在社会主义制度建立的初期，各国都建立了与产品经济相适应的高度集中的计划经济体制。它的产生也有一定的客观原因。而且，在社会经济规模不大、经济关系和经济结构还比较简单、人民生活水平还不高的情况下，尤其是处在国外帝国主义包围、封锁和侵略战争威胁的形势下，计划经济体制对于集中全国的人力、物力和财力，恢复经济，巩固政权，制止战乱，奠定工业化基础，起过积极作用。但是，这种排斥或基本上排斥商品、货币和市场的高度集中的计划经济体制是有内在缺陷的。随着生产社会化程度越来越高，经济规模越来越大，经济关系越来越复杂，人民的需求越来越多样化，这种缺陷越来越突出，成为国民经济发展的严重障碍。其主要表现是：①经济决策集中于国家行政机构，难以适应复杂多变的社会需求，容易产生瞎指挥，造成大量浪费，而决策者又不承担经济责任。②企业成为国家行政机构的附属物、算盘珠，内无动力，外无压力，缺乏活力和竞争意识，经济运行效率低下。③在收入分配上，企业吃国家的"大锅饭"，职工吃企业的"大锅饭"，劳动者的积极性、主动性、创造性得不到发挥。其结果是，尽管国民经济从产量、产值上看增长速度不低，但经济效益很差，市场供应匮乏，人民生活得不到应有的提高。

原苏联解体前，它的工业劳动生产率只相当于美国的25%，农业劳动生产率只相当于美国的9%。第二次世界大战以后，苏联的经济增长率一直是不断下降的。20世纪50年代年平均增长率为10%，60年代为7%，70年代为5%，80年代为2%～3%。在人均国民生产总值和人民生活水平上，前苏联及东欧一些社会主义国家与周边一些实行市场经济的资本主义国家相比有明显的

① 《邓小平文选》第三卷，人民出版社1993年版，第373页。

差距。所以，这些国家的演变不是偶然的，而是有着深层次的原因。从经济上看，就是长期实行僵化的计划经济体制，不改革或者改革不成功，从而阻碍了生产力的发展，影响了社会主义优越性的应有发挥。从这个意义上讲，前苏联及东欧一些社会主义国家的剧变，就是它们严重脱离经济实际要求，长期坚持过时的、低效率的计划经济体制的恶果。

饱受旧体制之苦的社会主义中国，则通过改革走上了振兴之路。1978 年党的十一届三中全会以前，中国的情况还不如当时的苏联。在高度集中的计划经济体制下，经济运行的效率越来越低，人民的温饱问题长期得不到解决。市场供应严重短缺，广大人民在"凭证供应制度"下维持低水平的生活。直至"文化大革命"，国民经济陷于崩溃的边缘。正是在党的十一届三中全会以后，坚持以经济建设为中心，保留计划调节积极作用，显著缩小计划直接管理的范围，逐步加强市场调节的力度，坚持以市场取向的经济体制改革，大力发展商品经济，并不断推动我国经济与国际市场接轨。因而，经过不长的时间，就使社会主义经济取得了举世瞩目的成就，城乡人民生活显著提高。社会主义中国走上了振兴繁荣之路。

上述正反两方面的历史经验充分证明，确认社会主义经济是市场经济，大力发展社会主义市场经济，是振兴社会主义的必由之路。

第三节　建立社会主义市场经济体制

一、经济形式与经济体制的关系

严格界定经济形式和经济体制的内涵及其相互关系，直接涉及到我国经济体制改革的定位问题，也就是说，直接涉及到经济体制改革的基本理论依据究竟是什么这样一个基本理论问题。

经济形式和经济体制是既有区别又有联系的两个不同的经济范畴。经济形式又可称为生产方式，是指一定时期社会经济的运行状态，或者说是一定时期生产力发展的社会形式，是生产力生产关系的统一。它主要属于经济基础的范畴。我们可以从不同的角度或以不同的标准对人类社会一定阶段的经济形式进行分类。比如，①从生产力的发展水平不同或从其产品满足的需求主体不同，经济形式可区分为：自然经济、商品经济和产品经济；②从社会资源配置的主要手段或方式不同，经济形式可区分为：传统经济、市场经济和计划经济；③从投资的主体不同，经济形式可区分为国有经济，民有经济和外资经济等。经济体制是国民经济管理体制的简称，它通常是指国民经济的管理制度和管理方法的总称，或者说是国家组织管理经济活动的方式或方法、组织形式、组织机构等的总称。它包括微观经济体制和宏观经济体制，具体而言，它包括企业体制、投资体制、计划体制、财政体制、金融体制、收入分配体制、劳动人事体制等。

进一步说，经济体制，本质上是政府正确履行经济职能的制度安排，它一方面包括政府履行微观管理职能的政府规制，旨在为市场运行及企业行为建立规则，确保市场的有序运转；另一方面包括旨在保证经济稳定与增长的宏观调控政策。因此，经济体制与经济形式不同，它主要属于上层建筑的范畴。

无论从哪一个角度区分的不同经济形式，归根到底是由不同的社会生产力发展水平决定的，而不取决于人们的主观意志。不同的经济体制则是由不同的经济形式决定的，同样也不取决于人们的主观意志。当然，从某种意义上说，经济体制也决定着经济形式，即适应一定经济形式的经济体制会促进经济形式的发展；反之则会阻碍经济形式的发展。这是它们的有机联系之处。生产力、经济形式、经济体制三者之间的关系可以表述为：生产力⇄经济形式⇆经济体制。

从生产力的发展水平看，人类社会各阶段经济形式的发展，大体经历了自然经济、近代商品经济、现代商品经济；从社会资源配置的主要手段看，人类社会各阶段经济形式的发展，大体经历了传统经济、近代市场经济、现代市场经济。与此相适应，经济体制大体可划分为传统经济体制、自由放任的市场经济体制和有国家干预的市场经济体制（见表2－1）。

表2－1　　人类社会各阶段的经济形式和经济体制

经济形式及经济体制 \ 人类社会各阶段		资本主义以前社会	资本主义社会	社会主义社会	共产主义社会
经济形式	从生产力发展水平看	自然经济（存在商品经济）	商品经济	商品经济（原误以为产品经济）	产品经济（设想）
	从资源配置的主要手段或方式看	传统经济（存在市场经济）	市场经济	市场经济（原误以为计划经济）	计划经济
经济体制		传统经济体制	市场经济体制	市场经济体制（原误以为计划经济体制）	计划经济体制

长期以来，社会主义的经济形式，受多种因素的制约，被人们误解为是产品经济或计划经济，因而人为地采取了与产品经济或计划经济相适应的产品经

济体制或计划经济体制。现在，我们经过漫长的痛苦的碰撞和反思，终于得出社会主义经济是市场经济的正确结论。党的十三大报告曾指出："党的十二届三中全会通过的中共中央关于经济体制改革的决定明确指出，社会主义经济是公有制基础上的有计划商品经济。这是我们党对社会主义经济作出的科学概括，是对马克思主义的重大发展，是我国经济体制改革的基本理论依据。"社会主义市场经济理论的最终确立，无疑是我国经济体制改革的基本理论依据。与社会主义市场经济相适应，我国经济体制改革的目标，理所当然地要变计划经济体制为社会主义市场经济体制。

在不同的国家和不同的时期，经济体制模式有着很大的差异，呈现出多样化趋势。

纵观西方各国现代市场经济体制模式，可细分为：美国的自由市场经济体制模式；法国的指导性计划市场经济体制模式；日本的政府导向型市场经济体制模式；德国的社会市场经济体制模式；瑞典等国的民主社会主义市场经济体制模式，等等。

当今世界市场经济体制的具体模式很多，几乎每一个国家都有自己的模式。究其原因，主要在于国情差异，即各国的社会生产力发展水平、自然条件、社会历史文化传统、社会政治经济因素等的不同。例如，就自然条件因素来看，一般说来，在那些资源相对贫乏的国家里，由于不同利益主体在资源分配上的矛盾要比资源富饶的国家尖锐得多，因而私人垄断资本通常不会对国家采取计划调控方式以解决资源不足的矛盾产生抵触，往往愿意接受国家计划的调控方式。可以说，这是法国、日本等国家较为顺利地实行政府指导型市场经济体制模式和政府导向型市场经济体制模式的重要原因。

社会主义经济制度的建立，为我国生产力的发展开辟了广阔的道路。我国原有的经济体制使我国在经济极端落后、资源十分有限的条件下，迅速动员和集中大量物力、财力和人力，在短短时间内建立起独立的国民经济体系，从而把我国经济发展向前大大推进了一步，初步显示出社会主义制度的优越性，但是我国社会主义制度的优越性没有得到应有的充分发挥，在经济方面一个重要原因，就是在我国的经济体制上形成了一种同社会生产力发展要求不相适应的僵化的模式。其主要弊端是：经济成分过于单一，政企职责不分，条块分割，国家对企业统得过多过死，忽视商品生产、价值规律和市场的作用，分配中平均主义严重。它使得本来应该生机盎然的社会主义经济在相当大的程度上失去了活力。因此，为了发展社会生产力，实现国民经济持续、快速、健康地发展，改革原有的经济体制便是题中之义、情理之中。

二、市场经济体制的一般特征

综观近代、当代世界经济发展史，实行市场经济体制的国家，各种市场经济体制模式尽管各具特色，但它们作为与市场经济相适应的市场经济体制都具有以下一般的共性：

第一，企业行为自主化。企业是产权明晰、独立核算、自负盈亏、以追求利润最大化为目的的独立的经济实体。使生产经营活动符合市场需求，是一切市场主体的准则。因此，只有满足市场需求才能实现企业的自身经济利益。为此，企业必须拥有从事商品生产经营活动的自主权，包括拥有和支配资金；有权安排自己的供产销活动；有权决定用工办法和收入分配形式；有权规定自己生产经营的产品价格等。拥有这些自主权，企业才能自觉地面对市场，及时对市场信号做出灵敏的反应。

第二，经济关系市场化。市场是商品生产经营者发生联系的场所、渠道和领域。一切经济活动都直接或间接地处于市场运行之中。企业的生产经营活动要通过市场取得社会的承认，它的再生产过程要通过市场才能实现，企业的生产和发展都依赖于市场，可以说，市场是企业的生命线。因此，企业的生产经营活动必然要受市场机制的调节。市场的价格信号和竞争机制，形成对企业的推动力和压力，促使它根据市场的变化调整自己的生产经营活动，从而促进生产要素在各个部门之间的流动，实现资源优化配置。

第三，竞争关系平等化。平等竞争是市场经济运行的基本原则。每个独立自主的市场主体，都是平等的一员，谁也不能享有垄断和特权，彼此之间完全是公开、公平、公正的竞争关系。参与市场活动的主体地位的机会是平等的。竞争所遵循的是成本和效率原则，主体之间的较量只能是靠自己的实力。

第四，经济管理法制化。市场的公平竞争和有序运行，必须有一套完备的市场法律体系，所有的市场活动都要依法进行，法律成为调节和制约市场主体行为的规范。政府对经济的干预，对经济活动的评估、监督、管理都要依法行事。

第五，宏观调控间接化。政府部门不直接干预微观经济活动，而是实行政策性的调节，如通过财政、金融、收入、产业等政策来间接调节市场主体的经济行为，以实现宏观调控目标。

第六，市场主体目标最大化。在市场经济条件下，投资者追求利润最大化，消费者追求效用最大化，劳动者追求收入最大化，宏观决策者追求稳定、公平和社会福利最大化，这是各种市场经济共有的法则。

三、社会主义市场经济体制的特征

社会主义市场经济体制既不同于传统的计划经济体制，也有别于资本主义市场经济体制。

社会主义市场经济体制与传统的计划经济体制相比较，主要区别是：

第一，企业是市场主体。在市场经济条件下，企业已不再是政府行政机构的附属物，而是独立的法人，它们按照自己的利益和意志，自主决策，自主地进入市场，平等地参与竞争，对自己的经营后果独立地享有相应的权益和承担相应的责任。

第二，市场是资源配置的主要手段。在市场经济条件下，资源配置的主要手段已不是指令性计划而是市场机制。

第三，政府是市场的协调者。在市场经济条件下，政府的调控对象不是企业，而是市场。它不再主要采取行政命令的方式直接干预企业的生产经营活动，而是主要采取经济和法律的手段，通过对市场机制的调节，间接地影响企业对自身利益的预期，使之与经济、社会的发展计划目标相一致。

社会主义市场经济体制是同社会主义基本经济制度结合在一起的，因此，它与资本主义市场经济体制相比较，具有以下鲜明的特征：

第一，在所有制结构上，以公有制为主体、多种所有制经济共同发展。我党从社会主义初级阶段这个实际出发，通过改革，设计了符合我国现实生产力发展要求的所有制结构，奠定了社会主义市场经济体制的所有制基础。在我国多种所有制经济共同发展的所有制结构中，核心的问题是坚持公有制为主体。这是社会主义的一项根本原则，也是社会主义市场经济体制区别于资本主义市场经济体制的根本标志。坚持公有制为主体、多种所有制经济共同发展，既可以促进国民经济更快地发展，又能保证其发展的社会主义方向。

第二，在分配制度上，以按劳分配为主体、多种分配方式并存，效率优先、兼顾公平，逐步实现共同富裕。我国现阶段以公有制为主体、多种所有制经济长期共同发展的所有制结构，客观上要求以按劳分配为主体、多种分配方式并存的分配制度与之相适应。整个社会以按劳分配为主体，可以防止两极分化，“共同富裕”体现了效率与公平的统一，是社会主义的又一根本原则，也是社会主义市场经济体制区别于资本主义市场经济体制的主要标志。

第三，在宏观调控上，把人民的当前利益与长远利益、局部利益与整体利益结合起来，更好地发挥计划与市场两种调节手段的长处。由于我国以公有制为基础，因此，尽管国家、企业、劳动者之间也存在利益上的差别和矛盾，但它们的根本利益还是一致的，这就为国家的宏观调控提供了优越的社会经济条件。国家可以正确处理人民内部的各种利益关系，发挥市场与计划的长处，从而使市场经济更加健康地运行。

以上特征决定了社会主义市场经济体制可以在经济关系、利益机制和调控能力等方面，应当也完全有可能比资本主义条件下的市场经济运转得更好。当然，这在初步建立社会主义市场经济体制的目前还只是一种理论上的可能性，而要在实践中得以充分体现，显然还需要更长的历程。

四、社会主义市场经济体制的基本框架

社会主义市场经济体制是一个由内在因素有机联系而形成的完整体系。它犹如一座由几大不可或缺的支柱而构成的大厦。它是由几个相互联系、相互制约的主要环节而形成的有机整体。构造社会主义市场经济体制的主要环节或几大支柱包括：

（一）适应市场经济要求的现代企业制度

市场经济是通过市场机制，引导企业去合理配置资源的经济。企业是市场活动的主体，也是市场经济的基本元素。因此，企业必须具备接受市场调节的机制。否则，市场经济体制就失去了核心或基础。为此，社会主义市场经济体制中的企业，不论是国有企业、集体企业、个体企业、私营企业、“三资”企业，还是法律形式不同的独资企业、合资企业、有限责任公司、股份有限公司等，都应具有明确的产权关系，从而能够自主经营、自负盈亏、自我发展、自我约束，平等地参与市场竞争。当前，要继续积极推进企业改革，转换国有企业特别是大中型企业的经营机制，塑造出充满活力的微观经济主体。

（二）全国完整、统一、开放、竞争、有序的市场体系

要实现社会资源的优化配置，没有完整、统一、开放、竞争、有序的市场体系是不可能的。社会主义市场经济体制中的市场，是包括商品市场以及劳动力市场、资金市场、土地市场、技术市场、信息市场等要素市场在内的完整的市场体系，并且打破旧体制下条块分割，形成全国统一的大流通、大市场格局，实现国内市场和国际市场的对接。当前，按照市场经济的要求，加快市场体系的培育，是建立社会主义市场经济体制的重要任务。

（三）以间接手段为主的宏观调控体系

在现代市场经济中，市场对资源配置具有极其重要的作用，但市场机制有自身的局限性，现代化大生产单纯依靠市场调节不能完全实现资源的合理配置。因此，要克服市场机制的局限性，必须由国家对经济实行宏观调控。宏观调控是从总体上保证国民经济的健康运行、实现资源合理配置和有效利用的重要条件。我们要建立适应社会主义市场经济要求的宏观调控体系，概括地说，主要是指以各项经济政策为主，综合运用各种经济杠杆，通过市场，实现经济总量的基本平衡和结构优化，保证国民经济持续、快速、健康发展。当前，加快转变政府管理经济的职能，尽快建立和健全高效率的宏观调控体系，是建立社会主义市场经济体制的迫切要求。

（四）以按劳分配为主体，效率优先、兼顾公平的收入分配制度

个人收入分配要坚持以按劳分配为主体、多种分配方式并存的制度，把按劳分配和按生产要素分配结合起来，贯彻效率优先、兼顾公平的原则。在市场经济条件下，充分发挥市场机制对收入分配的调节作用。坚持一部分人、一部分地区通过诚实劳动和合法经营先富裕起来的政策。同时，政府通过税收等形式对个人收入进行再调节，防止收入过分悬殊和两极分化，提倡先富带后富，逐步实现共同富裕。

（五）多层次的社会保障制度

社会保障制度是社会化大生产的产物，是经济发展和社会进步的重要标志，也是促进市场经济健康运行和保障社会安定的重要保证。因此，建立包括社会保险、社会救济、社会福利、优抚安置和社会互助、个人储蓄积累保障等在内的多层次的社会保障制度，为城乡居民提供同我国国情相适应的社会保障，促进经济发展和社会稳定，是社会主义市场经济体制的重要内容。

社会主义市场经济体制的建立，是一项前无古人的创造性事业。因此，从根本上改革我国原有的计划经济体制，建立社会主义市场经济体制，对我们来说是一场“革命性变革”，它将涉及到社会经济生活的方方面面，是一项长期的复杂的社会系统工程。我们的经济体制改革要实现全局性的整体推进，就要紧紧围绕上述五个方面的内容，协调配套地进行全面改革。并且要围绕这五个环节，建立相应的法律体系，以规范各种经济关系，实现经济运行和管理的法律化，促进社会生产力的发展。

本章内容提要

社会主义经济的本质属性是什么？人们的认识经历了一个长期的发展过程。从总体上说来，马克思主义经典作家受到他们所处历史条件的限制，均不认为社会主义经济是商品经济或市场经济。

中国对社会主义经济本质属性的真正探索，是从党的十一届三中全会以后开始的，大体经历了以下几个阶段：①“计划经济为主、市场调节为辅”阶段；②“有计划的商品经济”阶段；③“计划经济和市场调节相结合”阶段；④“社会主义市场经济”阶段。

社会主义市场经济理论的确立，从根本上讲，是社会主义经济的内在要求。在我国现阶段，商品经济赖以存在的两个基本条件广泛存在，商品经济不仅在我国存在，而且占据主导地位，社会主义经济必然是商品经济，因而其资源配置必然采取市场经济的形式。

社会主义市场经济理论的确立，又是邓小平对马克思主义的丰富和发展的

结果，也是中外社会主义建设历史经验教训的科学总结。

经济形式和经济体制，是两个既有区别又有联系的范畴。经济形式决定经济体制，经济体制对经济形式也有反作用。计划经济体制不适应我国经济形式的要求，不能有效地实现社会资源的有效配置。

与市场经济相适应的市场经济体制具有的共性是：①企业行为自主化；②经济关系市场化；③竞争关系平等化；④经济管理法制化；⑤宏观调控间接化；⑥市场主体目标最大化。

社会主义市场经济体制与资本主义市场经济体制的区别在于：第一，在所有制上结构上，以公有制为主体，多种所有制经济共同发展；第二，在分配制度上，以按劳分配为主体，多种分配方式并存，效率优先、兼顾公平，逐步实现共同富裕；第三，在宏观调控上，把人民的当前利益与长远利益、局部利益与整体利益结合起来，更好地发挥计划与市场两种调节手段的长处。

社会主义市场经济体制由以下几个主要环节构成：①适应市场经济要求的现代企业制度；②全国完整、统一、开放、竞争、有序的市场体系；③以间接手段为主的宏观调控体系；④以按劳分配为主体，效率优先、兼顾公平的收入分配制度；⑤多层次的社会保障制度。

第三章　中国市场经济的所有制基础

第一节　公有制为主体、多种所有制经济共同发展

一、生产资料所有制结构的选择标准

人们从事物质资料生产，必须具备三个简单的要素，即人的劳动力、劳动资料和劳动对象，而劳动资料和劳动对象的总和就是生产资料。生产资料所有制就是指人们在物质资料生产过程中对生产资料的经济关系的总和，包括人们对生产资料的所有、占有、支配和使用关系。在生产资料所有制的经济关系体系中，所有关系是最重要的关系，它不仅决定所有制关系中占有、支配和使用关系的性质，也决定占有、支配、使用关系的规模和范围。当然，在保证所有关系在经济上得以实现的条件下，占有、支配和使用关系对所有关系具有相对独立性。因此，生产资料所有制的实质，是以人们对生产资料的所有关系为基础的人与人之间的经济关系。

生产资料所有制是社会生产关系的基础，它决定着不同社会集团在生产中的地位、作用和相互关系，决定着劳动产品的分配方式。因而，社会占主体地位的生产资料所有制性质，决定着社会生产关系的性质。社会占主体地位的生产资料所有制性质是区分不同性质的社会经济制度的根本标志。

生产资料所有制结构有其内部结构和外部结构之分。生产资料所有制的内部结构是指一种所有制形式内部的所有关系、占有关系、支配关系和使用关系之间的相互关系。生产资料所有制的外部结构，通常简称为生产资料所有制结构。所谓生产资料所有制结构，是指一定社会中的各种所有制形式所占的比重及其相互关系。居于支配地位的所有制的性质，决定该所有制结构的性质。

马克思主义基本原理告诉我们，一定社会采取什么样的生产资料所有制结构，不是由人们的主观意志决定的，而是由生产力状况决定的。社会主义国家应该选择什么样的所有制结构，马克思主义经典作家有过不少精辟论述。我国在这方面也做过一些有益的尝试。实践经验告诉我们，社会主义国家在选择所

有制结构时，必须从本国的实际出发，坚持生产力标准，也就是经济学中的“效率”标准，而不能是别的什么标准，切忌从主观出发、先验出发、教条出发。过去那种以一种所有制形式去评价另一种所有制形式，或者机械地照搬书本上或别国现有模式，造成人为地拔高所有制结构，片面地认为所有制的规模越大、公有化程度越高，即“一大二公”越具有优越性的观点和做法，实践上却适得其反，往往是阻碍了社会生产力的发展。

二、我国生产资料所有制结构的历史演变

一个社会的所有制结构不是一成不变的，它会随着经济发展的不同阶段有所变化。新中国成立以来，我国的所有制结构的历史演变，大致经历了三个阶段，也是三种不同的模式。

第一个阶段，是新中国成立到“三大改造”完成之前的新民主主义，即过渡时期阶段。这一阶段是以国有经济为主导、非公有制占主体的多种经济成分并存的所有制结构。这个结构的特点是国有经济掌握着国民经济的命脉，并在国民经济中起主导作用；在国民经济中，有国有经济、集体经济、公私合营经济、私营经济和个体经济。其中，非公有制经济占主体地位（见表 3-1）。

表 3-1　1952 年我国各种经济成分的结构状况　单位：%

	国有经济	集体经济	公私合营经济	私营经济	个体经济
在国民收入中	19.1	1.5	0.7	6.9	71.8
在工业总产值中	41.5	3.3	4.0	30.6	20.6
在商业经济中	16.2	18.2	0.4	60.9	4.3
在农业经济中		0.1		99.9	

资料来源：《现代中国经济大典》，中国社会科学出版社，1982 年 1 月版。

从表 3-1 可以看出，在新中国成立初期的新民主主义阶段中，公有制经济除了在工业总产值中稍高一点外，在国民经济的其它各种经济结构中所占比重都比较低，在整个国民经济中，私有制经济成份占主体，但在工业经济中，国有经济的主导地位是十分明显的。这种所有制结构不仅使我国的国民经济渡过了国民经济的恢复时期，弥合了长期战争的创伤，而且为 1953 年开始的社会主义经济建设提供了物质基础，保证了第一个五年计划的成功实施。因此，从总体上说，这种所有制结构基本适应当时我国生产力状况的发展要求，推动了当时生产力的发展。

第二个阶段，是从"三大改造"完成到党的十一届三中全会以前的高度集中型的计划经济阶段。这一阶段基本上是单一的社会主义公有制结构。这种结构的特点是"一大二公"，而且是"越大越公越好"。在所谓的大跃进时期，把农村70多万个农业生产合作社砍掉了，成立了2.6万个人民公社；在城镇则掀起了一个"小集体转大集体，大集体转全民的浪潮"，在所有制结构中，盲目求纯求大求公（见表3-2）。

表3-2　1957年和1980年我国各种经济成分的结构状况　单位：%

		国有经济	集体经济	公私合营经济	私营经济	个体经济及其它
1957年	在国民收入中	33.2	56.4	7.6		
	在工业总产值中	53.8	19.0	26.3	0.1	0.8
	在商业经济中①	34	37.5	20.8	5.1	2.6②
1980年	在工农业总产值中	60.7	34.6			4.7
	在农业总产值中	3.8	77.2			19.0
	在工业总产值中	78.7	20.7			0.6
	在商业经济中	84.2	11.9			3.9

资料来源：同表3-1。

说明：①此栏为1956年的数字；②指农民零售所占比例。

从表3-2可以看出，在第二个所有制结构模式阶段，除农业中的个体经济比重有所上升外，公私合营经济和私营经济已经消失，国有经济和集体经济之和基本上占了国民经济的95%以上。公有制经济由1957年的占主体，逐渐发展到公有制的一统天下，形成了单一的社会主义公有制结构。

这种所有制结构基本上不适应当时生产力状况的发展要求，严重阻碍了生产力的发展。从理论上说，这种所有制结构严重脱离了我国生产力落后、社会化生产水平低的实际，人为地拔高了社会生产资料所有制结构，必然使生产力和生产关系之间产生严重的碰撞，甚至破坏已有的生产力。从经济上说，由于计划经济成分过多，压抑和破坏了市场经济机制的作用，使商品经济无法发展；与此同时，企业（无论是国有企业还是集体企业）都失去了自主权，成为政府行政机构的附属物，使本来是生机盎然的社会主义经济成为死水一潭，国民经济发展十分缓慢，延误了20世纪60～70年代的大好发展时机。从分配上说，这种所有制结构实行的是平均主义十分严重的分配制度，严重挫伤广大劳动者的积极性和创造性，人民生活水平在长达二十年的长时期中，几乎没有提高，出现了“穷社会主义的穷过渡到所谓共产主义”的状况，加上政治路线上以阶级斗争为纲，人为制造打击对象，搞得人人自危，整个国民经济处于崩溃的边缘。

第三个阶段，是党的十一届三中全会以来逐渐完善的所有制结构，即现阶段的以公有制为主体、多种所有制经济并存和共同发展的所有制结构（见表3-3)。我国现阶段的多种所有制形式主要包括：国家所有制（全民所有制)、集体所有制、个体所有制、私营企业所有制、外资企业所有制、混合所有制，等等。

表3-3　不同所有制企业在经济活动中的比重变化　单位:%

	全部工业总产值					商品零售总额①				
	1978年	1985年	1990年	1995年	1996年	1978年	1985年	1990年	1995年	1996年
国有	77.6	64.9	54.6	34.0	28.5	54.6	40.4	39.6	29.8	27.2
集体	22.4	32.1	35.6	36.6	39.4	43.3	37.2	31.7	19.3	18.4
个体		1.8	5.4	12.9	15.5	0.1	15.4	18.9	30.3	32.0
其它		1.2	4.4	16.5	16.6	2.0	7.0	9.8	20.6	22.4

资料来源：有关年份的《中国统计年鉴》。

说明：①商品零售总额1993年以后改为社会消费品零售总额。

从表3-3可以看出，改革开放以来，我国的公有制经济比重有所下降，但它在国民经济中的比重却始终占主体，非公有制经济的比重虽然在不断上升，但始终是在公有制为主体下的增长。就所有制来说，只要公有制的主体地位不发生变化，我国社会主义经济制度的性质就不会发生变化，社会主义劳动者的根本利益就能得到保障。在这种所有制结构中，我国的国民生产总值1995年在1980年基础上翻了两番，人民生活水平除少数老少边穷地区外，绝大多数已经摆脱了贫困，正从温饱走向小康，东部地区和一部分中部地区，已经走出小康，向富裕型迈进。二十多年的改革开放实践反复证明，这种所有制结构较好地适应了现阶段生产力的发展和社会主义市场经济运行的要求，极大地推动了生产力发展和人民生活水平的提高。

生产资料所有制结构的上述历史演进说明：①在建立社会主义基本经济制度之后，只有坚持实行公有制为主体、多种所有制经济并存的所有制结构，社会生产力就可以得到快速发展，人民生活水平就能得到更好的改善和提高；反之，社会生产力的发展就会受到严重阻碍，人民生活水平就不会得到应有的改善和提高。②从全社会的角度看，一个既有效率又能保障生产要素自由流动的所有制结构，只能由社会实践决定即由市场决定，而决不是依靠行政命令或人们的主观安排。我们强调中国现时的市场经济要“以公有制为主体”，是因为新型的公有制能够较好地适应社会化发展的实践需要。

三、多种所有制形式并存的客观必然性

党的十一届三中全会以来，我国逐渐形成的以公有制为主体、多种所有制形式并存，已经得到全国各族人民的认可，充分说明了这种所有制结构在现阶段具有客观必然性。

第一，是由我国生产力总水平不高、多层次、发展不平衡状况决定的。一方面，由于我国是在非常落后的殖民地、半殖民地社会基础上建设社会主义的，底子薄、人口多。新中国成立以来，特别是改革开放以来，我国经济增长很快，总体实力和综合国力有很大提高。但人均水平和按国土面积计算的水平还很低，经济发展的结构和质量还很差。据1997年的资料，我国人均国民生产总值（GNP）只有世界平均水平的16.8%，在世界上133个国家和地区中排在第81位。每平方公里国土面积创造的GNP，我国仅为美国的1/14，日本的1/208，德国的1/115，法国的1/88，英国的1/94，我国与这些国家依然存在很大的差距。另一方面，我国工业化和生产的社会化、市场化、现代化的程度还比较低。我国13亿人口，9亿在农村，基本上还是手工劳动；一部分经济发达地区，同广大的不发达地区和贫困地区同时存在；少量具有世界先进水平的科学技术，同普遍的科学技术水平不高，文盲半文盲占总人口近1/4的状况同时存在。2000年，按从业人员计算，我国第一产业占48.7%，第二产业占23%，第三产业仅占28.3%；按增加值计算，第一产业占15.9%，第二产业占50.9%，第三产业占33.2%。产业结构仍属落后型。再一方面，生产力层次多，劳动手段落后，劳动力素质低。我国的生产力可分为四个层次，即社会化程度很高，技术先进的自动化生产；社会化程度比较高，技术比较先进的机械化生产；社会化水平低，技术陈旧的半机械化生产和原始的手工劳动和畜力劳动的生产。这四种生产力层次，第一、二种生产力还比较少，大量的是第三、四种生产力。劳动者的平均文化技术水平不高，成为制约生产发展的主要因素。最后一方面，是地区经济发展极不平衡，中、西部地区和东部地区存在较大的差距，边远地区的经济还相当落后。我国上述这种生产力状况，客观上要求发展多种所有制经济。

第二，是缓解我国现代化建设中各种矛盾的需要。我国是一个发展中大

国，资金短缺和就业压力大是现代化建设中的难题。选择以公有制为主体、多种所有制经济并存和共同发展的所有制结构，是解决这些难题的有效途径。因为，从资源供给的角度看，一方面我国现代化建设需要巨大资本投入，单靠国家力量远远满足不了这一需要；另一方面又有大量的民间资本和国外、境外资本找不到理想的投资场所。据世界银行估计，1978 年中国国民总储蓄中，居民储蓄占 3.4%，政府储蓄占 43.4%，国有企业储蓄占 53.2%，社会总储蓄的96.6%来自国有部门。而近年来我国的国民储蓄结构已变成为：居民占 83%，政府占 3%，企业占 14%（其中国有企业估计不到 7%）。可以看出，在社会总储蓄中，大约只有10%左右来自国有部门。从就业的供求角度看，一方面我国人口众多，就业人口不仅基数大，而且增长快；另一方面各级政府和公有制经济的安置和吸纳能力又十分有限，就业压力很大，并且这种压力由于劳动力资源供过于求将会长期存在，有时还会比较突出。因此，从我国实际出发，需要发展多种所有制经济，调动多方面积极性，充分利用社会资金及引进外资，弥补建设资金不足，多渠道增加就业岗位，扩大就业。

第三，是大力发展市场经济，建立和完善社会主义市场经济体制的需要。我国改革开放前的几十年实践证明，在生产力发展水平低、商品经济不发达的条件下搞社会主义现代化建设，光有单一的公有制经济，其经济效率低下，经济发展缓慢，社会主义制度的优越性不能充分发挥。要使社会主义建设的质量提高，速度加快，必须大力发展市场经济。而市场经济的充分发展，不仅需要完善的市场体系和市场机制的形成，而且还要有大量的自主经营、自负盈亏的市场竞争主体。这就需要发展多种所有制经济，让各种所有制经济实体在市场中，通过公平竞争和优胜劣汰发展起来。这样，一方面促进市场机制和市场体系迅速发展起来；另一方面又进一步加强市场经济的竞争格局，促进各种所有制经济效率的提高和技术的进步，从而推进市场经济的发展和社会主义市场经济体制的完善与发展。

改革二十多年来，以公有制为主体、多种经济成份并存和共同发展，为我国社会经济的发展注入了新的活力，促进了社会生产力的发展和人民生活水平的提高。

四、坚持公有制的主体地位

社会主义公有制是社会主义条件下全体劳动者或部分劳动者共同占有生产资料的所有制形式。党的十五大指出："要全面认识公有制经济的含义。公有制经济不仅包括国有经济和集体经济，还包括混合所有制经济中的国有成份和集体成份。"社会主义公有制同社会化大生产相适应，为社会生产力的进一步发展开辟了广阔的道路。

在社会主义初级阶段的所有制结构中，必须坚持公有制的主体地位。坚持公有制的主体地位，是由社会主义公有制的性质和它在国民经济中的作用决定的。

首先，公有制是社会主义制度的经济基础。它不仅决定了社会主义经济制度的性质和发展方向，而且决定了社会主义政治制度的性质以及劳动人民在政治上和经济上的主人翁地位，还决定了社会主义的分配关系，也是全体劳动者生活水平不断提高的物质基础。

其次，公有制控制着国民经济的命脉，拥有现代化的物质技术力量，控制着生产和流通。公有制企业是国民经济的重要支柱，是社会主义现代化建设的决定性力量，是国家财政收入的主要来源，也是国家进行宏观经济调控的主要物质基础。

再次，公有制适应社会主义社会生产力的发展要求。社会主义社会的生产力是建立在社会化大生产基础上的、以高新技术为核心的、始终代表社会先进生产力的新型生产力。坚持了公有制的主体地位，就能保证和推动社会主导生产力的发展，在现阶段，就能带动和支持其它各种层次生产力的发展和提高。

最后，在社会主义市场经济条件下，公有制经济，特别是国有经济是社会经济的“领头羊”，它能保证国民经济的社会主义发展方向，同时，带动非公有制经济和社会主义公有制经济共同发展。总之，公有制是社会主义制度的经济基础，坚持了公有制的主体地位，就坚持了社会主义的方向，就始终坚持并代表了先进的社会生产力和全体劳动人民的根本利益，社会主义现代化建设就会蓬勃发展。

怎样坚持公有制的主体地位?

第一，要坚持公有资产在社会总资产中占优势。任何事物都是质和量的对立统一体。没有一定的量，就没有一定的质；同时质必然表现为量。单纯量的变化，发展到一定程度就会引起质的变化。社会主义生产关系也是如此。生产资料的数量及其运行，与社会总财富的增长通常是呈正比的，国有及集体所有的生产资料在社会总资产中占优势，才能保证公有制经济生产的物质产品在社会总产品中占优势，保证国有经济在重要部门、关键领域中居支配地位。同时，资产优势又是剩余产品优势的保证。公有制经济提供的剩余产品量的多寡及其在社会纯收入中占的地位是很重要的。积累是扩大再生产的源泉，也是巩固和发展社会主义公有制的物质条件。如果公有制经济力量不大，剩余产品不多，而非公有制经济提供的剩余产品在社会纯收入中占了统治地位，那么，国家和各级政府财政收入的构成方向和使用方向就会发生根本性的变化，不仅公有制的主体地位得不到保证，而且国家和社会的性质也会发生变化。

第二，要坚持公有资产质的提高上。质与量比较，质居第一位。有质才有量；有质的优势，才能保持量的优势。党的十五大报告指出：“公有资产占优势，要有量的优势，更要注重质的提高”。如上所述，没有公有资产在数量上的优势，就无所谓社会主义。但是，如果仅仅满足数量上的优势，而且忽视公有资产的运营效率，不注重在激烈的市场竞争中保持或争取优势，迟早有一天，数量上的优势会丧失，公有制的主体地位也难以坚持。

第三，要坚持国有经济控制国民经济命脉，对经济发展起主导作用。所谓主导作用，就是左右国民经济全局的制约、导向作用。现阶段，国有经济要起主导作用，首先是因为在多种所有制形式并存的情况下，不同所有制之间存在利益上的矛盾。从一定的角度讲，非国有制经济只代表着局部利益或少数人的利益，惟有国有经济才代表全体人民的利益。这就决定了必须由国家掌握国民经济命脉，借以保证国有经济的主导作用，在它的导向下，使其它各种所有制经济都能沿着正确的方向发展，不至于让少数人或部分人的利益压倒全社会的利益。其次，国有经济是实行宏观经济调控，确保国民经济和社会协调发展的主要物质基础。必须明确，国有经济起主导作用，主要体现在对国民经济的控制力上。而要做到这一点，从我国当前的现实来看，除了后面要分析的必须从界定财产权的角度改革传统的国有制经济外，还有许多方面工作要做。这些方面的具体内容将在第四章第三节专门加以阐述。

第四，要不断发展和壮大公有制自身。由于社会生产总是在不断发展，各种非公有制经济依照积累和扩大再生产的规律也将逐步发展，公有制经济如果不在激烈的市场竞争中发展壮大自己，它的主体地位必将被逐步削弱以至失去。不进则退的规律是无法违背的。

第二节　创新公有制的实现形式

一、公有制的两种基本形式

我国《宪法》指出：“中华人民共和国的社会主义经济制度的基础是生产资料的社会主义公有制，即全民所有制和劳动群众集体所有制”。

全民所有制，是由全体社会成员共同占有生产资料的公有制形式。在我国，全民所有制采取的是国家所有制的形式。它是社会主义公有制的基本形式之一。全民所有制经济即国有经济，同较高的社会化生产力相适应，基本上实现了劳动者在生产资料所有制关系上的平等。它在国民经济中始终起着主导作用，它掌握着国民经济的命脉，是国民经济的领导力量；它掌握着社会化程度较高的现代化大生产，代表着最先进的社会生产力和社会生产力发展的趋势与方向，是我国进行社会主义现代化建设的重要的物质基础；它是国家依靠经济手段引导其它所有制经济发展，进行宏观经济调控的重要的物质条件。在经济体制改革和经济发展中，国有经济的主导作用必须不断加强，其主导作用主要体现在它的控制力和竞争力上。在关系国民经济命脉的重要行业和关键领域国有经济必须占支配地位；在其它领域，可以通过资产重组和结构调整，加强重点，提高国有资产的整体质量。

集体所有制，是指由部分劳动群众共同占有生产资料的一种社会主义公有制形式。集体所有制经济是劳动群众根据自愿互利原则组织起来的、实行独立经营、自负盈亏的合作经济组织。我国的集体所有制经济包括农村集体所有制经济和城镇中的手工业、工业、建筑业、运输业、商业、服务业等行业的各种形式的合作经济。在社会主义社会，集体经济在集体经济组织范围内实现了劳动者在生产资料所有关系中的平等，劳动者之间建立了平等互助的合作关系。

集体所有制经济是社会主义公有制的重要组成部分，是社会主义初级阶段农村经济的主要形式，在我国国民经济发展中起着极其重要的作用。集体所有制经济是生产力容量很大的灵活性很高的经济形式，它没有一成不变的固定模式，几乎分布在城乡的各行各业之中。集体经济可以体现共同致富原则；有利于广泛吸收社会分散资金、发展生产、满足和提高人民生活需要；有利于稳定物价、繁荣市场；有利于吸收劳动力就业、扩大商品出口；有利于增加公共积累和国家税收等。集体经济的具体实现形式是多样化的，由于生产力的发展水平和其它经济条件不同，在不同地区、不同生产类别、不同经济条件下，公有化的程度、分配方式以及合作的内容和方式，可以有所不同。党的十五大指出：“要支持、鼓励和帮助城乡多种形式集体经济的发展。这对发挥公有制经济的主体作用意义重大”。

国有经济和集体经济是社会主义公有制经济的两种基本形式。党的十五大明确指出：公有制含义中还包括混合所有制经济中的国有成份和集体成份。这打破了公有制经济只包括国有经济和集体经济的传统理论，第一次正式把混合所有制经济中的国有成份和集体成份划归公有制经济范畴，拓宽了公有制经济的范围，是对马克思主义所有制理论的重大发展，对建设有中国特色社会主义有重大意义。

混合所有制经济是指由不同所有制经济，以控股、参股等多种方式混合投资形成的法人财产，由经济法人进行经营的经济实体。这种经济实体主要是企业法人实体。随着经济体制改革的深入和社会主义市场经济的发展，投资来源多元化，企业组织形式的多样化，由各种所有制经济共同组成的多种混合所有制经济将越来越发展，混合所有制企业也将越来越多。目前，混合所有制经济主要有股份制企业、跨所有制组成的企业及企业集团、中外合资和中外合作企业等。这些企业中的国有成份和集体成份，最终所有权属于国家和集体，国家和集体行使所有者权益，所以，它们属于公有制经济。随着社会主义市场经济体制的发展和完善，混合所有制经济中的公有成份在整个公有制经济中的比重将越来越重。

二、改革传统的国有经济

我国的国有经济主要产生于新中国成立初期的对资改造，以后通过自身的发展，成为我国国民经济实力最雄厚的经济成份。在改革开放之前的计划经济阶段发挥了巨大的作用。国有经济不仅在建国初期和国家经济极端困难的条件下，集中了全国的人力、物力和财力，保证了国家经济建设的需要，促进了我国经济的快速发展；而且始终掌握着国民经济命脉和较高的社会生产力，为社会提供了80％～90％的工业品和农产品的加工品，保证了人民的正常生活并且不断有所提高，促进了社会稳定。同时还支持了国民经济的高积累运转，为建立社会主义工业化的初步基础、为我国的高新技术产业的建立和发展、为支援农业和巩固工农联盟、为国防现代化、建立现代化的国防工业做出了重要的贡献。然而，随着我国商品经济的发展、经济体制改革的深入和社会主义市场经济体制的逐步建立，传统的国有经济越来越显示出弊端，越来越不适应社会主义经济发展的要求。尽管改革开放以来，国有经济实行了放权让利、承包经营和自主经营等一系列改革，在不同程度上引入了市场机制，但传统的国有经济仍然不能适应现代市场经济发展的要求，与社会主义市场经济的客观要求存在着不少矛盾。主要有：

第一，市场经济要求市场产权主体多元化与传统国有经济的产权主体单一化的矛盾。市场经济是竞争经济，它要求市场主体拥有独立的产权，所有产权主体可以自主决策自己的经济行为，以积极参与市场竞争，谋取自己的合法经济利益。而传统的国有经济的产权主体是单一化的，在国有制内部，由于分配上的平均主义和经济运行的低效益，企业事实上是没有自身独立的利益和行为差异的“假主体”，企业之间很难形成真正意义上的竞争，市场机制的功能作用不能发挥，微观经济的资源配置是很不合理的，往往造成生产要素的巨大浪费。

第二，市场经济要求财产边界清晰与传统国有经济产权边界模糊的矛盾。在市场经济条件下，所有的市场主体都是具有“四自”即自主经营、自负盈亏、自我发展、自我约束能力的经济法人。因此，一个企业有多少资产，能承担多大的经济运行规模，应该承担什么样的经济责任和承担多大的经济责任，都应该是清清楚楚的。否则，一旦经营失误，企业亏损，由谁来清算债务，拿什么资产来清算等问题就无法解决。从原则上来说，这种市场主体是不能进入市场的。但是，传统的国有经济都是产权边界模糊的，国家对国有资产是实行所有权和经营权合一的，企业根本没有独立的产权，更谈不上产权边界的清晰。所以，在改革之前的国有企业既不能自主地安排自己的经营活动，更不能对自己的经济行为承担什么风险，企业完全处在无权地位，往往造成国有资产大量流失。

第三，市场经济要求市场主体的产权自由流动与传统国有经济的产权凝固的矛盾。就一般过程来说，市场的交换活动，其实就是市场主体之间的财产以商品形式进行流动的过程。就特殊过程来说，市场主体出于自己的经济利益，为了竞争的需要，可以对自己的资产，包括固定资产、流动资产和证券资产进行转移、重组和联合等。一句话，市场经济要求市场主体的一切资产可以自主地进入市场自由流动。而这一切在传统国有经济中却是办不到的，因为传统国有经济的产权是凝固的，它根本不受国有经济单位支配，而是被条块分割成主管部门或行政区域所占有，产权难以在市场中流动，谈不上什么有效地配置资源。

第四，市场经济要求市场主体的财产收益最大化与传统国有经济财产收益目标淡漠的矛盾。市场经济的原则是效率原则，就是说，市场主体应该为了自己的利益、也是为了在竞争中立于不败之地，用尽量少的投入获取尽量多的收益，即市场主体的财产收益要最大化，这是市场主体的经营目标。然而传统的国有经济对此却非常漠然，它们关心的是如何完成和超额完成体现政府意图的计划指标，而计划指标能否完成，主要不是取决于企业在市场施展的才能，而在于它能得到多少国家的优惠条件和向政府部门讨价还价的筹码。之所以如此，是因为在传统的国有经济中，企业的人、财、物、产、供、销都由国家一手统起来。赚了钱，国家通过银行转账转归国家财政所有；亏了本，由国家负责补起来。企业成了国家的附属物，企业和企业职工根本不关心企业的经济效益，只知道如何去完成国家计划。

从上述分析可见，传统的国有制经济难以适应市场经济的要求，因为其产权边界不清和产权主体单一，不可能使它成为惟一依赖市场的独立法人。也就是说，不可能使它成为真正的市场主体。而市场主体的缺乏或行为不规范，就难以建立起竞争性的市场结构和市场经济秩序，社会资源的配置势必难以优化。要发展市场经济，必须循着产权明晰化即界定财产权的思路，推进传统国有制经济的改革。这是因为：

第一，财产权的界定可以使传统的国有制企业脱离行政控制轨道，实现政企分开。企业享有法人财产权，并以法人财产承担经营风险，这无疑会把企业完全推向市场，使企业在市场竞争中求生存和发展。

第二，财产权的界定使得真正意义上的商品交换不仅必要，而且可能。当传统的国有制企业得以改革成为真正的市场主体，对市场信号的变动做出及时灵敏的反应时，市场交易的范围将随之扩大，市场机制将不断完善，资源配置优化将成为可能。

第三，财产权的确立有利于政府职能的转变。这时，政府不再像过去那样，凭借所有者的身份来实现经济管理职能，而是利用各种宏观调控手段，通过市场中介实现宏观经济政策目标，以保证经济持续、快速、健康地发展。

三、创新公有制的实现形式

所有制和所有制实现形式是两个相互联系，又相互区别的概念。前已指出，生产资料所有制是指人们在物质资料生产过程中对生产资料的关系体系，包括人们对生产资料的所有、占有、支配和使用等方面的经济关系。所有制实现形式是指这些经济关系借以实现的具体形式，主要是指资产或资本的组织形式和经营方式。同一所有制经济可以有不同的实现形式，一种具体实现形式中可以容纳不同的所有制经济。一种所有制的实现形式如何，又直接涉及到这种所有制所容纳的生产力能否或在多大程度上发挥出来。可见，两者之间是内容和形式的关系，形式服从并影响内容，内容决定形式。事物的形式可以给它的内容以积极或消极的影响。因此，我们应十分重视公有制的实现形式问题。一定的所有制所采取的某种企业资产或资本的组织形式或某种经营方式，在一定的条件下是会发生变化的。一般说来，所有制实现形式的变化，并不会改变所有制本身的根本性质。实际上，任何一种所有制实现形式的变化，大多是为了更好地发挥这种所有制所能容纳的生产力，为了更好地实现自己的剩余索取权。当然，形式的作用又有它自身的限度，起决定作用的是事物的内容，而不是形式。所以，我们又不可夸大形式的作用，尤其不可片面地夸大某一种形式的作用而忽视其它形式。

在改革开放之前，我国公有制采取了国有国营和集体所有集体经营的形式，并且把集体所有集体经营当做公有制的低级形式、过渡形式，造成集体所有制盲目地转为国有制，这样扼杀了企业的活力，挫伤了劳动者的积极性。在改革开放的实践中，我国出现了公有制的多种实现形式，如合作制、股份制、股份合作制、混合所有制、社区所有制、社会保障基金等等。根据邓小平理论和我国改革的实践，党的十五大明确指出："公有制的实现形式可以而且应当多样化。一切反映社会化生产规律的经营方式和组织形式都可以大胆利用。要努力寻找能够极大促进生产力发展的公有制实现形式"。随着经济体制改革的不断深化和多种所有制经济的发展，投资主体的多元化，公有制的实现形式一定会更加多样化起来。

股份制是现代企业的一种资本组织形式，也是所有制的一种实现形式。这种形式有利于所有权和使用权的分离，有利于提高企业和资本的运作效率。股份制产生于 17 世纪，19 世纪中叶以后在资本主义社会得到了广泛的发展，是股权或合资的财产组织形式，基础是资本联合。目前在世界市场经济国家仍然被大量使用。股份制虽然产生和发展于资本主义社会，但作为现代市场经济中企业的一种资本组织形式，它既不姓“资”，也不姓“社”，资本主义可以用，社会主义同样可以用。不能笼统地说股份制是公有还是私有，股份制企业的性质，关键是看控股权掌握在谁的手里。由国家和集体控股，就具有明显的公有性质。发展股份制经济，有利于扩大公有制经济的支配范围，增强公有制的主体地位。国有企业实行股份制，有利于实现政企分开，有利于增强企业的自我约束、自我发展、自我激励的机制，提高企业和资本的运作效率；有利于解决企业发展资本不足的问题；有利于建立跨地区、跨行业、跨所有制和跨国经营的大企业集团。

股份合作制是在我国经济体制改革中产生的一种新的公有制实现形式。它兼有股份制和合作制的特点于一体，实现了劳动者的劳动联合和劳动者的资本联合的有机结合。它一方面保持了社会主义劳动者联合劳动的互助合作性质；另一方面允许职工持股，实现资本的联合。劳动者除了按劳动取得报酬之外，还按投入的资本额取得相应的收益，是按劳分配和按要素分配相结合的具体形式。股份合作制企业中的职工，既是劳动者，又是投资者，共同劳动，共担风险，共享利益，使劳动者的利益和企业利益结合为一体，从而充分调动了劳动者的积极性。党的十五大报告指出：“目前城乡大量出现的多种多样的股份合作制经济，是改革中的新事物，要支持和引导，不断总结经验，使之逐步完善。劳动者的劳动联合和劳动者的资本联合为主的集体经济，尤其要提倡和鼓励”。

混合所有制，是由不同性质的所有制合而为一的一种所有制形式。这种所有制经济，通常是不同所有制企业之间或企业、事业单位之间共同投资组成的一种经济实体。混合所有制已不是单纯的国家所有制或集体所有制，有的甚至不是单纯的公有制，而且包含非公有制成份。这种所有制形式，正像股份制一样，不能笼统地说它是公有还是私有，但如果其中公有制成份比重占优势，它就是一种公有制的实现形式。

第三节 大力发展非公有制经济

一、非公有制经济是社会主义市场经济的重要组成部分

党的十五大以邓小平理论为指导，对我国的非公有制经济的地位做了新的界定，明确指出："非公有制经济是社会主义市场经济的重要组成部分。"非公有制经济由原来定位为社会主义公有制的补充成分，到定位为社会主义市场经济的重要组成部分，这在理论上是一个重大突破，是对社会主义所有制理论的一个发展，它对调动非公有制经济的积极性，和公有制经济一道共同发展社会主义社会生产力，更好地满足人民的物质文化生活需要，具有十分重要的现实意义。

我国的非公有制经济主要包括个体经济、私营经济、港澳台投资经济和外商投资经济。

（一）个体经济

个体经济是个体所有制经济的简称。个体经济是指生产资料归劳动者个人或家庭所有和支配，以劳动者个人或家庭成员参加劳动为主的一种经济形式。在我国现阶段，个体经济主要存在于城乡的手工业、农业、商业、运输业和服务行业中，它们主要使用手工工具进行手工作业和分散经营。一般来说，个体经济是同低水平、分散的生产力相适应，但随着整个社会生产力的发展和提高，也可以同社会化大生产相联系。

个体经济的特点：一是个体经营，由劳动者个人或其家庭投资，从事小规模的生产经营活动。二是依附于主体经济，服务于并受制约于主体经济。个体经济一般是劳动者个人或其家庭投资，不要国家和集体一分钱，从事那些群众需要而公有制经济又不能有效地经营的经济活动。三是小本经营，机动灵活，具有很强的适应性。个体经济投资不多，规模不大，经营范围狭小，船小好转头，生命力是很强的，从私有制产生起延伸到现今，历史已经证明，它是存在于人类社会时间最长的所有制经济。

改革开放以来，我国的个体经济发展很快。据统计，1978 年，全国城乡个体工商业者 14 万人；到 1990 年就发展到 2092 万人；到 1997 年底，我国登记注册的个体工商户有 2850.9 万个，从业人员超过 4000 万人；1999 年底，登记注册的个体工商户已达 3160 万个，从业人员超过 6240.9 万人，注册资金 3439.2 亿元。个体经济从恢复以来，逐渐成为发展社会主义市场经济的一支不可缺少的重要力量。个体经济在安置城乡待业人员、剩余劳动力和其他闲散

人员方面起了公有制经济所不能取代的作用。同时，个体经济在方便城乡人民生活，弥补市场供应不足；促进商品流通，放开搞活市场；调动闲置资金，节约国家投资；交纳税金，增加国家资金积累；为国家出口创汇，增加外汇储备；继承和发展一些世代相传的绝技等方面，都起着重要作用。

（二）私营经济

私营经济是指以生产资料私人占有和雇佣劳动为基础，以获取利润为生产经营目的的一种经济形式。按照《中华人民共和国私营企业暂行条例》规定，私营企业“是指企业资产属于私人所有、雇工8人以上的营利性的经济组织”。私营经济也是社会主义市场经济的重要组成部分。

私营经济的特征在于雇佣性和私有性，前者区别于个体经济，后者区别于公有制经济。在社会主义市场经济条件下，私营经济具有双重属性：一方面，私营经济是私人占有和支配生产资料，依靠雇佣劳动进行生产经营活动，私营企业主凭借其占有和支配的生产资料占有雇佣劳动者的剩余劳动及其创造的剩余价值；另一方面，它是在社会主义公有制占主体地位的条件下产生和发展起来的，它的生产经营活动与公有制经济有着密切的联系，并在社会主义国家法律所规定的范围内进行，是为发展社会主义经济服务的。另外，私营经济的雇工是社会主义国家的主人，他们的基本经济利益和政治权利是受国家有关法律保护的。社会主义公有制占主体条件下的私营经济，与资本主义条件下的私营经济有着根本区别。

私营经济在社会主义初级阶段具有积极作用。①能利用自己私有的和筹集的资本进行投资，生产社会短缺产品，组织生产资料和生活资料的流通。据统计，截至2000年底，私营企业户数已达176.2万户，注册资本为7198.06亿元，有利于缓解国家建设资金不足和供求矛盾。②能吸收城乡剩余劳动力就业，有利于充分利用劳动力资源。截至2000年底，私营企业从业人数已达2406.5万人。③能为国家提供一定数量的税金，有的还能生产一些出口产品，为国家积累建设资金和增加外汇收入。④一些私人企业能引进一部分外资和国外的先进技术，促进产业结构的调整和升级，加快第三产业的发展。⑤私营经济的发展，促进了公有制经济的改革，推动和加快了我国市场经济体制的建立。因为私营企业的发展营造了一个市场竞争的环境，在经营机制和管理方法上为公有制经济提供了经验与教训，为公有制经济的联合、兼并、嫁接、租赁等改革措施的实施提供了一定的条件和途径。

（三）外商投资经济和港澳台投资经济

外商投资经济和港澳台投资经济是指外国投资者和港澳台投资者，根据我国有关法律、法规，经我国相关政府批准在我国大陆开办的独立企业、合资企业和合作企业的外商和港澳台投资部分。其中，独资企业是指外商或港澳台投资者经批准，在我国大陆内租赁土地，独自投资、独自管理、自负盈亏、自担风险的企业。合资企业是指我国各种经济组织同外商或港澳台投资者共同投资、共同经营、共同管理、共负盈亏、共担风险的股份制企业，它的分配按双方投资者的投资份额进行。合作企业是指外商或港澳台投资者出资金、设备，我方出土地、劳动力，双方签定合同，合作经营的契约式企业，在合同期内，外商或港澳台投资者可以用提取折旧的办法收回投资，按照合同规定享有权利、履行义务、分享企业利润，合同期满后，该企业无偿归我方所有。

外商投资经济和港澳台投资经济，除个别的社会主义国家在我国的投资外，绝大多数是实行资本主义制度的国家和地区的投资。境外和海外资本家的投资，其资本性质是属于资本主义的。它们所获得的利润，实质上是我国雇佣劳动者创造的剩余价值，因而这些企业中具有资本主义经济成份。但是，这些企业是在我国法律、法规允许范围内，并经相关政府批准成立的，其经济活动是在社会主义国家的管理和制约下进行的，同社会主义经济有着密切的联系。因此，它们不是一般的资本主义，而是“我们能够加以限制、能够规定其活动范围的资本主义。”[①] 合资和合作企业还包含着社会主义公有制经济，有些还是由国家和集体控股的，双方共同经营、共同管理、共负盈亏、共担风险的，这部分具有明显的公有制性质。

改革开放以来，外商投资经济和港澳台投资经济有了很大发展。截至2000年，我国累计批准的外资和港澳台投资项目347873个，实际投资3566.2亿美元。它们也是社会主义市场经济的重要组成部分，在我国国民经济中发挥了重要作用。

首先，补充了我国现代化建设的资金不足。如2000年，它们投资总额占全国固定资产总额近二成。在引进资金的同时，引进了先进技术、设备、经营方式和管理经验，以及竞争机制，促进了我国公有制经济的改革，提高了我国现代化管理水平和公有制经济的竞争力，给我国国民经济的持续快速健康发展注入了生机和活力。

其次，扩大了出口，增加了出口创汇能力。目前，外商投资企业和港澳台投资企业的进出口额已占全国进出口贸易额的五成以上。同时，这些企业的产品一般都能达到国际市场的先进水平，有利于我国对外贸易中的出口替代和进口替代战略的实施，改进我国的进出口商品结构。

再次，丰富了我国市场的商品品种，活跃了流通。目前，我国国内市场上

① 《列宁选集》第四卷，人民出版社1972年版，第627页。

的家用电器、食品、化妆品、饮料等许多商品基本上都是外商投资企业和港澳台投资企业生产的。据不完全统计，外商投资企业和港澳台投资企业的商品已经占国内市场的30%左右。这对丰富市场、改善人民生活、提高人民生活质量和消费方式与结构，都起了积极作用。

最后，创造了就业机会，增加了就业人数。截至2000年，在外商投资企业和港澳台投资企业就业的人数近2000万人。

二、鼓励和引导非公有制经济的健康发展

在社会主义初级阶段搞社会主义现代化建设，必须既坚持以公有制为主体，又要允许非公有制经济和公有制经济共同发展。只有这样，才是坚持社会主义。党的十五大，根据邓小平理论的上述原则，明确指出："对个体、私营等非公有制经济要继续鼓励、引导，使之健康发展。这对满足人民多样化的需要，增加就业，促进国民经济的发展有重要作用。"

(一) 保证以公有制为主体和多种经济成份共同发展的有机统一

以公有制为主体、多种所有制经济共同发展是我国必须长期坚持的一项基本经济制度。这项制度包括坚持以公有制为主体和多种所有制经济共同发展这样两个相互联系、不可分割的方面。它们都是由我国现阶段生产力发展状况决定的，都是为了更好地发展社会生产力，增强国家的经济实力，增加人民收入，改善和提高全国人民的生活水平，巩固社会主义制度。历史的经验告诉我们，在我国社会主义现代化建设过程中，忽视公有制的主体地位，不仅会削弱乃至取消公有制经济，最终改变我国社会的社会主义性质，而且会使我国的经济失去独立性，最终也不利于非公有制经济的发展。改革开放以来的实践证明，非公有制经济的发展，离不开公有制经济的支持。失去公有制企业生产经营的需要，失去以公有制经济为后盾的广大人民生活需要这个大市场的依托，非公有制经济的发展将成为无源之水、无本之木。如果没有公有制特别是国有经济的支持，国家发展非公有制经济的各项改革措施、优惠政策就不能贯彻和坚持下去。非公有制经济发展所依赖的减免税收的财政支持、信贷支持、价格支持、交通通讯、城市基础设施建设的支持，以及人才、技术的支持等，都是主要依靠了国有经济的支持。离开了公有制经济，非公有制经济就不可能有今天的发展。当然，这丝毫不是说，非公有制经济是无关紧要，可有可无的。恰恰相反，在社会主义初级阶段，公有制经济的发展也离不开非公有制经济，这不仅是因为目前非公有制经济在国民经济中和国有经济、集体经济一样，"三分天下有其一"，已经成为促进国民经济发展的一个新的增长点，而且是因为非公有制经济的存在和发展，为公有制经济的发展提供了良好的市场观念、经营机制、分配方式、公平竞争等经济环境，促进了公有制经济的改革及其活力

的增强。所以，我国社会主义现代化建设需要非公有制经济和公有制经济长期共同发展，保证以公有制为主体和多种经济成份共同发展的有机统一，是我国社会主义事业成功的重要保证。当然，非公有制经济与公有制经济之间会有利益上的矛盾和对立，我们的政策应当是，在积极促进国有经济和集体经济发展的同时，允许和鼓励个体、私营、外资等非公有制经济的发展，并正确引导、加强监督、依法管理。发挥非公有制经济的积极作用，抑制其消极作用。

（二）鼓励和引导非公有制经济的发展

关于非公有制经济在国民经济中的性质和地位，虽然党和政府的相关文件已明确，非公有制经济的发展速度也比较快，但从非公有制经济的运行状况、政府行为、就业观念等方面看，对非公有制经济的鼓励和引导工作力度还应大大加强。否则，公有制为主体和多种经济成份共同发展的有机统一难以搞好，按市场经济要求调整所有制结构的要求还是难以到位。因此，必须切实加强对非公有制经济的鼓励和引导，使之健康发展。

首先，大力宣传非公有制经济在现阶段的地位和作用。要从观念上入手，积极宣传非公有制经济在现阶段的合理性及其与公有制经济的内在联系，帮助非公有制经济的从业人员及其企业家树立职业的光荣感和自己事业的豪迈感，彻底改变在高度集中型计划经济体制下养成的“鄙私”、“恐私”、“打私”、“批私”的观念，促使他们在发展非公有制经济的道路上抛掉“余悸”，放开胆量，总结经验，吸取教训，大步向前闯，鼓励他们为建设有中国特色社会主义做出更多、更大的贡献。

其次，把非公有制经济的发展纳入宏观经济管理范围。把非公有制经济纳入国民经济和社会发展计划，以及有关的产业政策，是在事实上对他们的事业进行鼓励和引导，也是鼓励和引导非公有制经济发展的基础。只要国家在这方面加强引导，非公有制经济的作用会发挥得更好。第一，重点产业引导。2001年3月15日，九届全国人大第四次会议批准通过的《中华人民共和国国民经济和社会发展第十个五年计划纲要》指出：“关系国家安全和经济命脉的重要企业要由国家控股。鼓励在高新技术产业、中介服务等领域创建无限责任和有限责任相结合的公司。取消一切限制企业和社会投资的不合理规定，在市场准入、土地使用、信贷、税收、上市融资、进出口等方面，对不同所有制企业实行同等待遇。凡是对外资开放的领域，内资均可进入。”这为作为社会资金重要组成部分的非公有制经济的资金投向社会需要的领域提供了重要的政策保障。第二，鼓励和引导非公有制企业按照国家有关规定以购买、租赁、承包、参股等形式参与国有经济改革。同时，引导它们在企业体制、企业管理方面进行自我改造，增强技术开发能力，走向现代企业制度；引导它们进行自身的资产重组。第三，建设非公有制经济的社会服务体系，加强对非公有制经济的技术、管理培训和企业诊断，提高其技术开发、市场营销和资本运营能力。

再次，应切实保护非公有制经济的合法利益。人们的任何活动，都是直接或间接地为了某种经济利益，非公有制经济的从业人员和企业主也不例外。因此，保护非公有制经济的合法利益，也是鼓励、支持和引导它们发展的重要手段。第一，继续依法实行各种优惠政策。为了促进整个国民经济的发展，对它们中从事重要产品的生产和服务、技术改造扩大生产和服务规模、出口创汇、保留民间濒于失传的技术和有特殊贡献者，应该依法给予税收、信贷等方面的优惠政策和奖励。第二，坚持按劳分配与按生产要素分配相结合和效率优先、兼顾公平的收入分配原则，保护它们通过合法经营和勤劳、诚实劳动所获得的收入及其它利益不受侵犯，让他们率先富裕起来，发挥好示范作用，鼓励和奖励它们帮、带行动，促进逐步实现共同富裕。第三，尊重它们的劳动和贡献，对于它们中的优秀分子和代表人物在政治上要关心和爱护，宣传他们的先进事迹，吸收他们加入共产党组织、评为劳动模范、担任民间中介组织负责工作、直到选为人大代表和党员代表参加国家参政议政活动。第四，有计划地、分期分批地组织非公有制经济从业人员和企业主参加各种类型的政治、经济和技术学习，不断提高他们的思想政治觉悟、经济理论和技术技巧，以提高他们的经济行为的水平和能力。

最后，加强对非公有制经济发展过程中的监督和管理。二十多年来，非公有制经济确实在经济体制改革和建设社会主义市场经济中发挥了很好的作用。但同时必须指出，为了让非公有制经济健康地发展，做出更多贡献，也确实需要加强对其进行必要的监督和管理。第一，制定有关的法律法规和宏观政策，为多种所有制经济平等竞争、共同发展创造良好的体制环境和政策环境。第二，完善有关管理法规，使管理有法可依，进一步规范企业的组织形式和经营行为，废除各种地方保护主义和不符合市场经济运行要求的管理方法。第三，加快管理体制改革，改进管理手段，逐步由以行政手段为主转向以经济手段和法律手段为主；加大管理力度，坚决制止不正当竞争行为和侵犯消费者权益的行为，打击违法经营行为。第四，发挥各种民间协会等中介组织的作用，加强行业自律机制，在非公有制经济中建立党组织和共青团、工会、妇女组织，发挥党组织的核心领导作用，加强群众组织的监督作用。

本章内容提要

生产资料所有制，是指人们在物质资料生产过程中对生产资料的经济关系的总和。它包括人们对生产资料的所有、占有、支配和使用关系。生产资料所有制是社会生产关系的基础。

生产资料所有制结构，是指一定社会中的各种所有制形式所占的比重及其相互关系。一定社会的生产资料所有制结构，是由一定社会的生产力状况决定的。我国生产资料所有制结构的历史演进过程说明，所有制结构的选择标准只能是生产力标准。任何人为地、主观臆造某种所有制结构的做法，都不利于社会生产的发展，甚至会破坏已经形成的生产力。

我国现阶段以公有制为主体、多种所有制并存的所有制结构，从根本上说，是由我国总水平不高、多层次、发展不平衡的生产力状况决定的。

我国公有制的两种基本形式是全民所有制和集体所有制。全民所有制经济即国有经济，在国民经济中始终起主导作用。集体经济是公有制经济的重要组成部分。集体经济的发展对发挥公有制经济的主体作用意义重大。

传统的国有制经济，主要由于产权边界不清和产权主体单一，难以适应市场经济的要求，必须主要循着产权明晰化的思路进行改革。

为适应并促进市场经济的发展，公有制的实现形式可以而且应当多样化。要努力寻找能够极大地促进生产力发展的公有制实现形式。随着改革的不断深化，我国已出现了股份制、股份合作制、混合所有制等多种新的公有制实现形式。

非公有制经济是我国社会主义市场经济的重要组成部分。它对满足人们多样化的需要，增加就业，促进国民经济的发展有重要作用。对非公有制经济要继续鼓励、引导，使之健康发展。

第四章　建立现代企业制度

第一节　企业概论

一、企业的起源和性质

关于企业的起源，马克思主义经济理论和西方经济理论都进行过论证。

在西方经济理论中，研究企业起源影响最大的要数1991年诺贝尔经济学奖获得者科斯。科斯于1937年发表了《企业的性质》一文，正是在这篇文章中，他回答了企业为什么产生。科斯研究的出发点是传统经济学里的市场机制，即价格调节机制。在传统经济学里，依靠价格机制的作用，经济系统可以充分地实现自我调节，因为价格的变动会引导供给自动适应需求，它的运行不需要任何的监测和中央控制。这是自亚当·斯密的《国富论》发表以后经济学家的共识。

但是，科斯对传统经济学的这个命题产生了怀疑。他说："已知现代经济系统中大多数资源在企业内部被使用，如何使用这些资源依赖行政决策而不直接依赖一个市场的操作，这就非常奇怪"。"把定价系统看成是一种协调机制显然是对的，但是论点的有些方面使我困惑。"[①] 显然，科斯在这里发出疑问，既然价格机制可以解决一切问题，为什么大多数资源的利用不是依靠市场操作，而是依赖企业内部的行政决策呢？即为什么还会有企业产生呢？既然企业的存在是客观的经济事实，那么就必然会有其存在的合理性。科斯找到了企业之所以产生的理由。他说："我觉察到利用价格机制是有费用的。必须去发现价格是什么。要进行谈判，起草合同，检查货物，作出安排，解决争议，等等。这些费用被称为交易费用。……正是避免通过市场进行交易的费用可以解释企业的存在，在企业中要素的配置是行政决策的结果（我认为它做到了）"。

---

① 科斯：《生产的制度结构》，载王宏昌编译：《诺贝尔经济学奖金获得者讲演集》（下）（1987～1995），中国社会科学出版社1997年版，第144～146页。

"我在'企业的性质'中主张交易费用的存在导致企业的出现。"①

问题是，避免交易费用是企业产生的原因，那么为什么不让一个规模巨大的企业来生产所有的产品，市场交易还会继续存在呢？科斯进一步解释说，这是因为企业内部行政决策使用资源需要管理费用，只有当企业管理费用小于市场交易费用时，企业才会产生，反之，企业就不会产生。而随着企业规模的扩大，企业家合理配置生产要素的困难会增大，管理的收益会递减，企业的规模界限应在内部管理费用与市场交易费用相等时的均衡点上。当管理费用大于交易费用时，市场交易就取代企业内部的协调。"在我的 1937 年文章中我写道：在一个竞争系统中将有最优数量的计划工作，因为一个企业，那个小计划社会要继续存在，只有如果它行使其协调功能的费用小于通过市场交易实行协调的费用，而且也比另一个企业行使这个同样功能的费用低。为了有一个有效的经济系统，必须不仅有市场，而且也有适当规模的组织内部的计划领域。"②

以上分析表明，科斯关于企业产生的基本观点是：①交易费用的存在导致企业的出现。当然，企业内部配置资源也要花费协调费用或管理费用，当企业内部配置资源比市场配置资源更有效率的时候，企业就产生了。②企业规模的界限，是在企业内部管理成本等于市场交易成本的均衡点上。

在科斯研究企业起源之前，马克思在 19 世纪 60 年代出版的《资本论》中，已经对企业的产生进行了开拓性研究。按照马克思的观点，企业的形成和产生与社会生产方式及其发展存在着密切的联系，它的出现，是社会生产力和分工发展的必然结果。

马克思认为，企业的起源和发展本质上是与资本主义的起源和发展相一致的。"资本主义生产实际上是在同一个资本家同时雇用较多的工人，因而劳动过程扩大了自己的规模并提供了较大量的产品的时候才开始的。较多的工人在同一时间、同一空间（或者说同一劳动场所），为了生产同种商品，在同一资本家的指挥下工作，这在历史上和逻辑上都是资本主义生产的起点。"③ 由于商品生产产生的一个条件是社会分工，因此，马克思从生产力的角度对分工进行了剖析，从分工的发展得出企业产生的结论。

马克思的思路是：分工存在着两种类型，即社会分工和工场手工业内部的分工，当社会分工达到一定的发展程度，商品生产和商品流通达到一定的规模时，工场内部的分工也就随着产生，因为它"与独立的手工业比较，在较短时

---

① ②科斯：《生产的制度结构》，载王宏昌编译：《诺贝尔经济学奖金获得者讲演集》（下）（1987～1995），中国社会科学出版社 1997 年版，第 144～146 页。

③ 《资本论》第一卷，人民出版社 1972 年版，第 358 页。

间内能生产出较多的东西，或者说，劳动生产力提高了。”① 由于工场内部的分工能够提高生产力，而在提高的生产力归资本所有的前提下，资本家就趋向于组织企业，创办企业，导致企业的产生。

企业的形成不是一下子完成的，它经历了一个发展过程。按照马克思的分析，它经历了简单协作、工场手工业和机器大工业三个阶段。在生产力水平低下、社会分工不发达、自然经济占统治地位的条件下，生产的基本单位是家庭，这时虽然存在由于性别和年龄差别而产生的“自然分工”，但自然分工并没有导致工场内部分工的产生，而是导致了社会分工。尽管如此，那时协作还是存在的，只不过是协作的运用还不十分普遍。马克思认为，“许多人在同一生产过程中，或在不同的但互相联系的生产过程中，有计划地一起协同劳动，这种劳动形式叫做协作。”由于“协作提高了个人生产力，而且是创造了一种生产力，这种生产力本身必然是集体力。”② 因此，资本家必然要利用这种“特殊的生产力”，简单协作，就是资本发挥这种特殊集体生产力的最初组织形式。

简单协作还是建立在社会分工的基础上的，但分工的进一步发展，“以分工为基础的协作，在工场手工业上取得了自己的典型形态。”③ 这就是说，到了工场手工业时期（16 世纪中叶到 18 世纪末叶），另一种类型的分工——工场内部的分工成为分工的一种重要形式。工场内部分工的特点是：①局部工人不生产商品；②各局部劳动之间的联系，以不同的劳动力出卖给同一个资本家，而这个资本家把它们作为一个结合劳动力来使用为媒介；③以生产资料积聚在一个资本家手中为前提；④保持比例数或比例的铁的规律使一定数量的工人从事一定的职能。正是由于工场手工业内部分工的以上特点，使“工场手工业分工通过手工业活动的分解，劳动工具的专门化，局部工人的形成以及局部工人在一个总机构中的分组和结合，造成了社会生产过程的质的划分和量的比例，从而创立了社会劳动的一定组织。”④ 马克思在这里所讲的“社会劳动的一定组织”，即企业组织。可见，工场手工业时期，企业已基本形成。由于工场手工业这种组织形式同时发展了新的、社会的劳动生产力，所以在资产阶级意识里，“把工场手工业分工，把工人终生固定从事某种局部操作，把局部工人绝对服从资本，歌颂为提高劳动生产力的劳动组织”。⑤

① 《资本论》第一卷，人民出版社 1972 年版，第 376 页。
② 同①，第 362 页。
③ 同①，第 373 页。
④ 同①，第 403 页。
⑤ 同①，第 395 页。

生产力的进一步发展，科技革命的推动，从18世纪60年代起，首先在英国开始了产业革命，这场革命很快涉及其他主要资本主义国家。产业革命使机器生产代替手工劳动，以手工为主的工场手工业逐渐被以机器体系为基础的工厂所代替。“机器生产的原则是把生产过程分解为各个组成阶段，并且应用力学、化学，等等，总之就是利用自然科学来解决由此产生的问题。这个原则到处都起着决定性的作用。因此，机器时而挤进工场手工业的这个局部过程，时而又挤进那个局部过程。这样一来，从旧的分工中产生的工场手工业组织的坚固结晶就逐渐溶解，并不断发生变化。”① 它被工厂制度所代替。工厂按照机器体系的工艺要求组织生产，根据工作岗位设立了班组、工段、车间等机构；工厂的经济技术联系更加广泛复杂，推动了管理职能的专业化；为适应机器大规模生产的需要，工厂一般都建立了严格的纪律制度，并形成了高效率的分工协作体系。工厂制度的普遍化，工厂成为资本主义社会的基本生产单位，企业便最终形成。

可见，在马克思看来，企业是社会生产力发展的产物，是分工发展到一定阶段的结果；企业的形成经历了简单协作，工场手工业和机器大工业三个阶段；当工厂制度普遍确立，企业也最终形成。

从本质上说，企业是一个具有双重属性的经济组织：既是一定生产力的组织者，又是一定生产关系的直接体现者。

从生产力角度看，企业是商品生产的基本单位，是生产力的劳动组织。西方经济理论把企业定义为“主要依靠对生产力进行管理协调的一种组织类型。……把管理协调作为企业的本质。”② 这种看法与科斯的观念，即正的交易费用是企业存在的原因是一致的。当然，对生产力进行管理协调，目的是为了增加利润。马克思对企业起源分析的角度与西方经济学家有着明显的区别，但在对企业的生产力功能的认识上却有着相似的地方。对企业的本质，从生产力角度看，马克思首先认为企业是独立的商品生产者，马克思在分析社会分工与工场内部分工的区别时，非常清楚地表明了这一点，“工场手工业分工的特点是什么呢？那就是局部工人不生产商品。变成商品的只是局部工人的共同产品”，使不同工场手工业发生联系的，“是他们各自的产品都是作为商品而存在。”③ 其次，企业是“提高劳动生产力的劳动组织”。正像前面所指出的马克思对企

① 《资本论》第一卷，人民出版社1972年版，第505页。

② ［美］哈罗德·德姆塞茨：《企业经济学》（梁小民译），中国社会科学出版社1999年版，第18页。

③ 同①，第393页。

业的分析，是结合相对剩余价值生产发展的历史进行的，相对剩余价值发展的进程，是与生产方式变革，从而组织生产力的劳动组织变革结合在一起的。随着相对剩余价值生产的发展，生产力的劳动组织由简单协作发展到工场手工业，再发展到机器大工业的工厂制度。劳动组织每向前推进一步，生产力将明显提高，正是在劳动组织不断适应生产力要求的过程中，企业最终形成，成为组织生产力的经济实体。

从生产关系的角度看，企业是生产关系的直接体现者。企业在组织生产力从事商品生产的过程中，也体现着人们的不同利益关系，比如生产资料的所有者、企业经营者、劳动者在生产过程中处于何种地位，产品按什么原则进行分配等。对企业的生产关系属性，西方有许多经济学家予以否认，但也有不少经济学家公开承认。美国著名产业组织与企业理论专家哈罗德·德姆塞茨就认为，“资本主义经济制度中私人财产制度的存在是理所当然的”。[①] 马克思在《资本论》中公开揭示了资本主义的工厂制度是资本家加强对工人剥削的工具和手段，它不仅使工人家庭全体成员不分男女老少都受资本的直接统治，从而使雇佣工人人员增加，而且是缩短生产商品的必要劳动时间，把工作日延长到超过一切自然界限、提高劳动强度的最有力的手段，“现代工厂制度的特征”是“自动机本身是主体，而工人只是作为有意识的器官与自动机的无意识的器官并列，而且和后者一同受中心动力的支配。”[②] 当然，马克思在这里所分析的是资本主义企业所体现的生产关系。由于在不同的社会制度下生产关系具有不同的性质，因而企业所体现的生产关系也就不同。社会主义公有制企业应体现在生产资料公有制基础上的新型的社会主义生产关系。

在市场经济条件下，我国企业仍然是从事商品生产和经营活动的经济实体，营利性是商品生产者的必然要求，同时，社会主义生产关系也应在企业中得到体现。因此，应把企业定义为：企业是从事商品生产、流通、服务等活动，以营利为目的，自主经营、自负盈亏、并体现一定生产关系的经济实体。对企业的这一性质，可以从三个方面去把握：①企业是从事商品生产、流通、服务等活动的经济组织。不从事商品生产、流通、服务等活动，就不是企业，如党政机关、社会团体等。②企业是以营利为目的，自主经营、自负盈亏的经济实体。一个单位如果不能做到自主经营、自负盈亏，不能实现以营利为目的并成为经济实体，它就不是企业，如以总厂（总公司）为基本核算单位的分厂

① 哈罗德·德姆塞茨：《企业经济学》（梁小民译），中国社会科学出版社 1999 年版，第 49 页和第 60 页。

② 《资本论》第一卷，人民出版社 1972 年版，第 460 页。

(分公司)，就不能称为企业。③企业是一定的生产关系的体现者。不同社会制度、不同所有制类型的企业，所体现的生产关系内容是各不相同的。

企业依据它所从事的经济活动不同，分为直接从事生产和经营的工业企业、农业企业、建筑施工企业等，以及为生产和生活服务的交通运输企业、商业企业、邮电通讯企业、金融企业、服务性企业，等等。随着社会分工和社会生产力的发展，专业化程度的不断提高，企业的类型和数量会逐步增加。

二、企业成为市场主体的必要性和基本条件

市场主体是指在市场上从事各种交易活动的组织和个人。从一般意义上讲，市场主体是指运行于市场，具有自我组织、自我调节、自我控制的有机体。市场主体既包括自然人，也包括以一定形式出现的法人；既包括营利性机构，也包括非营利性机构。在通常情况下，市场主体主要由企业和居民两部分构成。其中企业是最重要的市场主体，它既是物质产品的生产经营者和劳务的提供者，又是各种生产要素的组织者和消费者。居民既是物质产品和劳务的需求者，也是投资者。前者表现为个人对消费品和劳务的购买，即通过个人支出满足个人生活需要。居民需求是企业生产的起点，也是企业生产的终点。后者表现为居民把收入投向生产经营单位（物质产品生产部门和生产性劳务部门)，以此取得收入，或者参加社会集资活动，包括购买债券、股票等有价证券以利息或股息形式取得收入。

市场主体是市场的决定性力量，它既是市场需求者的集合，也是市场供给者的集合。市场运行正是在市场供求矛盾的运动过程中不断拓展。市场主体决定着市场的发展规模、发展速度和发展方向。

在市场经济中，不同的市场主体有着不同的功能。

作为市场主体的企业，其主要功能是投入与转换功能，其目标是利润的最大化。企业一方面通过优化资源配置，消费各种生产要素；另一方面提供出可供消费的商品或服务，并在投入与产出的转换中，实现自身经济利益。物质生产部门的企业，投入生产设备、原材料、劳动力及其它辅助生产要素，产出有一定使用价值的物质产品；商业企业的投入与产出的转换是通过对商品购进和销售来实现的；其它服务性行业投入相应的生产要素，产出的是与使用价值有关的服务。在现代市场经济中，投入与产出的转换实质上是商品与货币、使用价值与价值的转换。其最终的目的是追求利润的最大化。因此，企业不仅仅是完成投入与产出的“机器”，而且企业必须以市场需求为导向，正确安排投入与产出的内容，使企业的产品接受市场检验，在市场竞争中完成商品与货币，使用价值与价值的转换。

作为市场主体的居民，其主要功能是消费功能，其目标是效用最大化。居民无论是进行生活消费，还是生产消费，都要面对可供选择的商品或劳务市场。如果缺乏可供自由选择的商品或劳务，自然无所谓效用“最大化”。因此，居民需求的多样化，迫使企业提供高质量、多样化的商品。

市场经济国家发展的历史经验表明，在市场经济演进过程中，市场经济的基础结构的各要素，即市场主体、市场体系和市场调控体系等并不是同步发育的，而是以市场主体—企业的培育和成长为先导的。只有把企业构造成为真正面向市场，自主经营、自负盈亏的商品生产者和经营者，才能围绕这个中心推动市场体系和市场调控体系的完善。在资本主义生产方式确立之前，其生产组织基本上是手工作坊，还不是真正的商品生产经营企业，市场经济发展还处于低级阶段，市场体系尚未发育。因此，资本主义以前的商品经济不能称之为市场经济。随着资本主义生产方式的确立，工厂和大机器工业体系建立起来后，企业成为市场主体，才逐步推动了市场体系的建立和完善，进而产生了资本主义国家政府普遍加强对经济生活的干预，进行必要的宏观调控活动。通过这种“企业→市场主体→市场体系→市场调控体系”一体化的发展逻辑，资本主义经济才成为真正的市场经济。这反映了一种内在规律。

我国当前从总体上说，市场经济还不发达，经济体制正处于从传统的计划经济体制向市场经济体制转变过程中。要完成这一转变，前提是要把曾经是我国国民经济主体的国有企业推向市场，使之成为自主经营、自负盈亏的市场主体。

企业成为市场主体的必要性在于：

第一，是让市场机制发挥配置资源基础性作用的需要。市场经济的实质是以市场机制为基础配置资源，资源配置过程最终是在价格机制导向下的市场主体之间的交易中实现的。而企业是最重要的市场主体，没有企业进入市场或企业不成为市场主体，市场经济就无从确立和发展。我国改革以前的企业并不是真正意义上的企业，而是政府行政机构的附属物。它的眼睛只看“市长”而不是看“市场”。因此，资源配置只能是“市长”而不是“市场”。企业不能成为真正的市场主体，市场经济体制难以建立。要从传统的计划经济体制向市场经济体制转变，让市场机制发挥配置资源的基础性作用，首先必须实现企业性质和地位的转变，即企业必须成为真正的市场主体而从政府行政机构附属物的地位中解放出来。

第二，是完善市场体系，发挥市场机制功能的需要。我国目前市场发育刚刚开始，市场体系不健全，市场机制功能作用较弱。这虽然与价格机制、政府调控体系中的弊端有关，但关键问题在于市场主体不成熟。企业不是面向市场经营决策，自然没有对市场发育要求，市场体系健全与否对企业也没有太大影响。所以，要完善市场体系，发挥市场机制功能，关键在于构造市场主体。首先，企业成为市场主体，意味着两只眼睛都盯着市场，依赖于市场信号的导向。这本身就要求市场发育，完善市场调节功能。其次，企业作为市场主体，不仅仅是产品和劳务的卖主，同时也是生产要素的买主，这也要求完善市场体系。随着企业生产规模的扩大和结构的调整，必然要求有相应规模的生产资料、资金、技术、劳动力、信息和房地产，这就自动地促进上述生产要素市场的形成和发展。再次，企业成为市场主体，不仅促进国内市场的发育，而且通过企业的跨国经营、走向国际市场的交易行为，促进国内市场走向国际化。

第三，是建立和完善宏观调控体系的需要。企业作为市场主体，一方面要求有宽松、自由的环境，根据市场需求的变化规律在市场上自由地进行交易和生产要素流动；另一方面，又要求公平竞争，害怕市场上出现垄断、侵权等不公平竞争行为。这就要求设立保障市场公平交易的各项规则和组织机构，实行必要的宏观调控。但是，如果市场主体发育不规范、不成熟，如我国目前仍有一部分国有企业未能摆脱政府行政机构附属物的地位，那势必一方面使政府难以集中精力进行必要的宏观调控；另一方面会使政府的宏观调控缺乏完整性、规范性和科学性。

企业要成为市场主体，必须适应市场经济的要求，具备一定的条件。无论社会形态如何，只要是存在市场经济，就有市场经济内在的共性要求。

其一，要求产权关系明晰化、社会化和市场化。所谓产权关系明晰化，就是指财产的所有、占有、使用、收益、处分权利的明晰化，在市场交易中形成规范的产权界区。所谓产权社会化就是产权关系的开放性。按照特定规则，可以由任何最具备条件的人承担产权管理的职能。所谓产权市场化，即指产权的开放和流动都被赋予商品属性，使产权按照市场机制重组或转让。

其二，要求利益主体多元化及相应的决策分散化。市场经济运行的核心是资源配置优化，而资源配置优化是通过多元利益主体在市场竞争中实现的。利益主体一元就没有竞争。与此相适应，经济活动的决策就必须由各利益主体自主进行。

其三，要求市场公平竞争，优胜劣汰。商品是“天然”的平等派，企业要按照价值规律要求，进行等价交换。企业技术先进，劳动生产率高，成本低，在竞争中就处于有利地位，否则就会被市场无情淘汰。

其四，企业把利润最大化作为追求目标。只有这样，企业才能在市场利润的吸引和压力下，根据市场状况来安排自己的经营活动，如果企业追求的目标不是利润，而是其它社会目标，那么，市场就没有力量来调节企业的经济活动，使之达到合理地配置资源。

适应上述要求，企业成为市场主体应当具有如下基本条件：

第一，企业要有明确的产权。谁投资只能由谁得益，由谁承担风险。这就要求有明确的产权归属关系。市场上交易双方的产权界限必须清楚，“你的东西”和“我的东西”要能分得清，否则交易就无从进行。进一步说，市场交易表面上看是物品的转让，比如，钢厂把钢材卖给建筑公司，但实质上是这种物品产权的转让，即把原来“属于我”的东西变成“属于你”的东西。如果企业本身的产权模模糊糊，那它手中的商品属于谁就更加说不清楚，因而很难参与市场交易活动。

第二，企业是法律上和经济上独立自主的实体，它拥有自主经营和发展所必需的各种权利。它要接受政府的行政规章制度，但在法律上和经济上是独立于政府之外的。同时，市场经济中的企业应当具有自己的独立发展目标，即追求利润最大化和企业规模的扩张。为了实现这些目标，企业应当自主筹集资金，自行策划经营活动，如自主地开展投资、联合、兼并等。

第三，企业之间、企业与其他交易者之间地位平等。企业一旦进入市场，不论规模大小，也不论“出身”（国有、集体、个体、私营等）如何，大家并无高低贵贱之分，在法律上一律平等，不承认一方对另一方拥有特权。如果某种特权发展成命令—服从关系，那么，市场经济体制也就不复存在。

第四，企业要有开放性。所谓开放主要表现在三个方面：一是企业的财务状况要置于社会和法律的监督之下，特别是股份公司，这种开放性尤为重要；二是企业组织的开放性，具有外部产权进入和企业产权自由转让的机制；三是面向国际市场的开放性，在企业运行机制上要体现国际惯例，既要打入国际市场，又能与进入国内市场的外国企业展开竞争。实践证明，市场经济越是发展，对市场主体的这种开放性要求越高。

三、企业的经营目标和经营机制

企业经营目标，简单地说，是指企业经济活动的基本价值取向。

对于企业经营目标，长期以来就存在着不同的观点。概括起来主要有以下几种：

其一，企业的经营目标依附于社会生产目的。在计划经济体制下，这种观点在我国占支配地位，因为在那时，我国没有真正意义上的企业，有的只是工厂和车间，这些工厂 和车间也仅仅是政府行政机构的附属物。它们既没有生产经营的自主权，也没有自身的经济利益，当然不会有自己的经营目标。它们的所有经济活动，仅仅是完成政府部门分配的具体任务，成为社会生产目的的直接构成部分。

其二，股东财富最大化，即投资者利润和资本价值最大化。这种观点在西方较为流行，也反映了资本主义企业在一定阶段的实际情况。西方的新古典理论就把“要求企业所有者具有利润最大化”[①] 作为企业的经营目标，其理由是企业仅仅是为了向其他人销售而生产，并不是为内部工作中的消费而生产，所以企业所有者通过使企业利润最大化，然后在自己家庭内储蓄或消费这种利润来实现自己的效用最大化。马克思在分析资本主义企业的管理职能时，更是直接指出：“资本主义生产过程的动机和决定目的，是资本尽可能多地自行增殖。”[②] 在改革中，我国一些学者也主张企业经营目标是股东财富最大化，理由是企业是投资者（股东）投资创办的，他们出资办企业，就是为了让企业为其实现资本增值，否则，出资者就不会投资办企业。

其三，企业利润最大化，即企业的盈利在一定时限内实现最大。企业利润是企业在再生产过程中扣除成本后的盈余，利润指标不仅是企业经营状况的综合反映，而且是企业扩大生产规模、使参与企业生产经营活动的各方利益得到满足的根本前提。恩格斯曾经说过，“劳动产品超出维持劳动的费用而形成的剩余，以及社会生产基金和后备基金从这种剩余中的形成和积累，过去和现在都是一切社会的、政治的和智力的继续发展的基础。”[③]

我们认为，企业利润最大化应是社会主义企业的经营目标。这是因为：

第一，市场经济条件下的现代企业，已经成为不同利益主体的契约组合，实现了利润最大化，才能使各个利益主体的要求得到满足。现代企业的利益主体涉及投资者、经营管理者、从业员工和其他生产要素的提供者。投资者给企业注入资金，承担投资风险，要求获得尽可能丰厚的投资报酬；经营管理者为企业贡献经营才智，对企业进行管理，要求获得与贡献相适应的报酬；从业员工为企业运行贡献出劳动力，要求获得理想的工资；其他生产要素的提供者，要求获得相应理想的报酬。不管是投资者、经营管理者、从业员工，还是其他生产要素的提供者，他们的要求要实现，都要依赖企业的获利状况。获利丰厚，不仅他们的当前利益可得到满足，而且随着企业资产的不断增加，企业规模的扩大，他的长远利益也有保障；反之，当前利益和长远利益都没有保障。

第二，以利润最大化作为企业的经营目标，有利于社会主义生产目的的实现。计划经济体制下的企业，既不负盈也不负亏，缺乏激励动力，效率低下，人民的物质文化生活条件长期得不到改善。以利润最大化作为经营目标，企业就必须根据从市场信息中反映出来的消费者对各种产品和劳务的需求，不断对

① ［美］哈罗德·德姆塞茨：《企业经济学》，中国社会科学出版社 1999 年版，第 14 页。

② 《资本论》第一卷，人民出版社 1972 年版，第 368 页。

③ 《马克思恩格斯选集》第三卷，人民出版社 1972 年版，第 233 页。

自己的生产经营活动进行调整，使生产和经营与社会需求保持一致，以满足人民群众不断增长的物质文化生活的需要，提高人民的生活水平。

但是，企业经营目标是从微观主体出发，着重于体现企业的经济利益，而社会生产目的是从宏观整体出发，着重于体现人民的整体利益，因而两者之间有时会存在着差别和矛盾。基于这种认识，有的同志主张企业的经营目标应是综合的，而不是单一的，应是经济效益、社会效益和生态效益的统一。从企业经营的结果来看，这种认识是正确的。但是，从企业经济活动的价值取向看，不应当是多元的，而应当是单一的，因为多元化的价值取向会使企业经营失去方向。实际上，现代市场经济既离不开国家的宏观调控，也离不开完备的法律体系，社会效益、生态效益是宏观调控和法律体系规范所追求的目标，企业只有在接受宏观调控和遵循法律约束的前提下来经营，才会有长远的发展和实现利润最大化，那种违背宏观调控要求，不择手段、不顾法律的经营行为，企业是不可能长久发展的。

企业要实现利润最大化的经营目标，必须具有合理的经营机制。企业的经营机制是指企业为适应外部经济环境和求得生存与发展而具有的内在因素及其功能。企业经营机制通常由动力机制、约束机制和积累机制构成。

企业动力机制是指激励企业活力的构成要素及其相互关系，或者说它是企业追求既定目标的一种机制。党的十二届三中全会通过的《中共中央关于经济体制改革的决定》明确提出："企业活力的源泉，在于脑力劳动者和体力劳动者的积极性、智慧和创造力。当劳动者的主人翁地位在企业的各项制度中得到切实的保障，他们的劳动又与自身的物质利益紧密联系的时候，劳动者的积极性、智慧和创造力就能充分发挥出来。"显然，健全的企业动力机制，一是要使劳动者（脑力劳动者和体力劳动者）的主人翁地位得到切实保障，保证每个劳动者有真正行使当家做主的权利。二是要处理好企业中劳动者的利益分配关系。早在1921年列宁就指出："必须把国民经济的一切大部门建立在同个人利益的结合上面。"① 邓小平也指出："革命是在物质利益的基础上产生的，如果只讲牺牲精神，不讲物质利益，那就是唯心论。"② 不注重企业经营者和职工的物质利益要求，劳动者的合理要求得不到满足，正当利益得不到保障，仅靠政治热情，企业的发展是不能持久的。因此，激发劳动者的积极性，必须使企业的动力机制从非利益型向与利益结合型转变，重视企业作为商品生产经营者的独立物质利益，使企业劳动者的物质利益与企业的经营业绩紧密联系起来。

---

① 《列宁论新经济政策》，人民出版社1992年版，第81页。

② 《邓小平文选》第二卷，人民出版社1994年版，第146页。

企业约束机制是指企业控制自身行为，以适应各种约束条件的构成因素及其相互关系。企业约束机制包括企业内部约束条件和外部约束条件两个方面。

企业内部约束条件主要是预算约束，即企业的支出要受到其预算收入的约束。根据预算收入对支出的约束程度和效力，预算约束分为硬约束和软约束。在计划经济体制下，国家对企业统收统支，企业吃国家的“大锅饭”，预算约束软化，使得企业效益低下。强化预算收入对企业支出的约束效力，必须在企业建立硬预算约束，改变企业在资本占有、利税上缴等方面对国家的依赖。国家既不给企业无偿拨付资本金，减免其利税，也不给企业获得不合理的财政补贴的机会，使企业在自负盈亏的基础上，根据自己的收入安排支出，有多少钱办多少事。

企业外部约束条件包括市场约束和社会约束两个方面。所谓市场约束是指市场条件对企业经济活动的制约。市场条件包括市场供求状况及价格变动状况，在价格不变的情况下，企业就必须根据市场供求的变动趋势来安排自己的生产和经营；在市场供求稳定的情况下，商品的价格变动趋势将影响企业的决策。在现实经济生活中，市场供求和价格总是处于不断的变动之中，因此，企业必须时刻跟踪市场价格和供求的变化趋势，不断调整自己的投资方向和生产规模。所谓社会约束是指行政、政策、法律法规、舆论等社会因素对企业行为的约束。在市场经济条件下，法律约束将会明显增强；另外，国家在对经济进行宏观调控中，必要的行政手段也还是必要的；通过制定政策和舆论监督来维护正常的市场秩序等，都会对企业的经济活动起到约束作用。

积累机制是指激励和制约企业进行积累的构成要素及其相互联系。企业积累机制一般由两方面因素构成：一是积累对象。在社会主义市场经济条件下，企业积累的对象只能是剩余产品价值，即企业盈利。在企业盈利水平一定的情况下，企业积累数量就取决于积累与消费的比例。二是积累动力。企业积累的动力说到底都是为了追求长期经济利益的目的而控制当前消费形成的。没有长期经济利益这一动力的驱使，积累机制就无法启动，从而导致企业再生产的萎缩。

我国国有企业的积累机制在改革中虽已起步，但在相当数量的企业中，由于盈利水平不高、社会负担过重、产权关系模糊、经营行为短期化等原因，积累机制仍处于较弱状态。马克思曾经说过：“在各种不同的社会经济形态中，不仅都有简单再生产，而且都有规模扩大的再生产”，[①] 要扩大生产规模，就必须进行积累，我国企业也不能例外。强化企业积累机制，扩大企业积累，不

① 《资本论》第一卷，人民出版社 1972 年版，第 656 页。

仅是企业生产规模扩大的源泉，也是增强企业竞争力的有效途径。做好企业积累工作，应在改革产权制度、强化企业积累的内在动力的基础上，重点改革企业分配体制，理顺各种分配关系。

第二节　现代企业制度的基本特征和主要内容

一、市场经济条件下几种基本的企业制度

市场经济在其数百年的孕育和发展过程中，逐步形成了三种基本的企业制度，即个人业主制企业，合伙制企业和公司（法人）制企业。个人业主制企业和合伙制企业在法律上属于自然人企业，没有法人资格，企业行为受普通民法的约束；公司制企业则具有法人资格，企业行为遵循公司法的规定。

个人业主制企业是指业主个人单独出资兴办，由业主自己直接经营的企业。企业的财产，与业主自己家庭的私有财产一样，在法律上无任何差别，业主享有企业的全部经营所得，但如果经营失败，企业破产，业主对企业负债要承担无限的清偿责任。

个人业主制企业一般规模较小，内部管理机构简单。它的优点是：成立或解散的程序简单；产权能够比较自由的转让；经营者与所有者合一，经营方式灵活，决策迅速，精打细算，效率较高；企业保密性强等。

个人业主制企业的弱点是：①企业本身财力有限，而且由于受到偿债能力的限制，取得贷款的能力较差，业务扩展比较困难；②企业的生命力弱，如果业主无意经营或因健康状况不佳无力经营，企业的业务就要中断；③企业能否兴旺，完全依赖于业主个人的素质，难以吸引优秀人才。

个人业主制企业在零售业、手工业、家庭工业、农业、林业、渔业等行业中十分普遍。它在经济生活中发挥着重要作用。值得指出的是，即使是在以大公司为企业主体的西方各国，个人业主制企业在数量上仍占压倒多数，其作用也不容轻视。

合伙制企业是由两人以上共同投资和共同经营的企业。合伙制企业是自然人企业，不具有法人地位。合伙制企业可以由部分合伙人经营，也可以由所有合伙人共同经营。它对债务负连带无限责任，即合伙制企业倒闭时，若合伙资本不足清偿债务，则每一合伙人对于不足数额，都有全部清偿的责任。不论出资多少，决定企业事务表决时，都是一人一票，如有一位合伙人不同意，动议便不能通过。

合伙制企业的优点是：①它由一人出资变为多个合伙人共同出资，筹资能

力有所提高，能够从事一些资产规模较大的生产经营活动；②合伙人对企业债务负有连带无限责任，这意味着他以自己的全部家产为企业担保，这有助于增强经营者的责任心，提高企业信誉。

合伙制企业的缺点主要表现在：①合伙人须负无限清偿债务责任，风险太大，加上股权不易转让，因而筹资能力受到限制；②企业的寿命很不稳定，因为下列任何一种情况发生都可能导致企业解散：另一合伙人死亡或退出；另一合伙人破产或丧失行为能力；合伙契约规定的经营时间告终或预定经营项目完成；新合伙人加入等；③由于所有合伙人都有权代表企业从事经济活动，重大决策都需要得到所有合伙人的同意，互相牵制，很容易造成决策上的延误和差错。

由于合伙制企业的以上特点，决定了合伙制企业一般规模较小，适合资本需要量较小、个人信誉有明显重要性的行业，如律师事务所、会计事务所、医疗诊所等，常常采取这种企业组织形式。

公司制企业是依据公司法规定，由股东出资成立的营利性经济组织。它是现代企业制度的典型形式。

与个人业主制企业和合伙制企业相比，公司制企业的最重要特点就是它是法人。公司制企业一经依法成立，法律就赋予它以人格化的地位，与自然人一样拥有享受权利和承担义务的能力。

公司制企业有多种具体形式，但最具代表性的是有限责任公司和股份有限公司两种形式。

有限责任公司是由两个以上股东共同出资、每个股东以其认缴的出资额对公司行为承担有限责任，公司以其全部资产对其债务承担责任的企业法人。其特点主要有：①公司的股东人数通常有最低和最高限额的规定。我国《公司法》规定，有限责任公司由两个以上 50 个以下股东共同出资设立。国家授权投资的机构或者国家授权的部门可以单独投资设立国有独资的有限责任公司。②注册资本额不大，比较容易组建。我国有限责任公司的注册资本最低限额为：以生产经营为主的公司 50 万元；以商品批发为主的公司 50 万元；以商业零售为主的公司 30 万元；科技开发、咨询、服务性公司 10 万元。③股东的出资总额，就是公司的资本总额，股东的出资额由股东协商确定，相互之间并不要求等额。股东交付股金后，公司出具股权证书，作为股东在公司中所拥有的权益凭证，这种凭证不同于股票，既不能对外公开发行，也不能自由流通。我国《公司法》规定，股东之间可以相互转让其全部出资或部分出资。股东向股东以外的人转让其出资时，必须经全体股东过半数同意；不同意转让的股东应当购买该转让的出资，如果不购买该转让的出资，视为同意转让。经股东同意转让的出资，在同等条件下，其他股东对该出资有优先购买权。④设立程序比较简单，不必发布公告，其资产负债表也一般不予公开，利于保守商业机密。

股份有限公司是指由一定人数以上的股东所设立的、注册资本由等额股份构成、公司以其全部资产承担有限责任的企业法人。其特点主要有：①股东人数有法律上的最低限额。我国规定，设立股份有限公司，发起人应有5人以上(国有企业改建为股份有限公司的，发起人可以少于5人，但应当采取募集设立方式)。②注册资本数额要求较高。我国《公司法》规定，股份有限公司注册资本最低限额为1000万元。③公开向社会发行股票，任何愿出资的人都可以成为股东，不受资格限制。股票可依法转让或交易，但不能退股。④公司的透明度较高，向社会公开募股的股份有限公司，要定期向社会公布本公司的财务报告，以便使众多的股东了解和放心。

股份有限公司并非都是上市公司，上市公司是指经批准其所发行的股票可以在证券交易所上市交易的公司。由于上市公司较其他公司有一定的优越性，各国都对上市公司提出了较高的标准。我国《公司法》也规定，上市公司必须符合下列条件：公司股本总额不少于5000万元；开业时间三年以上，最近三年连续盈利；持有股票面值达1000元以上的股东人数不少于1000人，向社会公开发行的股份达公司股份总数的25%。因此，在股份有限公司中，上市公司是少数。

二、现代企业制度的基本特征和主要内容

现代企业制度不是指现代社会中存在的各种企业制度，而是指现代市场经济中的公司（法人）制企业制度。现代企业制度的基本特征是："产权清晰、权责明确、政企分开、管理科学"。

第一，产权清晰。在公司制企业中，产权被分割为财产的终极所有权（出资者所有权）和法人财产权。财产的终极所有权（出资者所有权）属于公司的出资者即股东。公司作为独立的法人，拥有包括国家在内的出资者投资形成的全部法人财产权。

第二，权责明确。企业以其全部法人财产，依法自主经营，自负盈亏，照章纳税，对出资者承担资产保值增值的责任；出资者按投入企业的资本额享有所有者权益，即资产受益、重大决策和选择管理者的权利，企业破产时，出资者只以投入企业的资本额对企业债务承担有限责任。

第三，政企分开。政府不直接干预企业的生产经营活动；企业自主地组织生产经营活动，在市场竞争中优胜劣汰。

第四，管理科学。企业建立科学的企业领导体制和组织管理制度，调节所有者、经营者和职工之间的关系，形成激励和约束相结合的经营机制。

现代企业制度，就其内容看，主要包括以下三个方面：

(一) 法人财产制度

法人财产制度是以企业法人而非自然人作为企业资产控制主体的一项法律制度，它是以企业出资者不直接控制企业的资产为特征的。

企业法人财产制度的建立，使法人财产产生了新的性质：

第一，财产具有独立性和不可分割性。股份公司是实行资金联合的企业形式，它把属于各个不同所有者支配的资金或财物，转化为公司统一支配的资金。不仅如此，公司财产并不是出资者个人财产的简单相加，也不是由众多投资者以个人名义独立支配的财产，而是以公司名义占有和支配的、具有不可分割性的整体财产。股东个人既不可能对整体的财产拥有直接的和独立的支配权，也不能索回他的股本金。法人财产的整体性和独立性，保证了公司资本的稳定性。

第二，投资人（出资人）所有权和企业法人财产权相分离。公司制企业的资本采取两种形态存在并分别归出资人和企业支配，一方面，它作为价值凭证(股权证书或股票）归投资者即股东支配，表现为出资所有权或称财产终极所有权；另一方面，它作为公司资本（实物资本和流动货币资本）由公司（企业）支配，表现为企业法人财产权。现代企业制度的这两种资本存在形态，即出资人所有权和法人财产权是互相分离的。出资人不能直接支配和占有企业财产，不能直接干预企业的生产经营活动，但出资人所有权对已经投入公司的财产拥有最终所有权，具体表现为拥有股权，即以股东身份享有资产受益、参与重大决策和选择管理者的权利，这样，使广大出资者的利益得到维护。法人财产权，表现为公司法人获得了由投资者集聚而成的企业资产的几乎全部的占有权、使用权，以及收益权和处分权，并以独立的财产对自己的经营负责。

企业法人财产的以上性质，保证了公司财产的完整性和稳定性，并使公司法人对法人财产具有像自然人那样依法自由支配的权力，从而保证了企业采取适当的经营管理方式，自主经营，以达到增殖的目的。

(二) 有限责任制度

有限责任制度即有限财产责任制度，是明确企业出资者和企业法人应对企业的经济活动承担有限财产责任和如何承担这种财产责任的一项法律制度。它是与现代企业制度权利结构的特点相适应的。

投资者总是希望自己的投资获得尽可能多的利益回报，企业经营者也希望企业本身不断发展、壮大。但是，在市场经济条件下，企业经营面对着激烈的竞争，存在着极大的风险，面对风险和破产的威胁，人们找到了自我保护的有效方法，这就是有限责任制度。

有限责任制度的内容包括两个方面：一是企业以其全部法人财产为限，对企业债务承担责任。公司出现资不抵债时，以其全部法人财产进行赔偿，超过法人财产部分的债务，不承担赔偿责任。一般说来，公司出现资不抵债的结果是破产，有限责任制度一般只是到了公司破产才体现出来。不过，这里讲的公司法人财产，是指公司自有资产，不包括负债（银行贷款和其它债务）。二是企业破产清算债务时，出资者以其出资额为限，对企业承担有限责任。因此，当企业破产时，投资者的最大损失就是投入企业的股金，出资者的其它财产不受影响。

有限责任制度是现代企业制度发展的一个重要标志，它使企业和出资人的责任具备了适应现代市场经济要求的性质。它的重要意义在于：一是投资者可以比较放心地把资本投给企业。因为有限责任制度在出资人的投资和家庭财产之间划出了明确的界线，即使投资的公司破产了，股东的损失也仅限于投资额的部分，不会连累到家庭的其它财产，减轻了投资者的风险，使投资者敢于投资，从而带来了资本的大量集聚，使公司规模能够迅速扩大。二是经营者可以放手大胆地经营。因为在有限责任制度下，出资者敢于向经营者更多地让渡权利，而经营者对股东财产、对企业法人财产的责任又是有限的，这有利于经营者放开手脚，独立负责，自主经营，推动公司的快速发展。

（三）法人治理结构

从一般意义上说，法人治理结构或企业内部治理结构，是指企业内部权力机构的设置、运行以及权力机构之间的联系机制。

在现代企业制度中，经营者权力扩大，出资者不能直接干预企业的生产经营活动。如何使出资者放心，经营者精心，生产者用心呢？现代企业制度通过规范企业组织制度，使企业的权力机构、监督机构、决策和执行机构之间相互独立、权责明确，在内部形成激励、约束、制衡的公司治理结构，这样既可以保障所有者的权益，又赋予经营者以充分的经营自主权，同时又能激发生产者的积极性。

我国《公司法》规定：公司的组织结构由股东会、董事会、经理和监事会组成，根据这些机构的功能和职责，可以具体认识法人治理结构的内涵。

1. 股东会。股东会是公司的最高权力机构，股东或股东代理人出席。股东会一年召开一次，实行一股一票，其职权可以概括为四个方面：①人事权。股东会选举和更换公司的董事、监事，并决定他们的报酬。②重大事项决策权。决定公司的经营方针和投资计划；审议批准公司的年度财务预算方案、决策方案；修改公司章程。③收益分配权。审议批准公司的利润分配方案和弥补亏损方案，以实现股东按投资比例取得收益的权利。④财产处分权。如对公司增加或减少注册资本金，对公司的合并、分立、解散或破产清算等涉及财产的事项做出决议。股东会通过行使以上职权，对董事会和经理人员形成必要的制约，保障出资人的利益，但无权直接干预公司的经营活动。

2. 董事会。董事会是公司的经营决策机构，由股东会选出的董事组成。我国《公司法》规定：有限责任公司的董事会由3～13人组成（其中国有独资公司的董事会由3～9人组成），股份有限公司的董事会由5～19人组成。董事会设董事长1人，副董事长若干人，董事长为公司的法定代表人。董事会对股东会负责，执行股东会的决议，其主要职权是：①对公司的经营做出决策，包括决定公司的经营计划和投资方案；②决定公司内部管理机构的设置和基本管理制度；③制定公司财务预算、决算方案、利润分配和亏损弥补方案。在人事权上，董事会负责任免公司经理人员，并决定其报酬。董事会实行集体决策，采取每人一票（在双方票数相等时，有的国家规定董事长可以投两票）和简单多数通过的原则。我国规定，董事会的决议须由全体董事过半数通过，并且每个董事会成员对其投票要签字在案并且承担责任。

3. 经理。公司经理由董事会聘任或者解聘，对董事会负责。经理的职权是：①主持公司的生产经营管理工作，组织实施董事会的决议；②拟定公司内部管理机构设置和基本管理制度；③提请聘任或者解聘公司副经理、财务负责人；④聘任或者解聘除应由董事会决定以外的负责管理人员，经理可以从外部聘任，也可以由董事会成员兼任。

4. 监事会。监事会是公司的监督机构，对股东会负责。监事会成员不得少于3人，由股东代表和一定比例的职工代表组成，职工代表由公司职工民主选举产生。监事会行使以下主要职权：①检查公司的财务；②对董事、经理执行公司职务时违反法律、法规或者公司章程的行为进行监督；③当董事和经理的行为损害公司的利益时，要求董事和经理予以纠正；④提议召开临时股东大会等。为保证监督的独立性，公司的董事、经理、财务负责人不得兼任监事。

公司组织制度的上述四个方面的内容，构成了公司的治理结构。从纵向的财产负责关系看，股东会对董事会是委托代理关系；董事会对经理是授权经营关系；监事会代表股东会对财产的受托人，即董事会和经理实行监督的关系。从职权关系上看，它们有各自不同的职权范围，这些职权是具体而明确的，各自都不能越权行事，形成了彼此间的职权限定关系，构成了整个公司内部的激励约束机制。这就是公司治理结构的科学含义所在。

第三节　国有企业改革和发展

经过二十多年的努力，我国国有企业改革取得了很大的成绩，建立现代企业制度的改革方向已经明确。但是，国有企业竞争力不强的问题还没有根本改变。1999年9月22日，党的十五届四中全会通过的《中共中央关于国有企业改革和发展若干重大问题的决定》，对深化国有企业改革做出了进一步明确部署，提出了国有企业改革和发展的主要目标和指导方针。

一、推进国有企业改革和发展的紧迫性

党的十五大指出，深化国有企业改革，是全党重要而艰巨的一项紧迫任务。

在新中国成立后到1978年的三十年间，我国建立了独立的比较完整的工业体系和国民经济体系，国有企业为此做出了不可磨灭的重大贡献。改革中，在邓小平理论指导下，我们为搞活国有企业不断探索，使国有企业的管理体制和经营机制发生了深刻变化，在改革开放和社会主义现代化建设中发挥着重要作用。

1. 国有企业控制着国民经济命脉，国有经济在整个经济发展中继续发挥主导作用。改革使一批国有企业在市场竞争中成长壮大，技术装备水平明显提高，成为效益好的优势产业，不少企业的经济总量已跨入数十亿元，甚至超百亿元的行列。随着多种所有制经济格局的形成和发展，国有企业的战线虽有所收缩，但在经济总量中仍占有相当大的比重。至1997年底，在全部核算工业企业中，国有企业户数只占16%，但资产总额、销售收入、增加值和实现利税分别占到57%、44%、46%和51%。国有经济在关系国计民生的重要领域一直占据绝对优势，在国民经济中继续发挥主导作用。

2. 国有企业对改革和发展的大局提供了有力的支撑。国有企业是国家财政的主要贡献者，目前国家的财政收入有55%是来源于国有企业上缴的利税。国有企业是社会就业的主要吸纳者，目前城镇就业人员的70%是由国有企业和其他国有单位安置的。国有企业还是社会基础设施、能源、原材料的主要提供者和改革成本的主要承担者，如国有企业较多地承担了指令性计划任务和不合理价格的负担，保证了各项改革政策的顺利实施，促进了其他经济成份企业的发展。

但是，在经济全球化和科技进步不断加快的形势下，国有企业面临着前所未有的严峻挑战，各种问题和困难集中暴露。主要表现为：

1. 相当部分企业生产经营陷入困境。由于传统体制的长期影响，一些企业不能适应市场经济的要求，产品销售不畅，库存积压严重，加上技术进步缓慢，导致许多国有企业消耗大、成本高、浪费严重，严重影响企业再生产的顺利进行。

2. 债务和社会负担沉重。资产负债率高，不良债务严重，是困扰国有企

业的一大难题。1998年国有工业企业资产负债率为65.9%，利息支出达1097亿元，占产品销售利润的37%。由于还债压力大，导致企业生产资金不足。另外，国有企业还承担了大量社会性职能，医院、学校、幼儿园等非经营性资产约占国有企业固定资产的15%左右，影响了企业生产规模的扩大。

3. 富余人员过多。全国国有企业富余职工至少有1000多万人。冗员多，既使企业生产成本降不下来，也影响劳动积极性的提高和先进的生产技术、先进劳动组织形式的应用。

4. 效益下降、亏损严重，一些职工生活困难。效益下降、亏损增加是近年来国有企业面临的突出问题，在四十个大类行业中，1998年净亏损行业有21个。企业经营困难、经济效益下滑，使下岗职工增多，一些下岗职工生活发生困难。

对国有企业目前存在的问题，必须通过加快国有企业改革采取切实有效措施予以解决。

国有企业改革是整个经济体制改革的中心环节。搞好国有企业改革与发展意义重大。

第一，搞好国有企业有利于保证国民经济健康发展，提高人民生活水平。国有企业特别是大中型骨干企业是我国国民经济的强大支柱，是我们经济综合实力的重要体现。在我们这样一个实行社会主义制度，有13亿多人口的发展中大国，要提高综合国力和人民生活水平，保持国民经济持续快速健康发展，必须实现经济增长方式的根本转变，提高经济的整体素质和效益。由于国有企业在国民经济中处于特殊重要的地位，只有千方百计把国有企业搞好，大力开拓新的发展空间，增强国有经济实力，才能更好地使之发挥主导作用，有力保证和促进国民经济持续快速健康发展。

第二，搞好国有企业有利于全面推进经济体制改革。国有企业改革是整个经济体制改革的中心环节，但从总体看，国有企业仍未真正成为自主经营、自负盈亏的市场主体，社会主义市场经济的微观基础还存在着重大缺陷，市场机制的作用受到相当大的局限。要解决好市场经济和公有制有效结合的历史性课题，全面建立社会主义市场经济体制，就必须攻克这个难关，攻坚的重点就是全面推进国有企业改革与发展，搞好国有企业。

第三，搞好国有企业有利于进一步巩固社会主义制度，实现国家的长治久安。国有企业是我国国民经济的砥柱，国有经济为主导，是建设社会主义的必要条件和前提。搞好国有企业的改革和发展，使其不断壮大、素质不断提高，巩固社会主义制度将会有可靠的基础，社会主义国家也容易实现长治久安。

正因为搞好国有企业改革和发展有着重要的意义，它不仅是一个经济问题，也是一个重大的政治问题，因此要高度重视，清醒地看到这项工作的艰巨性和长期性，锲而不舍地努力，不断取得新的突破。

二、国有企业改革和发展的主要目标和指导方针

国有企业改革和发展的主要目标包括三年短期目标和十年中长期目标。

三年短期目标是党的十五大和十五届一中全会提出来的，即用三年左右的时间，使大多数国有大中型亏损企业摆脱困境，力争到2000年大多数国有大中型骨干企业初步建立现代企业制度。

经过三年的艰苦努力，上述短期目标，已基本实现。

中长期目标，即到2010年国有企业改革和发展的目标是：适应经济体制与经济增长方式两个根本性转变和扩大对外开放的要求，基本完成战略性调整和改组，形成比较合理的国有经济布局和结构，建立比较完善的现代企业制度，经济效益明显提高，科技开发能力、市场竞争能力和抗御风险能力明显增强，使国有经济在国民经济中更好地发挥主导作用。

推进国有企业改革和发展，必须坚持以下十条指导方针：

1. 以公有制为主体，多种所有制经济共同发展。国有企业改革，说到底就是要促进国有经济发展壮大，增强其主导作用和控制力。为此，要积极探索包括国有企业在内的公有制经济的多种有效实现形式。同时，要调整和完善所有制结构，促进各种所有制经济公平竞争和共同发展。

2. 从战略上调整国有经济布局和改组国有企业。调整国有经济布局，应着眼于搞好整个国有经济，促进国有资产合理流动和重组，积极发展大型企业和企业集团，放开搞活中小企业。

3. 改革同改组、改造、加强管理相结合。国有企业存在的问题，既有经营机制不活和内部管理薄弱的问题，也有布局结构不合理和技术设备陈旧落后的问题。把改革同改组、改造、加强管理相结合，解决以上问题，才能构造适应市场经济要求、产业结构优化和经济高效运行的微观基础。

4. 建立现代企业制度。建立现代企业制度，使其产权清晰、权责明确、政企分开、管理科学，并有健全的决策、执行和监督体系，就能使企业成为自主经营、自负盈亏的法人实体和市场主体，成为具有生机和活力的经济组织。

5. 推动企业科技进步。科技创新、技术进步是企业不断发展、立于不败之地的根本所在。国有企业要树立和强化技术进步的主体意识，加强科研开发和技术改造，重视科技人才，促进产学研结合，形成技术创新机制，走集约型和可持续发展道路。

6. 全面加强企业管理。一方面要推行科学管理，强化管理的基础工作；另一方面要严字当头，严格纪律、严格责任，严明奖惩，尽快改变企业管理落后的状况。

7. 建立企业优胜劣汰的竞争机制。优者发展壮大、劣者淘汰退出，是实现资源最佳配置的有效途径。适应市场经济的这一要求，党的十五大提出："实行鼓励兼并、规范破产、下岗分流、减员增效和再就业工程"，实施这一工程，最突出的就是要扩大就业门路，安置好分流出来的富余人员，保障下岗职工的基本生活。

8. 协调推进各项配套改革。国有企业改革是一项系统工程，需要各方面的配套改革，主要包括：①转变政府职能、建立权责明确的国有资产管理、监督和营运体系，保证国有资产保值增值；②加强法制建设，维持市场经济秩序；③健全社会保障体系；④帮助企业增资减债，减轻负担。

9. 全心全意依靠工人阶级，发挥企业党组织的政治核心作用。依靠职工群众办企业，既是我们党和国家的性质、工人阶级的地位所决定，也是企业成功的基本经验。全心全意依靠工人阶级，就要在政治上保证职工群众的主人翁地位；就要从制度上保证职工参与企业民主管理；就要全面加强思想政治工作，提高企业经营管理者队伍素质。

10. 推进企业精神文明建设。国有企业是生产经营单位，也是精神文明建设的重要阵地。推进企业精神文明建设，应针对企业实际，加强思想道德教育和技术业务培训，全面提高职工队伍素质，培养积极向上的企业文化。

三、从战略上调整国有经济布局和改组国有企业

党的十五大提出了要从战略上调整国有经济布局的任务，十五届四中全会把它与改组国有企业结合起来，作为国有企业改革和发展的一项指导方针。

国有经济布局，即国有经济在国民经济各个行业、领域和地区的分布状况及其规模构成。调整国有经济布局和改组国有企业，要从多方面做好工作。

我国国有经济布局目前存在着诸多问题：①分布过宽，国有经济几乎覆盖国民经济所有行业和领域；②数量过多，力量分散，国有企业资本集中度低，缺乏规模效益。据原国家国有资产管理局统计，截至 1995 年底，29 万多户国有工商企业真正用于生产经营活动的资本数量才约为 3 万亿元，而这有限的资本却支撑着从针线、面包到飞机、导弹几乎遍及所有的生产与流通领域，29 万多户工商企业平均资本只有 1000 万元；③形式单一，国有独资企业占国有企业数的 89.9%；④国有企业低水平重复建设严重。

改变国有经济分布的这种不合理状况，对国有经济布局进行战略性调整，改组国有企业，主要要做好以下几方面的工作：

第一，正确认识国有经济主导作用的含义。在社会主义市场经济条件下，国有经济在国民经济中的主导作用主要体现在控制力上。①国有经济的作用既

要通过国有独资企业来实现，更要大力发展股份制经济，探索通过国有控股和参股企业来实现；②国有经济在关系国民经济命脉的重要行业和关键领域占支配地位，支持、引导和带动整个社会经济的发展，在实现国家宏观调控目标中发挥重要作用；③国有经济应保持必要的数量，更要有分布的优化和质的提高；在经济发展的不同阶段，国有经济在不同产业和地区的比例可以有所差别，其布局要相应调整。

第二，国有经济布局的战略性调整，要同产业结构优化升级、地区布局优化和所有制结构的调整完善结合起来。实现产业结构优化，国有经济需要控制的行业和领域主要包括：①涉及国家安全的行业；②自然垄断的行业；③提供重要公共产品和服务的行业；④支柱产业和高新技术产业中的重要骨干企业。其它行业和领域，要坚持有进有退，有所为有所不为，可以通过资产重组和结构调整，集中力量，加强重点，提高国有经济的整体素质。

实现地区布局优化，一是国家要在技术改造、资产重组、结构调整以及国有企业下岗职工安置和社会保障资金等方面，加大对困难较大的老工业基地的支持力度。二是国家要通过优先安排基础设施建设、增加财政转移支付等措施，支持中西部地区和少数民族地区加快发展。中西部地区也要从自身条件出发，发展有比较优势的产业和技术先进的企业。三是东部地区要本着互惠互利、优势互补、共同发展的原则，通过产业转移、技术转让、对口支援、联合开发等方式，支持和促进中西部地区的经济发展。

调整完善所有制结构，应在坚持国有、集体等公有制经济为主体的前提下，鼓励和引导个体、私营等非公有制经济的发展。发展股份制，是完善所有制结构、推进国有经济战略性调整的重要途径。由于国有资本通过股份制可以吸引和组织更多的社会资本，放大国有资本的功能，提高国有经济的控制力和影响力。因此，国有大中型企业尤其是优势企业，宜于实行股份制的，要通过规范上市、中外合资和企业互相参股等形式，改为股份制企业，发展混合所有制经济，重要的企业由国家控股。

第三，区别不同情况，对国有企业实行分类改组。调整国有经济布局，要通过对国有企业实施战略性改组来实现。我国国有企业数量众多，大小、类型各异，所处行业和地位不同，所以要区别不同情况，实行分类改组。极少数必须由国家垄断经营的企业，在努力适应市场经济要求的同时，国家给予必要支持，使其更好地发挥应有的功能；竞争性领域中具有一定实力的企业，要吸引多方投资加快发展；对产品有市场但负担过重、经营困难的企业，通过兼并、联合等形式进行资产重组和结构调整，盘活存量资产；产品没有市场、长期亏损、扭亏无望和资源枯竭的企业，以及浪费资源、技术落后、质量低劣、污染严重的小煤矿、小炼油、小水泥、小玻璃、小火电等，要实行破产、关闭。

坚持"抓大放小"，放开搞活国有中小企业，是实施国有企业战略性改组的重要措施。搞好国有大型企业意义重大，企业改革，主要是解决搞活国有大中型企业的问题。要着力培育实力雄厚、竞争力强的大型企业和企业集团，有的可以成为跨地区、跨行业、跨所有制和跨国经营的大企业集团。要发挥这些企业在资本营运、技术创新、市场开拓等方面的优势，使之成为国民经济的支柱和参加国际竞争的主要力量。放开搞活中小企业，要从实际出发，采取改组、联合、兼并、租赁、承包经营和股份合作制、出售等多种形式，不能搞一个模式。同时，国家要积极扶持中小企业特别是科技型企业，使它们向"专、精、特、新"的方向发展，同大企业建立密切的协作关系，提高生产的社会化水平。

四、建立和完善现代企业制度

建立现代企业制度，是发展社会化大生产和市场经济的必然要求，是公有制和市场经济相结合的有效途径，是国有企业改革的方向。因为现代企业制度具有"产权清晰、权责明确、政企分开、管理科学"的特征。因此，通过建立现代企业制度可以综合地解决国有企业走向市场中所遇到的一系列体制性矛盾。①实现出资者所有权与企业法人财产权相分离，使企业成为独立的市场主体；②有限责任制度，改变了国家对国有企业债务承担无限责任的状况；③所有者职能到位，将形成企业的动力机制和风险约束机制；④通过公司制改革，形成国有企业的资产流动机制；⑤拓宽融资渠道，将放大国有资本功能；⑥建立企业法人治理结构，将形成科学的企业领导体制和组织制度。

建立和完善现代企业制度是一项创新工程，需要从多方面做好工作，除了要继续推进政企分开外，主要要抓好以下环节：

（一）积极探索国有资产管理的有效形式

为保证国家所有者权益，防止国有资产流失，提高国有资产的运作效率，在企业走向市场并需要不断流动、重组的条件下，建立符合市场经济要求的国有资产管理、营运和监督体制，是一项十分重要的工作。

党的十五届四中全会规定了国有资产管理体制的原则，这就是："要按照国家所有、分级管理、授权经营、分工监督的原则"，逐步建立国有资产管理、监督、营运体系和机制。具体说就是，国务院代表国家统一行使国有资产所有权，中央和地方政府分级管理国有资产，授权大型企业、企业集团和控股公司经营国有资产。要健全和规范监事会制度，"过渡到从体制上、机制上加强对国有企业的监督，确保国有资产及其权益不受侵犯。"

加强对国有资本营运的监督，对多元股东的公司来说，所有者权能易于真正到位，可通过内部监事会进行监督；对国有独资公司，包括国家授权经营的机构，为防止内部人控制，聘请外部董事和外派监事是十分必要的。

（二）对国有大中型企业进行规范的公司制改革

规范的公司，能有效地实现出资者所有权与企业法人财产权的分离，有利于政企分开、转换机制，有利于形成科学的领导体制和组织制度，也有利于筹集资金、分散风险，是国有大中型企业投身社会生产和市场竞争的有效企业制度。

国有大中型企业在进行规范的公司制改革中，一是应有更多的国有企业改制为多元股东的有限责任公司。就是说，不应当把国有独资公司作为国有企业改制的形式，“除极少数必须由国家垄断经营的企业外，要积极发展多元投资主体的公司”，因为股权多元化有利于形成规范的公司法人治理结构。二是把规范公司法人治理结构作为国有企业公司制改革的核心。要严格按公司法的要求建立层次分明的人事管理制度，构造权责明确的管理体系。股东会、董事会、经理之间的制衡是通过人的管理而实现的，理顺公司人事管理是建立公司责任体制的关键。

（三）面向市场着力转换企业经营机制

面向市场转换企业经营机制，就是要使企业经营适应市场机制的要求，随市场变化而变化。

要建立优胜劣汰机制。在市场竞争中常胜不衰者是少见的，通过资产流动使优者壮大、劣者淘汰，是经济富有活力的表现。国有资本应当不断地向关系国家经济命脉的重要行业、关键领域流动，向高效企业流动；企业有生有死，可使国有经济保持持久活力。

建立人员流动机制。随着市场变化，产业结构、企业结构的调整，企业兴衰也不断发生，因此，应建立经营者能上能下、人员能进能出的人员流动机制。与此相适应，应完善社会保障制度，健全劳动力市场。

建立企业管理创新、技术创新机制。面对经济全球化和科学技术的迅猛发展，要潜心培育企业持续开发独特产品、持续发明专有技术和持续创造先进营销手段的能力，形成跟踪市场、持续推进管理创新、技术创新的机制。

建立与现代企业制度相适应的收入分配制度。企业领导人员和职工的收入，应随市场变化和企业效益变动而变动，能增能减；工资收入应根据各自职责和贡献大小而确定，贯彻按劳分配原则，适当拉开差距；允许和鼓励资本、技术等生产要素参与收入分配；采取切实措施，解决某些垄断行业个人收入过高的问题。

本章内容提要

企业是社会生产力发展的产物，是分工发展到一定阶段的结果。它是从事商品生产、流通、服务等活动，以营利为目的，自主经营、自负盈亏并体现一定生产关系的经济实体。具体地说：①企业是从事商品生产、流通、服务等的经济组织；②企业是以营利为目的，自主经营、自负盈亏的经济实体；③企业是一定的生产关系的体现者。

企业是市场经济条件下经济活动的最重要主体，是市场经济的微观基础。没有独立的市场主体，就不会有运行有序、富有效率的市场经济。企业成为市场主体应当具有的条件是：第一，企业要有明确的产权；第二，企业是法律上和经济上独立自主的实体；第三，企业与企业之间、企业与其他交易者之间地位平等；第四，企业要有开放性。

企业利润最大化是社会主义企业的经营目标。企业经营机制通常由动力机构、约束机制和积累机制构成。

市场经济条件下有三种基本的企业制度，即个人业主制企业、合伙制企业和公司制企业。个人业主制企业和合伙制企业是自然人企业，公司制企业是法人企业。

公司制企业属现代企业制度。现代企业制度的基本特征是"产权清晰、权责明确、政企分开、管理科学。"其内容包括：一是法人财产制度；二是有限责任制度；三是法人治理结构。

党的十五届四中全会讨论了国有企业改革和发展的若干重大问题，强调推进国有企业改革和发展是一项重要而紧迫的任务；提出了国有企业改革和发展的主要目标和十条指导方针；明确了从战略上调整国有经济布局和改组国有企业的具体措施；规定了建立和完善现代企业制度要突出抓好的几个环节。

国有企业改革的途径，可以高度概括为两句话：一是从战略上搞好国有经济布局，即抓大放小；二是切实按照"产权清晰、权责明确、政企分开、管理科学"的要求建立现代企业制度。

第五章 建立完善的市场体系

第一节 市场体系的意义及构成

一、市场体系的涵义

市场体系是相互联系的各类市场的有机统一体。它包含以下几方面的涵义：

1. 完整性。市场体系就其结构来说，应当是健全完备的。只有包容各种类型市场的完备的市场体系存在，市场机制才能在资源配置中发挥基础性作用。因为，在一个残缺不全的市场体系中，真正的市场主体也难以通过市场去获取它们所需要的各种资源。

2. 统一性。各类市场在本国范围内应该形成一个有机的整体，形成全国统一的大市场。在全国范围内，不存在行政分割与地区封锁，所有商品和生产要素都根据市场经济规律自由流动，实现资源的合理配置。如果市场是分割的，也就谈不上市场配置的有效性或合理性。

3. 开放性。市场体系的开放性是现代市场经济的基本要求。各类商品就其本性来说，有着巨大的内在流通力和扩张力，它本能地要求各地区之间开放市场，按照扬长避短、互惠互利、共同发展的原则，自由地流进和流出。市场体系的开放性，不仅要对国内开放，而且要对国外开放，把国内市场和国外市场联系起来，并按照国际市场价格信号来配置资源。

4. 竞争性。竞争是商品经济内在本质的外在表现，是市场经济的必然产物。没有竞争，就没有真正的市场。只有竞争的市场，才能调动各市场主体经常保持最佳的生产和经营的积极性，引导消费者的消费趋向，使各方面的利益在竞争中达到均衡。

5. 有序性。市场体系的有序性是价值规律等客观经济规律的内在要求。价值规律要求商品交换必须等价进行，而等价原则能否实现或在多大程度上实现，又取决于交换过程中的竞争是否平等。因此，等价交换和平等竞争就要求市场运作的有序性，即构成市场体系的各经济活动主体的经济行为要合理化、规范化。

总起来说，市场体系必须是完善的市场体系，即是完整、统一、开放、竞争、有序的市场体系。

二、市场体系的意义

完善的市场体系，对社会主义市场经济的正常运行具有重要的意义。主要体现在以下几个方面：

（一）完善的市场体系，是市场机制发挥资源配置基础性作用的前提条件

现代市场经济是以市场机制发挥资源配置基础性作用的经济形式。在这种经济形式中，各个部门、地区、企业都是以市场为中心或根据市场信号来决定生产什么、如何生产和为谁生产等基本经济问题的。生产，按市场需求而生产，才能成为有效供给；分配，只有通过市场机制的作用，才能使之趋于合理化；消费，必须通过市场获得商品和劳务，才能实现效用的最大化。这一切，都有赖于一个完善的市场体系，才能使市场机制的功能得到充分发挥，才能实现资源的合理和有效的配置。如果没有完善的市场体系，就会给市场经济的正常运行带来一系列不良后果。比如，没有一个完整的市场体系，势必造成企业“既要找市场又要找市长”，难免产生权钱交易，滋生腐败现象，降低资源的利用效率。又比如，没有一个统一的市场体系，势必导致资源不能合理的流动，价格扭曲得不到纠正，从而极大地影响人尽其才、物尽其用，作为市场主体的企业内无动力外无压力，产品质量、服务质量得不到提高，资源浪费严重，整个经济失去活力，广大消费者也因此难以维护自己的权益。

（二）完善的市场体系，是转换国有企业经营机制的重要条件

要转换国有企业的经营机制，就是要彻底根除计划经济体制下企业对政府的依附和依赖关系，把企业真正推向市场，这就不仅要使企业具有独立的法人地位，而且必须有一个能让企业纵横驰骋的活动舞台，即完善的外部市场环境。只有这样，企业才能从根本上转变依赖国家的行为；才能从政府行政机构的附属物转变为真正按市场需求变化进行生产经营决策的市场主体；才能在市场的全面约束下，真正成为既负盈又负亏的经济实体。

（三）完善的市场体系，是国家实行宏观间接调控的必要条件

在市场经济体制下，政府的宏观调控职能要从计划经济体制下的直接管理为主转向间接管理为主，即主要依靠经济政策的贯彻，依靠各种宏观经济变量和参数，依靠各种经济手段的综合灵活运用，来控制和引导各种微观经济主体的经济行为，使之符合国家在一定时期所确定的社会经济发展目标。这些间接调控措施，主要是以市场机制为载体，通过市场来实现的。如中央银行控制功

能的实现，就有赖于金融市场。因为无论存款准备金、再贴现，还是公开市场业务等政策工具，要取得较好的调节效果，都需要有一个完善的金融市场。国家的宏观调控决策，只能依据于市场和导向于市场，否则就会失去科学性。因此，只有建立完善的市场体系，国家才能通过市场获取各种经济运行的信息，及时运用相应的经济杠杆进行调节，实现对宏观经济的有效调控和管理。

三、市场体系的构成

由于市场要素的多样化和复杂性，市场体系的构成其实非常复杂。我们可以从不同的角度，根据不同的标准或标志，对其进行许多种分类，一般的划分主要有以下几种：①按交易对象或市场客体划分，市场体系是由消费品市场、生产资料市场、金融市场、土地市场、劳动力市场、技术市场、信息市场等构成；②按交易的时间划分，市场体系是由现货交易市场、期货交易市场和贷款交易市场构成；③按交易的地域或活动范围划分，市场体系是由区域市场、国内市场、国际市场等构成；④按交易对象流通的顺序划分，市场体系是由批发市场、零售市场等构成；⑤按市场运行的基本态势划分，市场体系是由卖方市场、买方市场、均衡市场等构成；⑥按市场竞争的程度划分，市场体系是由完全竞争市场、完全垄断市场、不完全竞争市场、寡头垄断市场等构成；等等。需要指出的是，市场体系的构成，主要是从交易的对象来看待，因此，主要是由商品市场和生产要素市场所构成。

（一）商品市场

商品交换是市场交换的基本内容。自有市场交换以来，交换就是围绕着商品而开展的。所以，市场体系形成的基础就是商品市场，它在市场体系中居于核心的位置，它的完备状况，直接决定着市场体系的完善和发展。

商品市场有十分丰富的内涵，主要包括消费品市场和生产资料市场。

1. 消费品市场。消费品市场是买卖可供个人消费的最终产品和服务的市场。消费品分为两类：一类是同生产过程可以分离的有形物质产品；另一类是同生产过程不可分离的劳动服务，随着个人服务的逐步社会化，它在全部消费品中所占的比重将越来越大。

消费品市场有不同于其它商品市场的某些特点。第一，消费品市场的主体是广大居民，它的客体是个人或家庭生活用品及服务，涉及衣、食、住、行、用等各个方面。第二，消费品市场分散度大，特别是零售市场点多面广，靠近居民区或居民易于到达的地点。第三，消费品市场适应人们消费需求的差异，消费档次的提高、消费心理的变化，具有显著的地域性、民族性、时令性、选择性和多变性的特征。第四，消费品市场直接体现社会生产目的，直接关系到每个社会成员的切身利益，具有较大的社会敏感性。

在消费品市场建设中，商品丰富、适合需要、物价稳定、便利群众、经营灵活、服务周到等具有极其重要的意义。

2. 生产资料市场。生产资料市场是买卖可供生产消费的产品的市场。生产资料主要包括成套设备、机器、工具、中间产品、原料、动力、辅助材料等。在市场经济条件下，生产资料市场是商品市场的一个重要组成部分。我国在原有计划经济体制下，没有本来意义上的生产资料市场。在今天发展市场经济的过程中，大力发展生产资料市场具有十分特殊的重要性。

生产资料和消费资料的区别仅仅在使用价值上，作为商品，没有性质的区别。不过，生产资料具有不同于消费品的许多特点。第一，生产资料是生产的物质条件，生产资料掌握在谁手里，谁就取得了对劳动、对自然资源的支配权，生产资料的性质和归属可以决定生产方式的性质。第二，生产资料基本上是在生产企业之间进行交换，其流通广度比消费资料要小得多。第三，生产企业对生产资料的需求弹性较小，而需求量却较大，因而往往可以形成大批量交易。第四，生产资料市场有可能相对集中和相对独立，在供销方面有可能实行较多的计划管理和较稳定的购销关系。

另外，需要说明的是，生产资料对生产者来讲，属一般商品；对购买者来讲，属生产要素。因此，生产资料市场既属于一般商品市场，也属于生产要素市场。

(二) 生产要素市场

1. 劳动力市场。劳动力市场是指对劳动力商品进行交易的市场。在市场经济条件下，劳动力作为一种基本的生产要素，必然成为商品，在劳动者和企业的双向选择中，进入企业同生产资料相结合，开始具体的生产过程。因此，劳动力的商品化是市场经济的客观要求。劳动力市场由劳动力供求双方和劳动力价格所构成。在市场经济中，劳动力供求是由市场机制决定的。从劳动力供给方面看，一般是随着工资的增加而增加，反之则减少。但劳动力供给最终要受到各国的劳动力资源限制。从劳动力需求方面看，企业使用的劳动力的数量取决于每增加一单位劳动力可能给企业带来的收入。只有当这种可能的收入大于每增加一单位劳动力所需的成本支出时，企业才会增雇劳动力。

劳动力市场的基本作用有：①通过劳动力市场价格即工资对劳动力质量进行客观评价，不仅使劳动力所有者人尽其才，而且使劳动力需求者获得自己需要的劳动力；②通过工资机制调节劳动力供求关系，推动劳动力合理流动，实现劳动力资源的优化配置；③通过劳动力的竞争机制，不断激发劳动者提高其劳动力素质。

2. 资金市场。又叫金融市场，是指对货币商品（包括借贷资本和证券）

进行交易的市场，它是一个多元化的体系，包括货币市场、资本市场和外汇市场。

货币市场是专指融通短期资金的市场，一般期限在一年以内，其特点是融资的期限短和被融通的资金主要是作为再生产中所需要的流动资金。

资本市场是指融通长期资金的市场。资本市场的重要组成部分是证券市场。在资本市场上流通的长期使用工具是有价证券。有价证券可分为货币证券和资本证券两大类。货币证券包括支票、汇票、本票等；资本证券包括债券和股票两类。资本市场实际就是债券和股票等有价证券发行和流通的市场，它包括证券发行市场（亦称初级市场）和证券流通市场（亦称二级市场）。

外汇市场是指经营外汇买卖的市场。按交易方式不同，外汇市场可分为固定的有形市场和开放的无形市场。有形市场是指外汇买卖双方在专门设立的交易所中进行的当面交易；无形市场是指买卖双方通过电讯工具进行的交易。

在现代市场经济中，商品市场、资金市场（金融市场）和劳动力市场是市场体系的最基本内容。其中商品市场处于市场体系的基础位置；资金市场（金融市场）属于市场体系的关键地位；劳动力市场则是市场体系中的重要组成部分。上述三类市场可称为市场体系的三大支柱。

3.技术市场。技术作为改变或控制客观环境的手段或活动，可以形成精神产品（软件技术），也可形成物质产品（硬件技术），无论哪种产品，都是科技人员的劳动结晶，在市场经济条件下，都要转化为商品形式。所谓技术市场，是指对技术成果进行交易的市场。技术商品交易都是通过买卖双方签订的合同、协议书、意向书、合作规定、现场成交等办法进行的。具体地讲，包括技术开发、技术转让、技术咨询、技术服务、技术培训、技术入股、技术出口，等等。

4.信息市场。信息市场是指对信息商品进行交易的市场。它包括信息服务、信息咨询、信息转让等多种形式的信息交易活动。信息是表示事物特征内涵的信号、数据、指令、程序、消息和情报的总称。信息存在于物质运动和意识形态的各个方面，如政治、经济、文化、自然科学和社会科学方面，等等。信息包括经验、知识、技术和智力。信息之所以也是一种商品，是因为信息也是一种资源和财富，是现代生产系统的重要组成部分，具有使用价值；捕捉、搜集、整理、储存、传递信息，都需要投入活劳动和物化劳动，因而又具有价值。在市场经济条件下，市场的导向和筛选作用，使得市场信息关系着商品生产者、经营者成败的命运。市场信息不仅对改善企业经营管理、提高企业的经济效益，具有十分重要的意义，而且是国家制定宏观经济决策的重要依据和指导企业经营的基础，引导人们消费的重要手段。

5. 土地市场。土地市场是指对土地所有权或使用权进行转让或出租的市场。包括土地一级市场和土地二级市场两种类型。由于我国实行土地公有制，市场上允许流通的仅是土地使用权。因而，土地的商品化实质是土地使用权的商品化。在我国现阶段，作为一般意义上的土地市场流通主体部分应是土地使用权。

目前人们经常提到的房地产业，包括房产和地产，其中，地产包括了一般意义上的土地市场，还包括了土地资本市场。

第二节　价格机制和价格体系

一、价格形成的依据

价格是最重要的市场机制，又是进行宏观调控的重要经济杠杆，理顺价格关系对市场体系的发育有着至关重要的意义。因此，必须首先明确价格形成的依据和特征。

（一）价格形成的基础是价值

如前所述，价格是商品价值的货币表现，价值是价格的基础或内容。商品的价格必须以价值为基础，这是价值规律的基本要求。在社会主义市场经济中，同样要求价格要以社会必要劳动时间决定的价值为基础。价格只有以价值为基础，价格杠杆才能发挥其核算作用，才能使企业进行平等竞争。

（二）价格受商品供求关系的影响

商品价格与商品供求之间互相影响、互相制约。供求关系的变化，必然引起价格偏离其价值的变动。商品供不应求，价格上升；供过于求，价格下跌。而价格的变动，又反过来影响供求关系的变化。因此，价格作为商品价值的货币表现，除了反映商品价值之外，还必须反映商品市场的供求关系。

（三）商品价格还受纸币发行量的影响

商品价格既然是商品价值的货币表现，那么，在供求关系平衡的条件下，价格取决于商品价值和货币两个因素。价值是商品价值与货币价值的比值。货币价值变动了，商品价格也随之变化。在纸币代替金属货币流通的条件下，因纸币发行过多而造成纸币贬值，便会引起物价上涨。

（四）商品价格也受国家政策的影响

在正常条件下，商品市场价格以价值为基础，由市场供求来调节。但是，在特殊条件下，出于某种目的，国家也会采取特殊的政策对市场价格的形成及变化施加影响。最高价格与最低价格是国家对价格施行直接干预的方式之一。

此外，国家也常常用税收和补贴对市场价格进行间接调节，使价格水平发生变化。

价格既要反映商品价值，又要反映供求关系，还要反映货币价值的变化和国家政策。因此，作为商品价值的货币表现的价格，经常与商品价值不一致，这是商品价格的特性。

二、价格形成机制

按照市场经济的要求，价格形成机制必须市场化。

经济体制的核心问题，是采取何种方式配置资源。有什么样的资源配置方式，就必须有与此相适应的价格形成机制。我们提出市场经济以取代计划经济，就是强调在资源配置问题上，必须明确以市场配置为主的方式取代行政计划配置为主的方式。由于市场配置是通过市场需求和供给的变动引起价格的变动来实现，因此，价格形成机制就是一种市场机制。

价格形成机制的客观要求是：

第一，自觉利用价值规律。价格通过市场竞争在供求关系作用下形成，而不是政府行政规定价格变动范围和价格总水平。

第二，放开价格。价格主要是微观经济范畴，只有放开价格而不再把它作为宏观调控的一个主要经济杠杆，其功能作用才能正常发挥。

第三，充分竞争。价格平衡机制要求充分竞争，资本、劳动力等要素也要自由流通，其价格由市场竞争和供求关系决定。

价格形成机制的目标模式是：

第一，按市场竞争条件区分“放”、“管”的标准。价格放开可以促进充分、平等的竞争。要区分好竞争性行业的商品和非竞争性行业的商品，原则上在竞争性市场中的商品价格都应放开，由市场决定。然而，价格放开并不意味着所有价格都放开，有两个领域不能放开：一个是垄断领域，一个是放开后会影响竞争的领域。

第二，在市场经济条件下国家保护竞争。充分、平等的竞争，是合理价格形成的基础。所以，国家的责任在于，当竞争的正常条件一旦消失时，重新创造这种条件。国家保护竞争的方式，主要是反垄断和反诈骗。保护竞争的正常进行，需要有严厉的监督法规和监督制度。

第三，国家对价格形成用经济手段间接调控。间接调控是指国家不直接参与价格的制定，而是通过运用经济手段来影响价格形成。这种影响主要体现在以下几个方面：一是提供市场预测，汇集和公布价格信息；对市场价格实施宏观监测和有效的引导，为生产者和消费者服务。二是通过调整经济参数来影响价格形成。如控制货币供应量，以保证价格总水平的相对稳定，抑制通货膨胀；通过提供优惠贷款或限制贷款，增减税收，增减国库储备，调整工资指数等措施扶持或限制某些行业发展，从而对该行业产品的市场供给和需求施加影响，使价格朝着预期方向及幅度变动；用产业政策导向，使产业结构合理化，为形成合理的价格构成创造条件，等等。

第四，在特定条件下国家依法对市场价格进行临时干预。制定在紧急状态下的专门法规，以市场价格进行临时管制。为确保在突然事态发生时仍能保持市场物价稳定，可通过这种法规实现国家对紧急情况下的物价干预。对限价的措施，运用范围和适用期限等内容，都必须做出明确的法律规定。

三、价格体系

市场经济中各种商品和劳务的价格不是孤立地存在的。价格体系是由国民经济中互相联系和相互制约的各种商品价格和劳务价格所构成的有机整体。从价格体系中各个价格的内部联系看，各个价格具有相对性和相互衔接性。通过商品比价和差价反映出来。因此，价格体系主要包括比价体系和差价体系两个方面的内容。

比价体系是指国民经济不同部门所生产的不同种商品的价格之间的对比关系。商品比价主要包括如下三类：

第一类是工农业产品比价，指在同一时间、同一市场上的工业品零售价格与农副产品收购价格之间的对比关系。这一比价十分重要，它关系到国民收入在国家和农民之间的合理分配，关系到农民的实际利益和农业生产的发展。在我国，这一比价虽经多次调整，但仍存在较大的“剪刀差”，需要进一步加以解决。

第二类是农产品比价，指同一时间、同一市场上不同种类的农产品价格之间的对比关系，如粮油比价、粮棉比价等。合理的农产品比价，有利于正确安排农业生产内部的比例关系，建立合理的农业产业结构，促进农业生产的发展。

第三类是工业品比价，指同一时间、同一市场上不同工业品价格的对比关系，如重、轻工业产品之间的比价，轻工业不同产品之间的比价等。合理的工业品比价，对于促进工业生产结构的合理化和推进工业生产的发展，具有重要作用。

差价关系是指同一种商品因购销环节、地区、时间的不同和商品质量不同而形成的价格差额关系。商品的差价主要有如下五类：

第一类是购销差价，指同一商品在同一产地的同一时期，收购商品的价格与销售价格之间的差额。

第二类是地区差价，指同一商品、同一时期、在不同地区的价格之间的差额。合理的地区差价，有利于发挥地区优势。

第三类是批零差价，指同一商品在同一时期、同一市场的批发价格与零售价格之间的差额。

第四类是季节差价，指同一商品在同一市场的不同季节收购价格之间或销售价格之间的差额。

第五类是质量差价，指同一种商品由于质量不同而形成的价格差额。合理的质量差价有利于产品质量提高，促进产品更新换代。

我国在计划经济体制下，由于忽视商品生产、价值规律和市场的作用，价格体系存在相当紊乱的现象，许多商品的价格，既不反映价值，也不反映供求关系。价格体系不合理的主要表现是：同类商品的质量差价没有拉开；不同商品之间的比价不合理，特别是某些矿产品和原材料价格偏低；主要农副产品的购销价格倒挂，销价低于国家购价。这种不合理的价格体系，不能正确评价企业的生产经营效果，不能保障城乡物资的顺畅交流，不能促进技术进步和生产结构、消费结构的合理化，造成社会劳动的巨大浪费，严重妨碍按劳分配原则的贯彻执行。

随着我国经济体制改革的不断深入，以往价格体系不合理的状况有了很大的改变。但是，由于市场价格的形成要受多种因素的影响，而且这些因素是在不断变化的。另外，影响价格体系形成的国民经济体系状况也会发生变化。所以，价格体系也需要不断完善，以便能尽量发挥价格机制对市场经济运行的调节作用。为此，必须：

第一，完善价格形成机制。价格改革的目标就在于还价格以本来面目，让价格回到市场交换中去，逐步建立主要由市场形成价格的机制。其任务主要有三个方面：一是放开竞争性商品和服务的价格，提高生产要素价格市场化程度，进一步扩大市场调节价格的范围；二是理顺少数由政府定价的商品、要素和服务价格，下放和放开一批重要商品价格，进一步完善价格形成机制；三是建立和完善少数关系国计民生的重要商品的储备制度和风险基金，形成商品价格调节机制，有效平抑物价。

第二，调整价格政策。价格政策的制定和调整，要有利于社会资源的合理配置；农产品的价格调整和放开，要有利于农业的发展和农民收入的提高；基础产品和基础设施价格的调整和放开，要有利于基础工业与加工工业产品的比价趋于合理；各类商品和生产要素价格的差价合理拉开，要有利于促进商品和生产要素的流通，发挥市场机制配置资源的基础性作用。当前要加紧制定具体的价格管理办法和规范的价格调整制度。

第三，建立新的价格调控体系。这方面需要做好以下几项工作：一是建立有效的物价总水平监测与控制体系，通过对总供给与总需求的间接调节，实现价格总水平的相对稳定。二是对重要的物资如粮食、能源、重要原材料要有足够的储备保证，以调节市场供求，实现物价的基本稳定。三是完善价格调节基金制度。其主要用于稳定居民基本消费品和对于农产品价格的保护和支持。四是建立新的价格秩序。要以市场规则为依据，反对不正当竞争。五是加强以《价格法》为核心的价格法规体系建设。要尽快制定国家定价法、反垄断法、反暴利法等相应法律。继续做好我国价格法律制度与国际惯例的衔接工作，研究制定既符合世界贸易组织的各项规则，又能体现我国市场经济特色的新价格法规。六是建立完善的价格信息系统，引导生产者和消费者的经济活动。

第三节　市场运行规则

一、市场规则的实质和作用

完善的市场体系，其运行过程需要有市场规则的导向和规范。没有市场规则的约束，市场必然出现无序状态。因此，市场规则是市场体系的重要内容。

所谓市场规则，就是国家依据市场运行规律的要求，为保证市场有序运行而制定的、所有市场活动主体都必须遵守的规章制度。它实质上就是以法律、法规、契约、公约等形式规定下来的市场运行准则，用以约束和规范市场主体的市场行为，使市场行为有序化、规范化和制度化。

当然，这些旨在规范市场主体行为的市场规则，不应是人们的主观随意的产物，而是人们在长期的市场实践中逐步探索和总结出来的客观经济规律的反映。也就是说，市场规则是市场运行过程的内在要求的法则化和外在化，是不以人们意志为转移的。

二、市场规则的主要内容

（一）市场进出规则

市场进出规则，是指市场主体和市场客体（即商品）进入或退出市场的法律规范和行为准则。哪些市场主体可以进入或退出市场，哪些商品可以进入或退出市场，都必须由市场规则给予明确规定。凡是符合市场进入规则的市场主体及商品，都可以自由地进入市场；凡是不符合市场进入规则的市场主体及商品，都不允许进入市场；凡是不符合市场退出规则的市场主体及商品，则不应让其退出市场。市场进出规则是使市场主体和商品进出市场行为规范化，保证市场有序地运行的重要市场规则。

市场进出规则规范主体的作用是：①规范市场主体进入市场的资格；②规

范市场主体的经营规模与范围；③规范市场主体的退出市场行为；④规范市场主体的责任和义务。

市场进出规则还要通过保证商品使用价值的有效性，来保证市场运行的有序化。市场进出规则要对进入市场的商品做出全面规定：①商品必须名实相符；②商品质量必须符合要求；③商品的效用要符合消费者的利益；④商品的价格、计量及包装等，都要符合要求。总之，对进入市场的商品从质量到价格等都要做出明确规定，通过净化进入市场的商品来保证消费者的正当权益。

（二）市场竞争规则

市场竞争规则，就是指国家依法确立的维护各市场主体之间平等交换、公平竞争的规则。它是规范市场竞争行为与市场竞争活动的根本准则，具有很大的强制性，迫使参与竞争的各市场主体执行和遵守。

市场竞争规则要充分体现和反映竞争者地位平等、机会均等的要求。这主要是：①使市场主体能够机会均等地按照统一市场价格取得生产要素；②使市场主体都能够机会均等地进入市场，并按照市场状况自主地出售自己的商品；③使市场主体都能够平等地承担税赋及其它方面的负担；④使市场主体能够平等地享有就业机会和经营机会等等。

市场竞争规则的根本任务和目标，在于消除各种特权与市场垄断，把各种经济特权及非经济特权从市场上排挤出去，为所有的市场主体进行公平竞争提供一个平等的环境，保证市场竞争机制充分发挥作用。

（三）市场交易规则

市场交易规则是市场主体进行市场经营活动的准则与规定。它表明市场主体在市场交易中应遵守的原则及行为规范，是维持市场正常秩序的基本工具。有了这个规则，市场主体从事各项交易便有章可循，买卖双方不致引起不必要的纠纷，促进交易顺利实现。如果没有这个规则，市场交易就必然无序、混乱，由于交易活动是市场上的基本活动，所以市场交易规则是市场规则中最主要的规则。

市场交易规则的基本职能是规范市场交易方式与市场行为。这主要包括：①禁止强买强卖，囤积居奇，哄抬物价；②公开交易，明码实价，禁止黑市交易；③等价交换，实行交易货币化；④市场交易规则化，包括交易场所、计量器具、批发和零售等，都要按照规则进行。

三、市场规则作用有效发挥的条件

（一）要有良好的市场环境

市场规则要很好地发挥作用，必须具备良好的社会条件，其中最基本的社会条件就是要有良好的市场环境。这主要是指：①市场供求关系大体平衡；②

市场信号比较清晰；③市场行为比较透明。

（二）要有良好的经济体制

市场规则要发挥作用，还必须有良好的体制基础。一般来说，它所要求的体制基础主要包括：①市场主体自主化，即企业是独立的商品生产者和经营者。只有这样，企业才能在市场上进行公平竞争和等价交换，遵守市场规则；②企业产权明晰化，企业产权模糊，市场规则的作用就不能有效地发挥；③资源流动市场化，如果资源流动不是通过市场而是通过行政调拨，市场规则也就无法起作用；④市场关系契约化。只有这样，市场主体之间的经济关系才能通过法律的形式确定下来，从而保证市场规则的贯彻执行。

（三）要有良好的保证手段

市场规则的有效作用还需要有一定的保证手段来贯彻实施。而其中最主要的是法律手段，法律手段包括市场立法与市场执法。

第四节　建立和完善社会主义市场体系

一、当前我国市场的主要问题

经过二十多年的改革与发展，我国市场体系发育已达到较高程度，在某些领域中的作用相当突出。但仍然没有形成完整、统一、开放、竞争、有序的市场体系。当前我国市场存在的主要问题有：

（一）国有企业作为市场主体尚未到位

市场主体是市场构成要素中最基本的要素。没有市场主体，就没有交易活动，就不可能有市场的形成和发展。近些年来，我国经济体制改革虽然成效不小，但作为市场主体的国有企业并未成为具有商品生产者资格的真正意义上的市场主体。虽然我们通过扩大企业经营自主权，承包经营责任制等改革措施，使国有企业初步具备了商品生产者的某些功能，可以根据市场供求变化决定企业的部分投入产出活动。但是，放权让利并不能真正将企业塑造成自主经营、自负盈亏的市场主体，政府对企业仍然干预过多，企业作为政府行政机构附属物的地位并没有彻底改变。

（二）市场发育不平衡

目前，我国市场的发育呈现不平衡状态，主要表现在：一是生产要素市场的发展严重滞后于商品市场；二是生产资料市场发育滞后于农副产品和工业消费品市场发育；三是内陆、西部地区市场发育滞后于东南沿海地区市场发育。

(三) 价格形成的市场机制不充分

价格是市场机制的中心环节。没有合理的价格体系和灵活的价格形成机制，市场就不能发挥其调节资源配置的作用。我国价格体制改革虽然取得较大成效，但存在的问题仍然较多，比如，一些可以由市场竞争形成的商品和服务价格仍然由政府直接管理，政府定价行为不规范，部分基础设施和服务价格形成机制不完善，收费管理体制改革滞后，乱收费的问题没能从根本上解决等。这种价格形成机制的现状如果不能改善，会直接影响健全的市场机制的形成及其功能和作用的发挥。

(四) 部门和地方对市场的分割和封锁较为严重

仍然广泛存在的对微观经济活动的行政干预，造成了城乡阻隔、地区封锁和部门分割的市场格局。税利大的产品，你争我夺，不惜使用行政手段搞经营。当原材料紧俏时，取消市场的调节功能，利用政府的权力，优先满足当地需要。因此，不解决行政部门随意干涉市场运行，堵塞流通的问题，统一的国内市场的形成就无从谈起。

适应市场经济要求的价格机制和管理体制尚未完全确立，特别是由于机制转换缓慢和一些应急性的行政干预，使工资、利率、汇率等要素价格呆滞，脱离供求关系变化。

(五) 市场法规建设滞后

我国社会主义市场经济正处在起步与发展之中，许多市场行为不很规范。近年来市场秩序混乱，交易费用急剧上升，已成为经济生活中的一个突出问题。它不仅给国家和人民利益造成重大损失，败坏国家信誉和改革开放形象，而且严重影响经济的健康发展。造成市场秩序混乱的原因是多方面的，其中很重要的原因是市场法规不健全，管理松懈，以及少数公职人员的腐败行为。如目前我国市场上方兴未艾的股市、拍卖、期货等市场组织行为至今缺少全国性法律，规范政府价格行为的法规仍是空白等，已经实施的市场法规和法则执法不严、有法不依的现象还相当严重；目前市场管理主要靠行政执法部门采取行政手段进行管理，等等。

二、建立和完善我国市场体系的途径

要尽快建立完整、统一、开放、竞争、有序的市场体系，除了要做好前一章所阐明的改革企业制度，塑造市场主体这一基础工作外，结合我国当前市场发育的实际，还要侧重做好以下几方面的工作：

(一) 要继续发展和完善商品市场

首先，以批发市场为重点，积极发展现代流通组织形式。批发市场是商流、物流、信息流集散的枢纽。要充分利用现有设施和渠道，在重要商品的产地、销地或集散地，形成大宗农产品、工业消费品和生产资料批发市场。批发市场的建设，要根据不同商品的特点，以及当地生产和消费发展水平的实际情况来进行。生产资料除一部分商品通过有形市场进行交易外，主要是通过无形市场交易的。所以，在抓好现有市场的改造、完善和提高的同时，重点是培育生产资料的无形市场，比如，建立现代化物流中心和销售网络，逐步推行代理制，建立新型的工商关系等。

其次，积极培育和发展大型商贸集团。在改造原有商业机构时，政府应积极支持建立新型商业机构，以逐步形成生产与销售、批发与零售、城市与农村、综合与专业、大型与小型、工业与农产品、消费资料与生产资料、商品与服务的有机结合、渠道畅通的流通体系，培育农工商、产供销一体化的大型商贸集团，发展以大型零售企业为龙头的连销商店，形成大中小相结合的零售网络。

（二）重点培育和规范生产要素市场

没有要素市场就没有市场经济，要素市场是更高层次的市场。只有要素市场完善，生产要素价格才能由市场交换形成。只有在要素价格合理的前提下，通过价格信号导向，资源才能实现优化配置。所以，要素市场发育的滞后必然影响到资源配置的总体效益和市场体系的有效运行。为此：

1. 要大力发展以资本市场占突出地位的资金市场。资金市场是要素市场的重点，发展和完善我国的资金市场，具体说要从两个方面推进：一是完善货币市场。要逐步改革与完善信贷资金的管理体制，发展和完善同业拆借市场，适当放开同业拆借利率。要开拓贴现市场，有关金融机构应主要以票据贴现方式发放短期贷款。要积极推动短期债券市场的发展。二是完善资本市场。要加强债券市场管理，建立健全发债机构和债券信用评级制度，促进债券市场的健康发展。完善中长期国债市场，通过发行长期性的政府债券，筹集国家建设资金，继续停止财政向中央银行借款。加强国债期货市场的风险控制和规范化管理。要规范股票的发行与上市，并稳步扩大规模。要开拓和完善我国的证券场外交易市场。同时，还要建立健全外汇市场。

2. 要逐步完善劳动力市场。大力发展劳动力市场，有利于消除原有劳动人事制度、就业制度、工资制度的弊端。它对于转换企业经营机制和提高劳动生产率，引导劳动力合理流动，缓解我国就业难的问题，具有十分重要的意义。劳动力市场发展要以充分开发和合理配置劳动力资源，最大限度地发挥劳动者的积极性和创造性为出发点，通过深化劳动制度的改革，打破劳动者身份界限，实现就业的双向选择和劳动力合理流动，在完善产业结构的同时形成合理的就业结构。完善以职业介绍、就业训练、失业保险为主的就业服务体系。

要加强劳动力市场的宏观调控。

3. 要继续发展房地产市场。要进一步规范和培育房地产市场，促进房地产市场健康发展。进一步扩大土地有偿使用的范围，多途径分步骤地将用于经营的划拨土地纳入有偿使用的轨道，充分发挥市场机制在土地资源配置中的作用，促进土地生产要素的合理、高效利用。加强对房地产市场的宏观调控，完善房地产税费体系。加快城镇住房制度改革，促进住房商品化和住房建设的发展。

4. 要继续发展技术市场。要按照有关法律法规，保护知识产权和技术产权，加速科技成果和科技信息商业化、产业化、市场化的进程。要采取多种途径、多种形式，最大限度地发挥技术人才资源优势，突破地域、所有制和部门界限，加快科学技术转化为现实生产力的步伐。积极创办外向型技术市场和高新技术市场，加强我国技术成果在国际技术市场的竞争力。要鼓励发展技术咨询服务、技术交易中心等市场中介组织，加强技术市场的招标、结算、仲裁和管理制度的建设。

5. 要继续发展信息市场。要加快信息市场的建设，建立信息市场交易机制，促进信息交易的公平竞争，禁止垄断信息经营的行为，加速信息的商品化、产业化。加强各类信息市场的协调管理，打破信息市场的行业分割和部门垄断，促进统一信息市场的形成。加强通信基础设施建设，特别要加快数据通讯干线的建设，普及传真、计算机网络的应用。要加强信息知识的社会普及与教育。

（三）消除行政垄断和封锁

我们所要建立的市场体系应是统一开放、竞争有序的市场体系。但迄今为止，正如前面所指出的，地区或部门的行政性垄断和封锁，使竞争性市场变成了垄断性市场，开放性市场变成了封闭式市场，全国统一市场变成了区域性或部门性市场。因此，建立一个国内统一的竞争性市场体系的重要步骤是必须通过产权制度的改革和政府职能的转变，消除行政性垄断和封锁。

（四）加强市场法规建设

市场体系能否充分正常地发挥作用，不仅取决于市场的组织建设，还取决于是否具有良好的市场秩序。为了形成良好的市场秩序，必须加强市场法制建设，建立健全市场规则，规范政府、企业和中介组织行为，清理、废除与国家法规相抵触的地方性法规和部门规章；加强工商行政管理、税务、质量技术监督、药品监督、价格检查、海关、出入境检验检疫和项目稽察等执法队伍建设，提高执法人员的政治业务素质，做到严格执法；进一步加强社会监督体系建设，建立健全以法规约束、政府管理、新闻监督和消费者参与为主要内容的社会化的监督体系，使市场体系的建设走上规范化、制度化、法律化的轨道。

本章内容提要

市场体系是相互联系的各类市场的有机统一体。它具有完整性、统一性、开放性、竞争性、有序性等方面的涵义。

完善的市场体系，对社会主义市场经济的正常运行，具有重要的意义。主要表现在：第一，完善的市场体系是市场机制发挥资源配置基础性作用的前提条件；第二，完善的市场体系是转换国有企业经营机制的重要条件；第三，完善的市场体系是国家实行宏观间接调控的必要条件。

市场体系的构成可以从多角度进行分类，其中主要是从市场交易的对象来划分，即指市场体系主要是由商品市场和生产要素市场所构成。

价格机制是最重要的市场机制，理顺价格关系对市场体系的发育有着至关重要的意义。价格形成的基础是价值，同时受供求关系、纸币发行量、国家政策等的影响。

按照市场经济的要求，价格形成机制必须市场化，即主要由市场形成价格的机制。价格体系是由国民经济中相互联系和相互制约的各种商品价格和劳务价格所构成的有机整体。它主要包括比价体系和差价体系两方面的内容。比价体系主要包括工农业产品比价、农产品比价和工业品比价三种类型；差价体系主要包括购销差价、地区差价、批零差价、季节差价和质量差价五种类型。

市场规则是市场体系的重要内容。没有市场规则的约束，市场必然出现无序状态。市场规则主要包括市场进出规则、市场竞争规则和市场交易规则。市场规则要很好地发挥作用，需要具备良好的市场环境、良好的经济体制和良好的保证手段等条件。

我国市场体系至今已发展到较高程度，但仍不够完善，存在的主要问题有：国有企业作为市场主体尚未到位；市场发育不平衡；价格形成的市场机制不充分；部门和地方对市场的分割和封锁较为严重；市场法规建设滞后。进一步完善市场体系，除了要塑造真正的市场主体这一基础工作外，侧重要做好的工作是：①要继续发展和完善商品市场；②重点培育和规范生产要素市场；③消除行政垄断和封锁；④加强市场法规建设。

第六章　健全宏观经济调控体系

第一节　宏观经济调控的必然性及其基本特征

一、宏观经济调控的客观必然性

宏观经济调控是指国家综合运用计划手段、经济手段、法律手段和必要的行政手段等，对市场经济的运行从总量与结构上进行调节与控制，以期达到一定目的的一系列行为的总称。宏观经济调控的客观必然性在于：

第一，宏观调控是社会化大生产协调发展的需要。随着生产力的发展和生产社会化程度的提高，社会分工与协作关系就越来越细密，社会各地区、各部门、各企业以及社会再生产各环节之间的联系日益密切，这在客观上就要求按比例地配置资源。在社会化大生产条件下，由于经济总量大，部门繁多，结构复杂，运行机制多样，经济主体多元化，相互利益关系极为复杂，这在客观上就要求加强和完善国家统一的宏观调控，才能从宏观上优化资源配置和优化产业结构，才能保持国民经济持续稳定协调的发展。社会化大生产是导致宏观经济调控的最根本的原因。

第二，宏观调控是弥补市场机制局限的需要。市场并不是万能的，它有其本身固有的缺陷：①调节的滞后性。市场信号变化在前，企业决策在后，企业经济只能对过去的市场变化做出反应。②调节的短期性。我们讲市场调节有效，主要表现在企业的短期资源配置上，而对投资大、周期长的基础设施和新兴产业等长期性资源配置则作用微弱或不起调节作用，企业往往无力投资或不愿投资。③调节的失效性。市场调节对适合国家定价的国防军工产品，基础教育收费，水、电、邮、公共交通等收费不起作用；也不能决定货币供应量、财政收支等总量经济问题。④调节的分化性。市场调节会促使收入分配悬殊，贫富差别扩大，促进两极分化，因而不能自动实现公平分配、充分就业等社会发展目标。⑤调节的不经济性。这主要指“企业外部不经济”，如企业为了追求微观经济效益，不愿治理环境污染，对自然资源竭泽而渔，掠夺性经营，生产假冒伪劣商品等，不顾社会经济效益。

正因为市场调节的天然缺陷，经济危机尤其是1929年特大的世界性经济大危机打破了亚当·斯密提出的“看不见的手”即市场调节经济的和谐完美的神话，使得“看得见的手”即国家干预经济应运而生。1934年的“罗斯福新政”的成功实践和1936年凯恩斯《就业、利息和货币通论》的发表，标志着西方国家干预经济的系统理论的正式诞生。迄今世界上所有国家都在不同程度上实行宏观调控措施。

第三，宏观调控是协调宏观经济与微观经济矛盾的需要。宏观经济与微观经济存在着密切的联系，微观经济活动构成宏观经济的基础，宏观经济是微观经济的有机总和。市场经济中的企业和个人是分散决策的，追求自身利益的最大化，因而它们的经济活动不可能自发地同宏观经济的整体利益与需要协调一致。为了解决微观经济行为与宏观经济整体运行的矛盾，必须加强国家的宏观调控。

第四，宏观调控是实现社会发展目标的需要。一个社会的发展目标是全方位的，有经济目标，也有非经济目标。这些目标尤其是非经济目标，比如，公平分配、社会保障、生态保护、合理开发资源、可持续发展等目标，就不可能靠市场调节来达到，而必须由国家调控来实现。

二、宏观经济调控的基本特征

(一) 宏观调控应以间接调控为主

宏观调控从方式上来说可分为直接调控和间接调控两类。直接调控就是国家主要运用行政权力，直接控制和管理企业的微观经济活动；间接调控就是国家主要运用政策手段和经济杠杆，借助市场机制，从经济利益的角度影响和诱导企业的经济活动，使之符合宏观经济的总目标。

不同的调控方式适合不同的经济体制。在市场经济体制下，应以适合市场运行机制的间接调控作为宏观调控的主要方式。当然，这并不是说市场机制完全排斥直接调控，在某些时间、某些部门，直接调控仍是必要的方式。

间接调控方式有两种不同情况。一种是间接的行政调控，一种是间接的参数调控。前者是国家政府机构直接规定市场信号（价格、工资、利率），把市场信号直接作为经济杠杆来使用，这实际上是国家模拟市场。后者是国家用它所掌握的经济参数，比如，货币发行量、财政收支、外汇储备和国家投资额等可控变量，来影响总供求，通过供求关系的变化来调节市场信号，进而影响各经济主体的行为。

参数调控的前提是必须有健全畅通的市场传导机制，使市场信号随供求变化而自动变化；企业必须是真正的商品生产经营者，能够对市场信号做出合乎常理的反应。在目前我国市场经济体制尚未健全和完善之际，宏观调控的方式应以间接调控方式为发展方向，在间接调控方式中仍需保留必要的间接行政调控。

(二) 宏观调控手段必须相互协调

宏观调控手段有很多，但它们的目标是共同的。为了实现共同的调控目标，要求宏观调控手段之间必须相互协调。这种协调具有如下三个方面的表现特征：

第一，表现为不同调控政策和手段共同发挥作用。这意味着，每个手段和政策间不但不应相互排斥，而且应在综合运用中相得益彰，互相增强对方的作用效果，从而提高宏观调控的总体功效。

第二，各种政策手段的相互协调，不一定意味着必须同方向作用。因为经济运动作为一种综合的运动是十分复杂的，某项宏观政策手段的使用，往往不像人们预想的那样，只影响该影响的经济部分，比如像控制需求膨胀的紧缩政策，不可避免地也会对总供给产生紧缩影响。为了避免或减轻这种波及，调控政策往往采取松紧搭配方式，以达到预期的调控效果。

第三，表现在不同时期、不同条件下，调控政策手段之间主次地位的变化。宏观调控政策之间在政策实施的时间上、政策实施后起作用所需的时间上具有差异，对不同的经济问题也体现出不同的作用灵敏程度。所以在进行宏观调控时，要根据具体情况，选择最佳的调控方式作为主要方式，其余方式则居于辅助地位，方能取得较好的调控效果。

(三) 宏观调控必须体现预见性和指导性

宏观调控作为保证市场机制正常运行的条件，作为实现国家综合经济目标的手段，一方面应该对经济活动中出现的个人和市场机制不能有效而迅速解决的问题给予迅速合理的解决，保证经济活动的正常进行；另一方面，也是更重要的方面，宏观调控不能满足于对已出现的问题进行处理，哪怕是迅速处理。它还应立足于对未出现、但可能出现的问题进行预测，并采取相应的调控措施，避免这些问题的出现，从而在更高的层次上，保证国民经济正常运行，并且能够持续稳定地发展。

第二节 宏观经济调控的目标

一、宏观经济调控的基本目标

宏观经济调控目标就是宏观经济调控所要达到的目的，它是实施和评价宏观调控工作的主要依据，决定着宏观调控的内容和重点。宏观经济调控目标，是由基本目标和具体目标组成的目标体系。基本目标也可称为一般目标，是高度概括的宏观经济调控的总目标；具体目标则是基本目标的具体化，是某一方面的操作性较强的目标。

宏观调控的基本目标是保持经济总量的基本平衡。经济总量平衡是指社会总供给与社会总需求的基本平衡。这是保证国民经济持续快速健康发展和社会全面进步的前提条件，是保持企业生产有序进行最重要的外部条件。

社会总需求是指一年中有货币支付能力的社会购买力总额，一般由投资需求、消费需求和出口需求的总和构成。

社会总供给是指一年中社会提供的可供购买的商品和劳务总量，一般由国民生产总量和进口总量所构成。经济总量平衡包括供需总量平衡和供需结构平衡两个方面。

供需总量平衡是指市场可供商品和劳务总量与对这些商品和劳务的社会购买力总量之间的平衡。如果总需求过大，就会引起物价上涨，甚至通货膨胀；如果总需求不足，又会引起生产萎缩、失业增多。

宏观调控对总量平衡的基本作用是反经济周期，即尽量减弱或避免经济周期性震荡。

供需结构平衡是指市场的商品和劳务的供给结构与需求结构之间的平衡关系。它包括生产资料需求总量与供给总量的平衡，消费资料需求总量与供给总量的平衡，生产资料的供给品种结构与需求品种结构的平衡，消费资料的供给品种结构与需求品种结构的平衡。

供需总量平衡和供需结构平衡是相互联系、彼此制约的，宏观调控需要实现这两方面的平衡。总量平衡是结构平衡的前提，结构平衡是总量平衡的基础。只有在供需总量平衡的条件下，才能保持正常的市场秩序、基本稳定的价格和良好的市场供销环境，从而才有可能从资金、物资、技术等方面有力促进结构调整。同时，不能认为总量平衡了结构就自然平衡了，因为总量平衡时，还可能存在短线产品供不应求和长线产品供过于求的局面，这种结构失衡很快又会引起新一轮总量失衡。

二、宏观经济调控的具体目标

经济总量的基本平衡，即社会总供给与社会总需求的基本平衡，是通过以下的具体目标体现出来或得以实现的。

（一）物价基本稳定

物价基本稳定，是指保持物价总水平的基本稳定。一般认为，如果物价指数升降的幅度保持在±3%以内，就可算做物价总水平的基本稳定。因此，物价稳定不是指物价总水平不变，而是指保持在较小的幅度内。要做到物价稳定，国家必须把财政赤字、通货增长量、商品供需差率控制在一定限度内。例如，一般认为把商品供需差率控制在±5%以内，就算做是社会总供求的大体平衡，就有利于把物价总水平控制在±3%以内。为保持物价稳定，必须严格控制通货膨胀。在保持物价总水平基本稳定的前提下，应当放开价格，使价格随着商品价值和供求关系的变化而变化，这是价格机制发挥作用的基本要求。但是放开价格不等于国家对价格放手不管。政府通过计划的、经济的、法律的各种手段可以制约企业定价行为，可以实现对价格的调控和保持物价稳定。同时，为保持物价稳定，还必须注意防止以物价持续下跌为特征的通货紧缩。

(二) 经济适度增长

经济增长速度是当年新增国内生产总值（GDP）与上年GDP总量的比率。它是宏观调控的重要指标。我国经济发展能否保持一个较快的速度，不仅是重大的经济问题，而且是重大的政治问题，它关系到我国综合国力的增强和人民生活水平的提高以及国家的长治久安。我国宏观调控的一个重要任务就是确定和保持适度的经济增长率，即在充分考虑有利和不利因素、充分挖掘潜力的基础上能够达到的，在提高经济效益前提下的较高的经济增长率。在发展中国家，一般认为1%～3%的经济增长率是低速增长；4%～5%的经济增长率是中速增长；6%～10%的经济增长率是高速增长；10%以上的经济增长率就为超高速增长。

(三) 劳动者充分就业

充分就业是指有劳动能力并愿意工作的劳动成员都能获得就业机会，在岗的劳动者在法定工作时间内的工时得到充分有效的利用。充分就业意味着劳动力资源的有效利用与合理配置，劳动效率和工时利用率较高。但充分就业不意味着不存在任何失业，有的劳动者由于不愿意接受现有工资水平或工作岗位会形成“自愿失业”，有的劳动者在技能不适应经济结构升级需要会形成“结构性失业”。我国新增劳动力多，企业下岗分流人员多，就业压力大。在当今世界上，一般认为，5%以内的失业率可视为充分就业。党中央十分重视对就业的宏观调控，要求把开发利用和合理配置人力资源作为发展劳动力市场的出发点。广开就业门路，更多地吸纳城镇劳动者就业。鼓励和引导农村剩余劳动力逐步向非农产业转移和地区间的有序流动。发展多种就业形式，运用经济手段调节就业结构，形成用人单位和劳动者双向选择、合理流动的就业机制。

(四) 国际收支基本平衡

国际收支基本平衡，是指一国各种国际往来的收入和支出的基本平衡。其中重要的是外汇收支差额和偿债率、负债率要适当。这种要求将外汇收支差额控制在合理的范围内。利用外资要求与国家经济实力和偿还能力相适应，掌握好借、用、还三个环节。衡量外债规模是否适度的标志有两个：一是偿债率，是指一定时期内外债还本付息额同该时期外汇收入总额的比率，国际上一般以15％～20％为安全警戒线；二是负债率，是指一定时期外债余额同该时期国内生产总值的比率，国际上一般以5％～20％为安全警戒线。我国目前这两条警戒线都维持在合理范围内。对国际收支的宏观调控目标应当是基本平衡、略有结余。

以上四项具体目标中，物价基本稳定最为重要，因为它是总量供求平衡的综合反映。

第三节　宏观经济调控的政策与手段

一、宏观经济调控政策

宏观经济调控政策即宏观经济政策，是国家在一定时期内按照宏观调控目标的要求而制定的组织、调节、控制经济活动的行为规范和准则。市场经济体制中的宏观经济政策主要包括财政政策、货币政策、产业政策和收入分配政策。

（一）财政政策

财政政策是指国家在一定时期内，为实现特定的政治经济任务和战略目标而制定的有关调整财政收支行为的基本原则和方针的总和。

在市场经济体制下，财政的基本职能是通过税收和其它政府收入筹集足够的资源，用来支持政府进行提供公共品的服务。政府为了保证市场上的平等竞争，绝大部分税收都应当是“中性化”的，对不同经济成份、不同投资来源的企业都应当一视同仁，而没有“倾斜”和歧视。只有在少数具有外部性的部门和为了实现平等目标时，才能在严格限定的范围内实行差别税率或税收减免。

在市场经济条件下，需要根据经济运行状况，斟酌采用不同的财政政策，主要是政府的支出政策和政府的收入政策。

首先需要指出的是，政府支出和政府税收对于国民收入具有完全不同的效应。政府支出对于国民收入具有正相关效应：即增加政府支出会扩大社会总需求，增加国民收入；减少政府支出会缩小社会总需求，减少国民收入。政府税收对于国民收入则具有负相关的效应，即增加政府税收会缩小社会总需求，减少国民收入；减少政府税收则会扩大总需求，增加国民收入。

由于政府支出与政府税收具有如上的性质，所以，采取什么样的（扩张性的还是紧缩性的）财政政策，应根据经济运行的具体状况而定。在萧条时期，社会总需求不足，所以，政府应当采取扩张性的财政政策，诸如增加政府支出，以便刺激总需求，如增加公共工程开支，增加转移支付，等等。这样，一方面可以直接增加总需求；另一方面又通过刺激私人消费和投资，间接地增加总需求；还可以通过减少税收以求扩大总需求，因为减少个人所得税能够使个人有更多的可支配收入，从而增加消费；减少公司所得税，会刺激公司增加投资，等等。在繁荣时期，存在着过度需求，通货膨胀压力增大，所以，政府应采取与萧条时期相反的紧缩性的政策，即减少政府支出，增加税收，以求抑制总需求，抑制物价的上涨。

总之，运用政府支出和收入政策来调节宏观经济总量，是一种“反周期政策”，其目的在于避免和制止严重的经济波动，从而保证经济的平稳运行。

(二) 货币政策

货币政策是指国家在一定时期内，为实现既定的经济目的而制定的用于调节货币供应量及货币供应量与货币需要量的相互关系的准则和措施。

市场经济中货币政策的主要内容，是中央银行通过调节货币供应总量来影响整个社会的经济活动水平。货币政策通常有两类不同的政策指向：一是扩张性的货币政策，即扩大货币供应量的政策。它的政策效应是增加总需求，促进增长率的提高。二是紧缩性货币政策，即减少货币供应量的政策。它的政策效应是减少总需求，消除通货膨胀或者阻止通货膨胀的发生。

那么，货币当局是如何实施上述货币政策的呢？市场经济各国的中央银行通常采取以下三种常规的政策手段。

1. 调整法定准备金率。在市场经济中，商业银行具有“创造”货币的能力。这是因为：当商业银行在收到一笔存款或从中央银行取得一笔再贷款后，就将它贷放出去，这笔贷款会成为客户在别的银行的存款，叫做“派生存款”。而这笔存款又会成为银行贷款的追加来源。如此循环往复，不断派生，货币存量就越滚越多。如果各个商业银行都实行这样的无限制的“存贷挂钩”的制度，就会派生出多倍的存款。为了控制货币存量，各国通常规定商业银行必须将存款的一定部分作为准备金存入中央银行。商业银行必须缴留多少准备金，要由中央银行决定。法定准备金率就是中央银行规定的商业银行存款准备金与存款之间的比率。

法定准备金率的高低直接影响着商业银行贷款总额和存款总额的大小。法定准备金率的降低，将引起存款总额和贷款总额的增加；法定准备金率的提高，则将引起存款总额和贷款总额的减少。

正是由于法定准备金率与货币供应量之间存在着上述关系，所以调整法定准备金率是货币当局（中央银行）执行货币政策，控制货币供应量的有力工具。例如，在萧条时期，中央银行可以降低法定准备金率，使派生存款增加，从而增加货币供给量；反之，在出现通货膨胀时，中央银行往往采取提高法定准备金率的办法，以减少银行所能创造的派生存款，从而减少货币供给量，抑制通货膨胀。

2．调整中央银行对商业银行的贴现率。根据需求曲线向下倾斜的特性，商品价格越低，需求越多；反之，价格越高，需求就越少。对于金融市场上的货币商品来说也是如此，利率越低，客户就越是争着要贷款；反之，利率越高，客户就越是尽量少要贷款。所以，中央银行如果能够影响市场利率的形成，它就能够调节市场上的货币数量。中央银行对商业银行进行再贴现的贴现率，是中央银行影响利率形成，并通过利率高低控制货币供应量的基本工具。

在市场经济条件下，中央银行除了具有发行货币和代理国库的职能外，还是商业银行的最后贷款人。商业银行在从事贷款业务时，光靠自己的自有资本是不够的，它们还从中央银行得到贷款（再贷款）作为企业贷款资金来源。通常商业银行向企业发放贷款的办法是：企业把自己手里的未到期的票据拿到商业银行去，按票据面值扣除利息后得到现款，叫做“贴现”。商业银行则可以把这些为企业贴现得到的票据拿到中央银行去“再贴现”，再贴现率也就是中央银行向商业银行贷款的利息率。

中央银行可以通过调整再贴现率来影响商业银行的利率，从而调节货币供应量。在萧条时期，中央银行可以降低再贴现率，放宽贷款条件，这样便可以使商业银行以比较低的利率从中央银行得到贷款，从而可以增加自己给企业的贷款，这会使市场利率降低，货币供应量增加。而在出现经济“过热”时，中央银行可以提高贴现率，迫使商业银行提高利率，收缩放款。放款的收缩会减少货币供应量，促使经济“降温”。

3．运用公开市场操作（也称公开市场业务）调节货币供应量。公开市场操作是指中央银行在金融市场上买进或卖出政府债券，以调节市场上的货币存量。

几乎所有的市场经济国家，政府都发行一定数量的短期和长期债券，用以收集民间资金，弥补财政资源的不足。政府债券作为一种重要的金融资产，成为个人、工商企业和金融机构的投资和投机对象。政府债券是可以在到期前在证券市场上自由转让的，而中央银行则可以通过在市场上售出或买进政府债券，有效地调节货币供应量。

当中央银行认为需要采取扩张性的货币政策时，便可以买进政府债券，把货币投入市场。于是，市场上的货币流通量增加，总需求扩大。除此之外，由于中央银行在公开市场上买进政府债券会使债券价格上升，而债券价格与利息率是呈反比例变化的。因此，这会使利息率下降，从而也会促进投资增加，起到扩大总需求的效应。

当中央银行认为有必要采取紧缩性政策来缓解通货膨胀压力时，便会在公开市场上进行与上面相反方向的操作：卖出政府债券，以回笼货币，减少货币供应量，使总需求缩小。同时，由于中央银行在公开市场上出卖债券使债券价格下跌，利息率上升，也有利于缩小总需求。

各国中央银行在执行货币政策时，通常会有所侧重地把上述三种手段结合起来运用，以便收到预期的效果。中央银行主要采用准备金率、再贴现率和公开市场操作等手段来实施货币政策。同时，在特殊情况下，也可以辅之以贷款额度管理、“窗口指导”等直接手段，以便“松”、“紧”适度地调节货币供应量。金融市场越是成熟，直接手段就可以用得越少。

（三）产业政策

产业政策是指国家为实现一定的经济和社会发展目标，调整产业结构、产业组织结构和产业布局，从增加有效供给方面促使社会总需求与总供给平衡的基本原则和措施的总和。

产业政策的内容一般包括以下两个方面：

1. 产业政策的目标选择。产业政策的目标选择可分为产业结构政策和产业组织政策的目标选择。前者指规划一定时期内产业结构演进的方向与步骤，以及国民经济各产业发展的顺序和态势。产业结构政策是产业政策取得成功的关键所在。后者指规划一定时期内产业内部企业或市场秩序发展方向，指出应该达到的合理的竞争秩序和企业规模。

2. 产业政策的实施对策。产业政策的实施对策就是为了实现产业政策目标所采取的各种措施。根据政府介入程度，产业政策的对策主要包括：①政府直接干预。就是政府出面通过直接投资、调配物资、强制性的行政管理手段，直接影响各产业及产业部门内各企业的发展，推动企业集团的形成或分化。②经济手段。就是政府通过采取有差异的财政政策、金融政策、价格政策、工资政策等，借以改变某些产业所处的环境和条件，影响生产要素流动，扶植或限制某些产业和企业集团的发展。③立法措施。就是政府通过一定的法律程序，干预产业结构和产业组织的形成。如美国以反对垄断，促进竞争为目的的《反托拉斯法》，日本以促进企业合并，扩大规模为目标的《产业新兴法》等，就是通过立法措施实施产业政策目标。④由政策进行指引和协调。主要是按照市场原则和市场信号提供信息服务，通过劝导、指引、协商和合作，来协调企业行为，使之符合产业政策目标的要求。

(四) 收入分配政策

收入分配政策是以国民收入分配过程为直接调节对象的宏观经济政策。货币形态的国民收入分配量形成总需求，实物形态的国民收入分配量则形成总供给，因而，货币形态的国民收入分配量的确定及其同实物形态的国民收入分配量的相互关系，直接关系到总需求的增长状况。

一般来讲，收入分配政策的主要内容有以下两个部分：

1. 收入分配政策目标选择。收入分配政策目标选择可分为收入结构政策目标选择和收入总量政策目标选择。前者是政府考虑收入差距的可接受程度，在公平与效率之间做出选择。在市场经济中，公平和效率之间往往存在矛盾。当社会成员之间的收入差距过分悬殊、影响社会稳定时，政府的收入结构政策就侧重地缩小收入差距，增进公平；反之，如果劳动者缺乏积极性，经济效率低下，政府的收入结构政策侧重于提高经济效率。后者是政府考虑国民经济的总量平衡，通过收入总量的变化，调节总需求，保障经济的稳定增长。

2. 收入分配政策的具体实施措施。实现收入分配政策目标的实施措施，一般有以下几种：①以法律形式规定最低工资标准。这是为了保障社会成员的最低生活水平，促进社会稳定的实施措施。②税收调节。政府通过对个人收入征收累进所得税，以限制一部分人收入过高，增进公平目标的实现。③实施工资和物价管制。这是政府在特定情况下为实现收入分配政策目标而实施的非常措施。如严重通货膨胀时期、战争时期等。④增加转移支付和其它各种福利措施。转移支付是指政府对某些地区、阶层及个人实行的津贴和补助等。例如，政府对贫困地区拨付扶贫款、对科技专家支付政府津贴、对失业者和低收入阶层发放失业补助金和救济金等，就属于这种情况。

此外，政府还可以通过征收高额财产税和遗产税等，防止收入过分悬殊，通过举办公共工程等，增加就业机会，提高某些个人和阶层的收入。

二、宏观经济调控手段

宏观调控目标只有通过运用适当的调控手段才能实现。宏观经济调控手段是由计划手段、经济手段、法律手段、行政手段等构成的一个体系。

(一) 计划手段

计划手段是指国家依据和运用经济规律，在发挥市场机制作用的基础上，运用指导性计划和必要的指令性计划，对社会经济活动进行指导、协调、控制和监督的手段。

经济计划的种类有长期计划、中期计划、短期计划、专项计划、预测性计划等多种类型。短期计划为一年的年度计划，用以调节本年度的经济运行和短期总量平衡。中期计划一般为5年期的计划，长期计划一般为10年期或10年以上的计划，适用于中长期的总量平衡，尤其是结构调整。计划管理形式有指令性计划和指导性计划两种。指令性计划是由行政层次直接下达到企业或有关单位必须执行的有行政约束力的计划管理形式。指导性计划不具有行政强制性，它是由国家通过经济政策、经济杠杆和经济合同等经济手段，引导企业能动地实现国家计划任务的计划管理形式。

我们否定传统的计划经济体制，但不否定计划和计划工作。计划仍然是宏观调控的重要手段之一，在宏观调控手段体系中居于核心地位。这是因为国家计划是国家最高经济决策的主要体现，是经济建设的纲领性文献，是实施宏观调控的主要依据，也是检验和评价宏观调控效果的重要依据。

还要看到，经过二十多年改革，今天的计划手段在制定的依据、内容、重点、手段等方面都发生了许多实质性变化，从内容到形式都不同于过去以指令性计划为特征的无所不包的计划了。

计划调控的主要功能是：从宏观总体上保持供需总量的平衡，实现国民经济按比例地协调发展；在全社会范围内调控资源配置，动员和集中力量保证重点投资和重大建设项目，合理调整产业结构；调节收入分配，保持社会公平分配和提高经济效益。

（二）经济手段

经济手段是国家或经济组织通过运用经济杠杆，调整不同经济主体的物质利益关系，引导和调节经济运行的一种手段。主要包括价格、税收、信贷、利息、工资、汇率等经济杠杆和价值工具。

运用经济手段进行宏观调控，关键是综合运用和正确发挥各种经济杠杆的作用，尤其是正确发挥价格、税收、信贷、工资等主要经济杠杆的作用。

1. 价格杠杆。价格是商品价值的货币表现。在市场经济运行中，价格高低是商品价值实现状况的标度。由于商品价值实现状况直接关系着商品的卖者和买者、生产者与消费者的切身利益，价格的每一变动都会发生经济利益的转移。因而价格能够按照价值规律的要求，通过调节经济利益来调节社会生产、分配、交换、消费，发挥着灵敏的经济杠杆作用。但同时应认识到价格杠杆的调节功能也具有一定的局限性，因此，要充分发挥价格杠杆的宏观调控作用，关键是建立合理的价格体系和价格管理体制。

2. 税收杠杆。税收既是国家筹集资金的重要手段，又是调节生产、流通、分配的重要工具。税收杠杆的作用是通过国家的税收政策和制定不同的税种、税率，从而体现鼓励和限制、影响和调节企业及个人的经济活动来实现的。税收杠杆对经济的调节作用主要表现在：①调节生产和流通，促进国民经济按比例协调发展；②调节企业的盈利水平，促进企业改善经营管理；③调节市场供给和需求的平衡，保证物价基本稳定；④调节国民收入分配，正确处理国家、集体、个人之间的关系；⑤按照国家政策从经济上制裁和控制各种不正当生产经营的发生，有利于多种所有制形式、多种经营方式的发展；⑥调节进出口贸易关系，促进对外贸易的发展，等等。

3. 信贷杠杆。信贷是以有偿使用，还本付息，限期归还为基本特征的一种特殊的资金运动形式。信贷杠杆的作用，是以中央银行为核心的银行体系，通过调节存款和贷款利率，筹集融通资金，确定贷款规模和方向等来实现的。其主要作用是：①能够把闲散的资金动员起来并控制、监督资金的运用，支持经济的发展和提高资金利用效率；②能够控制投资规模，指导投资方向，从而调节生产和流通；③能够控制社会货币流通量，调节社会总需求，保持物价稳定并促进经济繁荣；④能够促进企业努力提高经营管理水平，等等。为了充分发挥信贷杠杆对经济的调控作用，必须进一步搞好金融体制的改革。

4. 工资杠杆。工资（包括奖金）是按劳分配的基本形式。它的调节作用是通过选择不同的工资形式和确定合理的工资等级差距来调节社会劳动分配和调动劳动者的积极性。工资在调动劳动者的生产积极性、提高劳动者的文化、技术素质方面的作用是其它经济杠杆所不及的。为了正确发挥工资杠杆的调节作用，必须进行工资制度的改革。

（三）法律手段

法律手段是指依靠立法和执法机构，通过各种法规、条例来管理经济的手段。运用法律手段管理经济主要有两个方面的内容：

1. 经济立法。它是国家立法机关按照经济规律的要求，制定调整经济关系的法律，确定国家机关、企业、事业单位及公民在经济活动中的经济关系的法律规范。经济立法主要解决“有法可依”的问题。

2. 经济司法。它是国家各级经济司法机关依据经济法律、法规，审理经济案件的制度和活动。经济司法主要解决“有法可依，执法必严，违法必究的问题。”法律手段的调控作用是对经济活动参与者规定一个活动的基本框架和若干行为规则，任何经济活动的参与者都必须在法律规定的范围内进行活动并遵守法律规则。法律手段作为国家意志的体现，具有很强的强制力，它无差别地为正常的生产经营活动提供保护和稳定有序的外部条件，惩罚各种违法经营行为，保证经济运行的正常秩序。

（四）行政手段

行政手段是指政府凭借国家机关的权威，通过发布命令、指示、决定、政策、指令性计划等来直接管理和干预社会经济活动的手段。行政手段的基本特征是以国家政权权威为后盾，以下级服从上级为前提，对经济活动进行强制性的约束性的直接指挥和干预。行政手段具有作用迅速、彻底的特点，在特殊的时间、地点和场合下，或在各种异常紧急的情况下，能起到其它手段在关键时刻起不到的作用。

当然，行政手段也容易与"长官意志"联系在一起，造成"一刀切"，割断经济运动的内在联系等明显缺陷。因此，在社会主义市场经济条件下，客观上要求减少行政手段的运用，以避免滥用行政手段的弊端，但不排斥必要的行政手段。

现代市场经济宏观调控的过程，实际上就是上述手段配合运用的过程。在实际操作中，为了尽量避免不同手段之间可能发生的某些冲突和磨擦，国家应注意加强各种调控手段之间的相互衔接和协调，并根据不同经济时期的特点，确定运用调控手段的侧重点，寻求不同手段相互组合的综合效应。

第四节 宏观经济调控体制及其改革

一、宏观经济调控体制的特点

我国宏观经济调控的主体是国家，然而国家的宏观调控又需要由一定的组织机构和调控制度来承担和执行。根据我国国情和国内外历史经验以及市场经济的要求，我国当前的宏观经济调控主要依靠计划、财政、金融三大综合性部门进行，被称为我国宏观调控的三大支柱，承担着主要的宏观经济调控职责。另外，统计、信息、工商行政管理、审计、纪检、监察等专业部门也承担着一定的与本部门相关的宏观调控职责。宏观经济调控体制就是计划、财政、金融等部门的调控制度有机结合而形成的统一调控体制。它是宏观经济调控主体的具体化。

计划、财政、金融结合型的调控体制是三大部门合理分工、协调一致的体制。目前，我国这三者的主要职责分工是：计划提出国民经济和社会发展的目标、任务，以及需要配套实施的经济政策；中央银行以稳定币值为首要目标，调节货币供应总量，并保持国际收支平衡；财政运用预算和税收手段，着重调节经济结构和分配。运用货币政策与财政政策，调节社会总需求与总供给的基本平衡，并与产业政策相配合，促进国民经济和社会的协调发展。

计划、财政、金融结合型的调控体制，还是中央与地方合理分工，发挥中央和地方两个积极性的体制。宏观经济调控权，包括货币的发行、基准利率的确定、汇率的调节和重要税种税率的调整等，必须集中在中央。这是保证经济总量平衡，经济结构优化和全国市场统一的需要。另外，我国国家大、人口多，必须赋予省、自治区和直辖市必要的权力，使其能够按照国家法律、法规和宏观政策，制定地区性的法规、政策和规划；通过地方税收和预算，调节本地区的经济活动；充分运用地方资源，促进本地区的经济和社会发展。必须指出，国家宏观调控是中央集中统一的宏观调控。中央赋予地方的权限属于地方性经济管理问题，而非国家宏观调控层次的问题。宏观调控实际上涉及各方面利益的调整，这种利益调整权必须集中在代表全体人民利益的国家手中。

二、深化宏观调控体制改革

为了健全宏观调控体制，要不断深化计划、财税、金融、投资等体制改革，建立它们之间相互配合和制约的机制，加强对经济运行的综合协调。

(一) 深化计划体制改革

二十多年来，我国计划体制改革经历了四个阶段：

第一阶段（1979～1983 年）：计划投资体制初步改革的阶段。1983 年 1 月国家计委印发了《关于改进和加强计划管理的意见》，其主要内容，一是逐步实行指令性计划、指导性计划和国家计划指导下的市场调节三种管理形式。二是实行长中短期计划相结合，经济科技和社会发展计划相结合，全面规划和专项规划相结合。三是试编全国综合信贷计划、全国综合物资计划、国际收支计划和编制全国固定资产投资计划。四是改进经济效益指标，建立和完善计划的综合指标体系。五是提出提高计划科学性的具体措施。六是进一步发挥价格、税收、信贷、工资、奖励、财政补贴等经济杠杆和经济政策的作用。

第二阶段（1984～1988 年）：进行城市全面改革时期。党的十三大报告提出"必须把计划工作建立在商品交换和价值规律的基础上"，"计划和市场的作用范围都是覆盖全社会的。新的经济运行机制应当是国家调节市场，市场引导企业的机制。"为此，国家计划形式逐步以 5 年计划为主，简化年度计划，制定长远规划；缩小指令性计划范围，扩大指导性计划和市场调节范围，扩大地区、部门、企业固定资产投资计划权限，简化审批手续。1987 年，国家计委规定大型联营企业实行计划单列，1988 年开始对大型基本建设集团项目在计划上专项安排。

第三阶段（1989～1991 年）：主要是配合治理整顿，适时推出新的改革措施，进一步强调产业政策的作用，确定了各领域的产业发展序列；为了便于宏观调控，决定对 55 家大型企业集团进行计划单列试点。

第四阶段（1992 年以来）：改革大步前进的阶段。1992 年初，邓小平明确指出计划和市场都是经济手段，不是社会主义和资本主义的本质区别。接着，党的十四大提出要改进计划方法，更新计划观念，并明确了计划的重点："国家计划是宏观调控的重要手段之一。要更新计划观念、改进计划方法，重点是合理确定国民经济和社会发展的战略目标，搞好经济发展预测，总量调控，重大结构与生产力布局规划，集中必要的财力物力进行重点建设，综合运用经济杠杆，促进经济更快更好地发展。”1993年，党的十四届三中全会的决定，明确了计划的任务、范围、职能：“计划提出国民经济和社会发展的目标、任务，以及需要配套实施的经济政策”；“计划工作的任务，是合理确定国民经济和社会发展的战略、宏观调控目标和产业政策，搞好经济预测，规划重大经济结构、生产力布局、国土整治和重点建设。计划工作要突出宏观性、战略性、政策性，把重点放到长期计划上，综合协调宏观经济政策和经济杠杆的应用。”

计划体制改革取得了重大进展，使计划观念、体制和方法都发生了根本性转变，逐步形成了适应社会主义市场经济要求的新的计划体制和工作方法，这对于推进我国的经济体制改革，更好地发挥计划在宏观调控中的作用，具有重要的历史意义。

第一，实现了计划观念的根本性转变。人们已经深刻认识到：传统的计划体制束缚了社会生产力发展，不改革就没有出路；市场机制是配置资源的基础性手段，计划的制定、实施都要依靠市场、反映市场、引导市场和调控市场；凡是市场能解决的，都要坚决地通过市场去解决；在研究政策、制定规划和开展计划工作时，要努力反映市场供求的变化；坚持计划与市场两种手段都要用的原则等。计划观念的转变，对计划和市场关系的正确理解，为深化计划体制改革打下了思想理论基础。

第二，实现了计划体制改革的重大突破。在生产领域，全部取消了农业生产的指令性计划，工业生产的指令性计划由1980年的120种减少到目前的12种，仅占全国工业总产值的4.1%，减少了90%。在物资流通领域，国家计委负责平衡和分配的物资，由1979年的256种减少到1998年的5种。在价格管理方面，改革前绝大多数商品价格由政府决定，现已改为由市场形成，市场调节价在社会商品零售总额中所占的比重已高达93.2%。在投资方面，地方和企业的投资决策权日益扩大等。计划体制改革的突破性进展，为各项改革创造了条件，给经济生活增添了生机和活力。

第三，实现了计划职能的实质性转变。一是从偏重于微观经济活动的干预，转到搞好宏观调控上来；二是从对经济的直接调控转到间接调控上来；三是从局限于对国有经济的管理转到引导全社会经济公平竞争的市场环境上来。这些转变对实现宏观调控目标起了重要作用。第四，实现了计划实施手段的根本性转变。计划实施手段从原来单纯的行政手段，转为综合运用经济、法律手段和必要的行政手段。逐步建立和完善了国家订货制度；建立了重要商品的中央和地方两级储备体系；建立和完善了国家计划报告和信息发布制度；加强了计划工作的法制化建设。第五，实现了计划内容与方法的更新。努力改进了中长期计划、年度计划和专项计划的计划内容和制定方法。

（二）深化财税体制改革

1980～1994年，我国实行多种形式的预算包干体制，其特点是在中央统一计划下，地方有较大的财权和财力。1994年开始实行分税制基础上的分级预算体制。这是财政体制的重大改革，并沿用至今。分税制改革的思路是：①按照中央与地方事权，划分各级财政的支出范围。中央财政主要承担国家安全、外交和中央国家机关所需经费，调整国民经济结构、协调地区发展、实施宏观调控所必需的支出以及中央直接管理的事业发展支出；地方财政主要承担本地区政权机关运转所需支出以及本地区经济、事业发展所需支出。②根据事权与财权相统一的原则，按税种划分中央与地方的收入。将维护国家权益、实施宏观调控所必需的税种划为中央税；将同经济发展直接相关的主要税种划为中央与地方共享税种；将适合地方征管的税种划分为地方税，并充实地方税种，增加地方税收入。中央与地方共享收入包括：增值税、资源税、证券交易税。增值税中央分享75%，地方分享25%。资源税按不同的资源品种划分，大部分资源税作为地方收入，海洋石油资源税作为中央收入。证券交易税中央与地方各分享50%。

分税制是分税制预算管理体制的简称，是在划分中央与地方政府事权的基础上，按税种划分各级政府财政收支的一种财政预算管理体制。这里不能把分税制的内容仅仅理解为划分税种，它包括分税、分权、分征、分管等多方面内容。①分税，是指按税种将全部税收划分为中央与地方两套税收体系。②分权，是指划分各级政府在税收方面的立法权、征管权和减免权。中央税和中央地方共享税由中央立法，地方税由地方或部分由地方立法。③分征，是指分别设置国税局和地税局两套税务机构，分别征税。④分管，是指中央和地方政府分别管理和使用各自的税款，不得混淆或平调、挤占。另外，分税制还包括要建立规范化的中央预算对地方的转移支付制度，实现中央对地方的宏观调控和调节地区之间的财力分配。

财政体制改革的另一项重要内容，是改进和规范复式预算制度。建立政府公共预算和国有资产经营预算，并可以根据需要建立社会保障预算和其它预算。严格控制财政赤字，中央财政赤字不再向银行透支，而靠发行长、短期国债解决。统一管理政府的国内外债务。

税收体制改革和完善方面，按照中央的要求，推行以增值税为主体的流转税制度，对少数商品征收消费税，对大部分非商品经营继续征收营业税。在降低国有企业所得税税率，取消能源交通重点建设基金和预算调节基金的基础上，企业依法纳税，理顺国有企业的利润分配关系。统一企业所得税和个人所得税，规范税率，扩大税基。开征和调整某些税种，清理税收减免，严格税收征管，堵塞税收流失。

1994 年推出并运行了 7 年的以分税制核心的财税体制改革取得了巨大成效：①初步确立了符合中国国情的分税制财政体制的基本框架，为理顺政府间的责权关系迈出了关键一步。②增强了政府财政筹资功能，明显遏制财政收入占 GDP 比重下滑的趋势，增加了中央财政收入比重和宏观调控能力。我国财政收入从 1993～2000 年连续八年年均增收千亿元，2000 年达 13380 亿元，这几年中中央财政收入占全国财政收入的比重高于分税制改革前的 1993 年 25～27 个百分点。③调动了地方开辟财源、增加收入的积极性和自我发展能力，扭转了财政收入长期低于 GDP 增长甚至负增长的局面。④促进了产业结构合理调整和政府行为合理化。分税制把工业品消费税全部和增值税的大部分划归中央，限制了地方争上小酒厂、小烟厂、小棉纺厂等高税产品或重复建设问题，同时，把农业和第三产业的税种划归地方，促进了农业和第三产业的发展。⑤规范了国企分配关系。国企分配关系开始步入企业照章纳税、税后利润按出资比例分配、企业自主经营自负盈亏的轨道。国家对国有企业的扶持转向主要依靠调整投资方向和收益比例来实现。⑥硬化了各级政府收支约束，促使支出范围和重点向刚性较强的公共产品领域集中。

（三）深化金融体制改革

改革以前中国没有真正意义上的中央银行、金融机构和金融市场。二十多年的改革使中国金融体制发生了根本性变化：

第一，金融体系不断健全和完善，金融业务迅速发展。中国的金融体制改革始于金融机构的组织创新，目前已基本形成了以中国人民银行为领导，国有独资商业银行为主体，政策性银行与商业银行相分离，多种金融机构并存、分工协作的金融组织体系。到 2000 年底，中国国内金融机构有：政策性银行 3 家、国有独资商业银行 4 家、其他商业银行 14 家、城市商业银行 90 家；信托投资公司 244 家、证券公司 90 家、财务公司 72 家、金融资产管理公司 4 家。中国人民银行已经调控着 12 万亿元的货币总量，监管着 17 万亿元的金融资产，这已充分表明“金融是现代经济的核心”。

1984 年起，中国人民银行专门行使中央银行职能，领导和管理全国的金融事业。党的十四届三中全会的决定进一步明确了中央银行的职责和金融体制改革方向，中国人民银行作为中央银行，在国务院领导下独立执行货币政策，从主要依靠信贷规模管理，转变为运用存款准备金率、中央银行贷款利率和公开市场业务等手段，调控货币供应量，保持币值稳定；监管各类金融机构，维护金融秩序，不再对非金融机构办理业务。银行业与证券业实行分业管理。组建货币政策委员会，及时调整货币和信贷政策。按照货币在全国范围流通和需要集中统一调节的要求，中国人民银行的分支机构改为总行的派出机构。1999年中国人民银行管理体制实施重大改革，跨省（区）设立分行。

政策性银行的建立，初步实现了政策性业务与商业性业务的分离。三家国家政策性银行（中国开发银行、中国进出口银行和中国农业发展银行）已开始在支持国家重点建设、促进固定资产投资改革、加强粮棉油收购资金管理、推进机电产品和成套设备出口等方面发挥了重要作用。1996年，4家国有商业银行继续向现代商业银行转轨，加强内部管理，强化一级法人体制和总行对分支机构业务活动的统一调度。中信实业银行、光大银行、深圳发展银行等10家股份制银行先后成立，有的股票已经上市，正在向现代化迈进。从1996年起，设在大中城市的信用社改组为城市合作银行，继而又改称为城市商业银行。

第二，金融法律框架基本形成。中国金融法制建设取得了突破性进展，尤其在1995年，《中华人民共和国中国人民银行法》、《中华人民共和国商业银行法》、《中华人民共和国票据法》和《中华人民共和国保险法》相继颁布实施，奠定了中国金融法律体系的框架。此后，又出台了《担保法》、《全国人大常委会关于惩治破坏金融秩序犯罪的决定》，从法律上确定和巩固了中国在金融体制改革和金融业发展过程中已积累的有益经验，标志着中国金融事业已步入法制化、规范化的轨道。

第三，金融宏观调控日益走向成熟。一系列金融法规的颁布实施，使金融宏观调控在法律上得到肯定，中央银行宏观调控能力逐步强化，同时调控方式已由直接的行政调控为主逐步转向直接调控和以市场为基础的间接调控相结合、向间接调控为主的方式过渡。货币政策中介目标从主要依赖信贷规模转向调控货币供应量，中央银行开始利用货币信贷政策、利率政策、存款准备金、再贷款、公开市场业务、再贴现等货币政策工具，调控货币供应量，稳定人民币币值。中央银行对金融形势的监控和对金融机构、金融市场的监管也已形成了一套较为完善的程序和办法。

第四，外汇体制改革进展顺利。中国外汇管理体制经历了一个由高度集中的计划管理模式向建立在外汇留成与上缴制并存的计划与市场相结合，进而再转向建立在银行结售汇制度基础上的以市场调节为主管理模式的转变过程。特别是1994年外汇体制改革取得突破性进展：①实行人民币汇率并轨。成功实现了人民币官方汇率与外汇调剂市场汇率并轨，开始实行以市场供求为基础的，单一的、有管理的浮动汇率制度。②实行外汇结汇制。取消了从1979年实行的外汇留成制度，所有企事业单位和机关团体的外汇收入必须调回国内，并分别按国家指定范围，用银行挂牌汇率，售卖给国家指定办理外汇业务的银行，或在这些银行开立外汇账户。③实行银行售汇制。取消了有关经营项目对外支付用汇的计划和审批规定，国内单位在国家规定范围内，持有效凭证，可以用人民币到外汇指定银行兑换需要的外汇。④建立银行间外汇市场。为改进汇率形成制度，实行银行结汇售汇制后，建立全国统一的银行间外汇交易市场。它由央行通过国家外汇管理局监督管理，交易主体是外汇指定银行，主要任务是为各外汇指定银行相互调剂外汇余缺服务。⑤建立偿债基金。即借外债的部门和企业按债务余额的一定比例建立偿债基金，在外汇指定银行开立外汇账户存储，这个账户的外汇只能用于支付外汇本息，不得用于其它支付。⑥禁止外币在我国流通。从 1996 年 12 月 1 日起我国实行人民币经常项目下的可自由兑换，这一突破性改革，使我国人民币朝着完全自由兑换前进了一大步。改革取得了极大成功，国际收支大为改善，人民币汇率基本稳定，外汇储备迅速增加。我国已列入世界十大贸易国，外汇储备由 1978 年仅 16 亿美元跃升到 2000 年底的 1656 亿美元。

第五，金融市场稳步发展。中国的货币市场包括银行间同业拆借市场和票据市场。1996 年 1 月，全国统一的银行间同业拆借市场交易网络系统开始运行，并由拆借双方根据市场资金确定拆借利率，促进了利率的市场化。银行间同业拆借市场已成为中国金融市场中规模最大的市场。中国票据市场以商业汇票为主，1997 年 3 月，中国人民银行对 4 家国有独资商业银行开办再贴现业务，再贴现正在成为央行实施间接调控的重要工具。另外，外汇市场也得到发展和完善。

第六，金融对外开放迈出了巨大步伐。1979 年，允许 31 家外国金融机构在中国设立代表处，拉开了金融对外开放的序幕。1981 年，开始批准外国金融机构在经济特区设立营业性分支机构的试点。1981～1989 年，对外金融机构开始管理法规化。1990～1993 年开放浦东，为促使其成为金融中心打下基础。1994 年，开始允许北京等 11 个内陆城市设立营业性外资金融机构，1999 年，取消了外资金融机构在华设立分支机构的城市地域限制。1996 年，开始允许外资银行经营人民币业务。截至 1999 年 9 月底在华外资银行分行 155 家（其中 25 家获准办理“三资”企业人民币业务），当地注册银行 13 家（合资 7 家，独资 6 家），外资财务公司 7 家，外国银行代表处 248 家。尽管外资行在 1998 年底总资产仅占中国银行体系总资产的 2%，但办理的国际结算和国际收支业务量却占总业务量的 40%。

第七，在发生亚洲金融危机的情况下，中国金融业继续保持稳定发展势头。1997 年下半年东南亚金融动荡波及整个亚太地区，中国是惟一一个几乎没有受到重大影响的国家，而且人民币汇率坚挺，稳中趋升，国民经济实现了低通胀、高增长的宏观调控目标。

(四) 深化投资体制改革

与计划体制改革相适应，投资体制改革也经历了四个了阶段：

第一阶段（1979～1983年）：主要是初步拓宽了资金来源渠道。一是基建投资试行“拨改贷”，即拨款改为贷款。二是开始放松对资本流动的限制，推动国内建设资金的融通。1980年，国内分别出现了第一家投资公司和租赁公司，1981年，开始发行国库券和建设银行代建设单位发行债券，开始直接融资。三是开始利用国外资金。在投资建设的管理方面，开始用经济方法初步引入竞争机制与责任制，实行多种形式的投资包干制。

第二阶段（1984～1988年）：全面推进阶段。在项目建设管理领域，全面推行基本建设项目投资包干责任制；大力推行工程招标承包；建立城市综合开发公司；勘察设计要向企业化社会化方向发展，全面推行技术经济承包责任制；改革建设资金管理办法；改革设备供应办法，积极推行设备承包经济责任制和有偿合同制；改革现行的项目审批程序等。在投资决策领域，建立项目评估审议制度，以提高决策的科学水平。在资金来源领域，大力拓宽投资渠道，一是全面推广基建投资“拨改贷”；二是进行金融改革和开放资金市场，发展证券市场；三是扩大对外开放，鼓励外商投资。企业开始成为一般性建设的投资主体。

第三阶段（1989～1991年）：巩固阶段。1991年5月，国家开始征收固定资产投资方向调节税，根据国家产业政策和项目经济规模实行差别税率，并取代了建筑税。这是用经济手段管理社会投资运行的又一尝试。同时开始着手制定《固定资产投资法》，逐步使我国的建设投资活动纳入法制化轨道。直接融资在我国投资领域作用明显增强，上海和深圳证券交易所分别于1990年12月和1991年7月正式开张营业。

第四阶段（1992年以来）：逐步建立法人投资和银行信贷的风险责任制。竞争性项目投资由企业自主决策，自担风险，所需贷款由商业银行自主决定，自负盈亏。用项目登记备案制代替现行的行政审批制，把这方面的投融资活动推向市场，国家用产业政策予以引导。基础性项目建设要鼓励和吸引各方投资参与。地方政府负责地区性的基础设施建设。国家重大建设项目，按照统一规划，通过财政投资、政策性贷款和金融债券等渠道筹资，采取控股、参股等多种形式进行；企业法人对筹划、筹资、建设直至生产经营、归还贷款本息以及资产保值增值全过程负责。社会公益性项目建设，要广泛吸收社会各界资金，根据中央和地方事权划分，由政府通过财政统筹安排。

投资体制改革取得了重大进展和成效：第一，初步形成了投资主体多元化、资金来源多渠道的投资格局。第二，对投资项目分类管理，鼓励企业和个人投资基础性项目和公益性项目，打破了国有资产投资的一统天下。第三，建立和完善政策性投融资体系，实现了政策性投融资与商业性投融资的分离。1994年，国家组建了国家开发银行，作为政策性投资银行；1995年，又成立了国家开发投资公司，对国家政策性项目进行参股控股投资，作为中央投资主体之一，实现国有资产保值增值；为协调全国投资领域的改革与发展，1995年，又成立了中国投资协会。这些措施都改善了投资宏观调控，保证了国家重点建设。第四，培育并强化了投资主体的自我约束机制。全面推行项目业主责任制，业主独立承担投资风险和还贷责任；要求国有单位经营性基建大中型项目必须组建项目法人，对项目实行全过程负责和承担责任；各种经营性固定资产投资项目试行资本金制度；所有项目必须按投资一定比例落实资金后才能建设，大中型项目实行招标投标。第五，证券市场稳步发展，直接融资日趋活跃，开辟了新的投资渠道和方式。第六，加快培育为投资主体服务的市场服务体系。为投资主体服务的工程咨询、设计审计、建设监理、设备采购等市场服务体系逐步发育壮大，除少数保持公益性事业单位外，其余全部企业化经营。

本章内容提要

宏观经济调控是指国家运用计划手段、经济手段、法律手段和必要的行政手段等，对市场经济的运行从总量与结构上进行调节与控制，以期达到一定目的的一系列行为的总和。宏观经济调控的客观必然性在于：第一，它是社会化大生产协调发展的需要；第二，它是弥补市场机制局限的需要；第三，它是协调宏观经济与微观经济矛盾的需要；第四，它是实现社会发展目标的需要。

宏观经济调控的基本特征是：宏观调控应以间接调控为主；宏观调控手段必须相互协调；宏观调控必须体现预见性和指导性。

宏观经济调控的基本目标是保持经济总量的基本平衡，即保持社会总供给与社会总需求的基本平衡。社会总供给与社会总需求的基本平衡，包括供需总量平衡和供需结构平衡两个方面。其中供需总量平衡是供需结构平衡的前提，供需结构平衡是供需总量平衡的基础。

宏观经济调控的基本目标是通过具体目标体现出来或得以实现的。宏观调控的具体目标主要包括：①物价基本稳定；②经济适度增长；③劳动者充分就业；④国际收支基本平衡。

宏观经济调控政策，是国家在一定时期内按照宏观调控目标的要求而制定的组织、调节、控制经济活动的行为规范和准则。市场经济体制中的宏观经济调控政策，主要包括财政政策、货币政策、产业政策和收入分配政策。

我国的宏观调控体制，既是计划、财政、金融等部门的调控制度有机结合而形成的宏观调控体制，也是中央与地方合理分工以发挥中央和地方两个积极性的宏观调控体制。为了健全宏观调控体系，我国相应地深化了计划体制改革、财政体制改革、金融体制改革和投资体制改革，并取得了良好的效果。

第七章　建立合理的个人收入分配制度

第一节　坚持按劳分配为主体、多种分配方式并存的制度

一、按劳分配是我国个人收入分配的主体形式

(一) 坚持按劳分配为主体的必然性

按劳分配是指劳动者创造的总产品或总收入，在社会作了各项必要的扣除之后，按照劳动者提供给社会的劳动数量和质量来分配个人消费品，等量劳动领取等量报酬，多劳多得，少劳少得。按劳分配体现着劳动者在分配领域中的平等关系。

按劳分配原则的主要内容是：①凡是有劳动能力的人，都必须以参加劳动作为获取消费品的前提条件。在社会主义公有制基础上，劳动者对生产资料占有没有任何特权，都是平等的，只有参加劳动，才有资格从劳动成果中取得应得的份额，不劳动者不得食。②实行按劳分配的物质对象不包括全部社会产品，只是其中的个人消费品。③社会以劳动作为分配个人消费品的尺度。按劳分配所依据的劳动是符合社会需要的劳动，在量的方面是以社会平均劳动量为尺度。

按劳分配是社会主义的分配原则，它体现着个人消费品分配领域中社会主义性质的分配关系，它既是对一切剥削制度的否定，同时也不同于共产主义高级阶段将实行的按需分配。

社会主义制度下对个人消费品实行按劳分配并以按劳分配为主体，具有客观必然性，它是由社会主义社会的客观经济条件决定的。

第一，生产资料公有制，是实行按劳分配的前提条件。分配是由生产决定的，生产又是在一定的生产资料所有制基础上进行的。在资本主义社会，物质的生产条件以资本形式掌握在资本家手中，这就决定了按资分配，劳动者只能实现劳动力价值；在社会主义社会，生产资料公有制，任何人不能凭借其生产

资料的垄断特权获得消费资料，这就决定了社会成员只能以劳动为尺度平等地获得消费资料，即按劳分配。

第二，社会生产力的发展水平，是实行按劳分配的物质条件。分配是生产的结果，分配方式本质上取决于可分配的产品数量，而这个数量当然会随着社会生产和社会组织的进步而改变。社会主义虽然实现了生产资料公有制，但由于生产力的发展水平还不够高，社会产品还不能满足社会成员的实际需要，因此，只能按照劳动者向社会提供的劳动数量和质量分配个人消费品。正如邓小平指出的："按劳分配就是按劳动的数量和质量进行分配。根据这个原则，评定职工工资级别时，主要是看他的劳动好坏、技术高低、贡献大小。政治态度也要看，但要讲清楚，政治态度好主要应该表现在为社会主义劳动得好，做出的贡献大。处理分配问题如果主要不是看劳动，而是看政治，那就不是按劳分配，而是按政分配了。总之，只能是按劳，不能是按政，也不能是按资格。"①

第三，现阶段劳动的特点是实行按劳分配的直接原因。社会主义社会劳动者的劳动具有两个重要特点：一是由于旧的社会分工的存在，使人们的劳动存在着质和量的重大差别；二是劳动还没有成为人们生活的第一需要，还依然是谋生的手段。在这种情况下，人们的劳动能力还没有得到全面发展，绝大多数劳动者还是束缚在个别的生产部门或固定的某种职业上。人们的劳动还有脑力劳动和体力劳动，熟练劳动和非熟练劳动、复杂劳动和简单劳动的差别，社会必须承认这种差别，并在分配上予以兑现。劳动作为个人谋生的手段，劳动者也就必然要求以劳动为尺度，按等量劳动相交换的原则，依据所提供的劳动数量和质量给予相应的劳动报酬。只有这样，才能充分调动广大劳动者的劳动积极性和创造性。

在我国个人收入分配方式中，按劳分配居于主体地位，是由于公有制经济在国民经济中的主体地位决定的。马克思指出："消费资料的任何一种分配，都不过是生产条件本身分配的结果。而生产条件的分配，则表现生产方式本身的性质"。②

分配方式归根到底是由生产资料的占有形式决定的。在我国的市场经济中，由于存在以公有制为主体的多种所有制形式，因而按劳分配就不可能是全社会的惟一分配方式，与公有制为主体、多种所有制形式相适应，在分配方式上必然是按劳分配为主体、多种分配方式并存。由于公有制是我国经济的主体成分，这就决定了按劳分配必然是我国收入分配中的主体分配形式。

---

① 《邓小平文选》第二卷，人民出版社 1994 年版，第 101 页。

② 《马克思恩格斯选集》第三卷，人民出版社 1972 年版，第 13 页。

(二) 市场经济条件下按劳分配的特点

第一，按劳分配的主体是企业而不是社会。马克思设想的按劳分配是以社会为主体，在全社会范围内进行分配。而在社会主义市场经济中，按劳分配是在公有制企业内部进行的；按劳分配的主体是企业而不是社会。这就使等量劳动取得等量报酬的原则只在企业内部适用，而在全社会范围内，不同公有制企业之间的劳动者在提供等量劳动的条件下，他们所得的报酬则可能是不等的。这是因为在市场经济条件下，劳动者的劳动只能先作为企业总劳动的构成部分，只有当企业生产出来的产品在市场上销售出去，企业的总劳动得到社会承认，劳动者的劳动才转化为社会劳动，而不能直接作为社会总劳动的构成部分。

第二，劳动者按劳分配所得收入的多少，不仅取决于个人提供的劳动量，而且取决于企业联合劳动所实现的价值量。在马克思设想的社会主义产品经济条件下，按劳分配个人消费品，直接以个人的劳动时间为尺度。但是，在现阶段市场经济条件下，按劳分配中的“劳”，不仅是劳动者个人的，而且是作为企业联合劳动的部分出现的。因而，每个劳动者为社会提供的劳动能否适合社会的需要，他的劳动究竟有多大效益，并不完全取决于个人的劳动状况，在很大程度上要取决于企业联合劳动的状况。可见，劳动者按劳分配所得到的劳动报酬的多少，在很大程度上要取决于企业为社会所创造并实现的价值量。

第三，按劳分配不是采用劳动券而是借助货币形式进行的。在马克思设想的社会主义产品经济条件下，按劳分配是采取不能流通的“劳动券”的形式，通过劳动→劳动券→个人消费品的过程来实现。在我国现阶段市场经济条件下，按劳分配的等量劳动相交换，则是采取商品货币形式，通过劳动—货币(工资)—商品（个人消费品）的过程来实现的。在这里，劳动者的劳动报酬，不是直接领取个人消费品，而是先得到与劳动量相当数量的货币（工资），然后劳动者再用货币到市场上购买生活消费品，这样，在实现按劳分配的过程中，不仅价值规律起了决定性作用，价格机制也起了再分配的作用，因而，劳动者最终取得的消费品，所体现的劳动量同他向社会提供的劳动量，会由于价格和价值的差异而不相一致。

第四，按劳分配的原则和实践在不同程度上还存在着矛盾。在马克思设想的产品经济条件下，衡量劳动的尺度是劳动时间，分配的主体是社会，在这里，“原则和实践已不再互相矛盾”[①]，等量劳动相交换存在于每个个别场合。

然而，在市场经济条件下，由于按劳分配具有如前所述的那些特点，所

---

① 《马克思恩格斯选集》第三卷，人民出版社1972年版，第11页。

以，在劳与酬之间，就很难达到完全相等。在这里，“等价物的交换只存在于平均数中，并不是存在于每个个别场合”[①]，所以，按劳分配不可能像理想的那样纯粹。这种非纯粹性，非常明显地表现在不同企业之间由于经营、管理、资源、设备、环境、价格等因素所形成的差别上，这也就是按劳分配的原则和实践在市场经济条件下的矛盾表现。

总之，在社会主义市场经济条件下的按劳分配，具有一系列的与马克思主义精典论述所不同的特点。只有正确认识这些特点，才能更好地推进分配制度的改革，发挥分配对生产的促进作用。

（三）按劳分配的实现形式

按劳分配的实现需要通过一定的劳动报酬形式。在我国现阶段，国有经济和城镇集体经济中主要是采取工资的形式，在农村集体经济中主要采取联产计酬的形式。此外，还有奖金、津贴等辅助形式。

社会主义工资是国有企业和城镇集体企业实行按劳分配的劳动报酬形式，是劳动者在必要劳动时间内创造的价值的货币表现。在此需要指出的是，在社会主义市场经济中，劳动力采取商品形式，劳动者所获得的劳动报酬即工资，其实质是劳动力的价格。虽然，这与资本主义企业工人或我国私营企业工人所获得的工资所采取的形式是一样的，但从其所体现的经济关系看，两者却有本质区别。

社会主义工资有计时工资和计件工资两种基本形式。计时工资是直接以劳动时间计量劳动报酬的工资形式。它们适用范围广泛，特别适宜那些生产连续性强、难以按个人和集体计量劳动成果的生产部门和工种；计件工资是以劳动者实际完成的合格产品数量或工作量来计量劳动报酬的工资形式。它能较准确地反映劳动者实际付出的劳动量，有利于调动劳动者的积极性，但必须有科学的计量标准。

奖金和津贴是工资的补充形式。奖金是对劳动者提供的超额劳动的报酬，它具有灵活性，可以及时反映劳动者提供的劳动量的变化，弥补计时工资和计件工资的不足；津贴是对从事劳动强度大、工作条件差和有损健康的劳动者的补充报酬，如高温、高空、井下、野外等工作岗位的津贴。

我国社会主义工资制度是1956年随着计划经济体制的确立而形成的。从1956～1978年的二十多年里，工资近于冻结，人均晋升不到一级，平均主义趋向严重，工资差别尽量缩小，城市的基尼系数在0.2以下。

1978年以后，随着改革开放的推进，工资制度发生了很大的变化。

---

① 《马克思恩格斯选集》第三卷，人民出版社1972年版，第11页。

首先，引入奖金制度，打破单一的固定工资制度。1978年5月，国务院通知：在经过整顿，领导班子坚强、供产销正常、管理制度比较健全的企业，可以实行奖励和计件工资制。实行奖励制度的企业，在全面完成国家计划的前提下，奖金总额的比例，可以适当提高，但最高不超过12%。国务院还批准了财政部《关于国营企业试行企业基金的规定》，凡全面完成国家下达的八项指标的企业，可按职工全年工资总额的5%提取企业基金，该基金可用于职工福利。1979年，全民所有制单位40%的人员调整工资，1981～1982年，机关事业单位调工资，1983年，企业职工再调工资。以上工资调整都是按原有工资制度等级数量上的增加，而收入结构突破的是增加了奖金、津贴等收入，而且奖金、津贴的数量增长较快，到20世纪90年代初达到了占全部职工平均收入的50%以上。

其二，实行工资的国家宏观调节与企业、单位自主决策相结合，改变单一由国家计划分配工资的制度。传统的工资制度是由国家直接定级的单一层次决策。1985年，国家对工资制度进行了重大改革，实行企业职工工资总额同企业经济效益挂钩；国家机关和事业单位人员实行以职务工资为主要内容的结构工资制。此后，国家不再统一安排企业工资调整，企业可以根据自己的实际情况，自行确定企业内部的工资分配形式，自行发放奖金，建立内部津贴，浮动升级等。企业可以随着经济效益的提高提取工资增长基金，国家只定期核定企业的工资总额与浮动比例。1994年，国家对行政事业单位的工资制度再次进行改革，由职务工资制改为职级工资制，形成了晋级增资的新机制。

其三，减少福利性分配，扩大工资包含的范围。传统的工资是个人基本生活消费的分配，如住房、教育、医疗等属福利范围，经过改革，实行了福利分房向货币工资购房的转变，把住房、教育等政府、企业、单位开支部分列入职工工资范围，实行消费市场化。

通过以上三大步骤的工资制度改革，使我国的工资制度更趋于科学、合理，更能体现按劳分配原则，有效激发了劳动者的工作积极性，提高了效率。当然，工资分配也还存在不少的问题，需要依据按劳分配原则，不断深化改革，形成更有效的工资制度。

农村集体经济的个人消费品分配也是实行按劳分配原则，其劳动报酬形式，有一个发展过程。自农业合作化以来，劳动报酬一直采用工分制，农村的产品被严格限定在农业领域，国家通过计划规定了农村的农产品种类、结构、数量，也规定了其销售价格与销售方式，从而割断了产品组合与价格变动对农村工分制的影响。同时，农村的生产要素归集体所有（三级所有，队为基础），同一集体内部的工分设定排除了要素差异的影响，主要同个人劳动能力相关。

但评工记分往往流于形式，出工不出力的现象严重，影响农业生产力的发展。党的十一届三中全会以后，传统的工分制被承包责任制所打破，第一次取消了集体评工记分、累计工分进行年终决策的分配方式。一是农户的劳动收入与劳动成果直接挂钩，用农户的话讲，就是“交够国家的，留足集体的，剩下都是自己的”；二是农户根据市场情况自主经营承包土地，打破了国家指令计划生产，生产什么，生产多少，怎么销售，由农民自主决策；三是农户根据所承包土地的实际情况进行投资，打破了农业生产要素集体垄断的格局，农户的所得同自己的投资直接联系，按劳分配同非劳动要素投入融合在一起。

目前，我国农户承包收入，是农村劳动报酬的主要形式。它方法简便，利益直接，是责、权、利三者结合，国家、集体、个人三者利益结合，符合中国农村实际的有效分配形式。

二、多种分配方式并存的必然性

我国现阶段除按劳分配外，还存在其它分配方式，其中大致主要分为以下几种：

（一）按经营收益分配

按经营收益分配是市场经济中与按劳分配既相联系，又相互区别的一种分配方式，是以经营为尺度分配社会产品。经营的度量标准，是以商品生产者在一定时期内生产和经营的最终收益量来反映，即按经营收益分配。它既存在于公有制经济中，也存在于非公有制经济中。其主要特点是商品生产者，经营者的个人所得收入，不仅取决于生产，而且取决于交换；不仅取决于劳动者个人劳动量支出的大小，而且取决于市场的需要和变化。后者往往起主要的决定性作用。所以，按经营收益分配是市场化的分配机制。

从现实经济生活中考察，按经营收益分配可分解为以下四个部分：①经营性劳动收入。经营管理本身是一种高级的复杂劳动，它能使企业在同样的时间内产生更高的效益。经营性劳动收入就是经营者付出的经营性劳动量，由市场分配的收入。②创新收入。是经营者开发新产品，运用新技术，开拓新市场而得到的收入，是社会对创新劳动的奖励。③风险收入。即经营者承担风险而获得的收入。风险是市场经济的产物，风险收入是对成功的冒险者的一种价值补偿和鼓励。④机会收入。即由于外部因素及其变化而形成和引起的收入。如由于价格变化获得的超额利润和政府政策变化而获得的额外利润都是这种收入。

按经营收益分配能迫使经营者增强市场观念和注重经营效益，有利于促进市场经济的发展。但它在客观上承认了某些非劳动因素和偶然因素决定分配的合法性，使经营者的收入大起大落和两极分化成为可能。

（二）按资分配

按资分配是根据资本所有权和投入经济活动的资本数量，依一定比例参与社会产品的分配。这种分配方式既存在于公有制经济中，也存在于非公有制经济中。由于按资分配在市场经济中也要受资本市场供求状况的影响，所以，按资分配也是市场化的分配机制。在我国现阶段，按资分配主要有这样几种形式：①个人存款利息；②购买股票、债券而分得的股息、红利；③租金，即财产所有者因把自己财产租赁给他人使用而获得的收入；④“三资”企业和私营企业主的资产收入。

按资分配是特定经济现象内在的一种客观要求。在市场经济中，资本作为一种不可缺少的生产要素，其最大的特点在于它的增殖性和盈利性。资本所有者必然要凭借其所有权取得对一部分社会产品的索取权。所以，个人资本所有权的存在是产生个人收入按资分配的原因之一。按资分配的存在有利于动员闲置资本投入经济运转，有利于刺激劳动者把结存的货币收入从消费领域转移到生产领域，促进社会主义市场经济的发展。

（三）按劳动力价值分配

这主要是指在外企和私营企业中工作的劳动者得到的工资收入。劳动者同企业之间是雇佣关系，靠出卖劳动力得到的工资，实际上就是劳动力价值或价格的转化形式。

（四）按社会保障原则分配

按社会保障原则分配是指国家为了保障社会公平，保障各部门、各地区和各行业的协调发展而采用的一种分配方式。社会保障原则分配中的一部分要受市场分配机制调节，大部分都是靠行政机制来分配，而且在很大程度上是属于平均分配。但这种分配对保持社会的安定团结和社会的协调发展有着十分重要的作用。随着市场经济的发展，社会经济实力的不断增强，社会成员按社会保障原则所分配的收入在总收入的比重中会越来越大。

按社会保障原则分配主要表现为以下四种收入形式：①福利性收入。这包括病产假期间支付的工资、公费医疗、劳动保险、独生子女费、消费品价格补贴等。②扶持性收入。它包括对农业生产资料的价格补贴，以优惠贷款和财政拨款等形式扶持贫困农村集体和贫困农户，以及上述方式对部分贫困地区和少数民族地区的扶持。这些都能直接或间接地增加居民的收入。③鼓励性收入。这包括为鼓励科技人员和知识分子到农村、山区和贫困地区去工作而发放的上浮工资和“进山费”等；为鼓励人们安心在某些岗位上工作而发放的各种补贴。④救济性收入。它包括自然灾害救济，伤残人救济，以及困难户的救济等。

多种分配方式并存，是由我国现阶段的客观经济条件决定的，有其必然性。

第一，多种所有制形式并存决定多种分配方式并存。我国现阶段的所有制结构，除作为主体的公有制以外，还有个体经济、私营经济、外资经济等多种所有制经济。按劳分配只是公有制范围内个人收入的分配方式，在公有制以外的经济成份中，由于生产资料的占有关系不同，分配方式也不同。因此，这种以公有制为主体，多种所有制经济共同发展的所有制结构，也就决定了按劳分配为主体，多种分配方式并存的分配结构。

第二，公有制经济多种经营方式并存决定多种分配方式并存。在我国现阶段，公有制经济存在多种经营方式。按照所有权与经营权适当分离的原则，根据企业的性质、规模和技术特点，分别实行国家经营、承包经营、租赁经营等经营方式。在不同的经营方式中，所有者、经营者、劳动者的职能以及他们的相互关系存在着差别，这就决定了他们获得收入的方式也会不同。

第三，发展社会主义市场经济，要求实行多种分配方式。在市场经济中，不仅产品要通过市场实现其价值，而且各种生产要素也要通过市场优化配置。资本、劳动力、土地、技术、信息等生产要素的投入，都应该取得相应的收入。比如通过发行股票和债券来扩大投资，就要支付一定的股息、红利和利息，劳动者购买股票、债券则获得一定的收入。社会主义市场经济不仅不能排斥这一类分配方式，而且应当利用它们来调动各方面积极因素，为社会主义现代化建设服务。

三、按劳分配与按生产要素分配相结合

党的十五大报告指出：要把按劳分配和按生产要素分配结合起来，允许和鼓励资本、技术等生产要素参与收益分配。这是对社会主义分配理论的创新和发展。

生产要素，从广义上讲，是指生产经营活动中所需要的各种因素，它包括劳动力、资本、土地、技术、信息、管理才能等。按生产要素分配就是按各种生产要素在参与创造社会财富中的贡献分配。从其本质上讲，这就是按劳分配为主体、多种分配方式并存的收入分配制度或收入分配原则的另一种概括或表述。因为上述多种分配方式除按社会保障原则分配外，都可以归结为是按生产要素分配。

按生产要素分配符合马克思主义原理。马克思认为，任何生产过程及其结果，都是各种生产要素相互作用的过程及其结果。他指出："种种商品体，是自然物质和劳动这两种要素的结合。......人在生产中只能像自然本身那样发挥作用，就是说，只能改变物质的形态。不仅如此，他在改变这种形态的劳动中还要经常依靠自然力的帮助。因此，劳动并不是它所生产的使用价值即物质财富的惟一源泉。正像威廉·配弟所说，劳动是财富之父，土地是财富之母。”① 既然劳动、土地、资本等都是使用价值即物质财富不可或缺的生产要素，这些生产要素的所有者就必然参与由这些生产要素所生产的收益分配。从本质上看，生产要素参与分配是生产要素所有权在经济上的实现，否认生产要素的收益分配权就是否定这些生产要素参与创造社会财富的必要性与可能性。

按生产要素分配，从根本上说，是由我国现阶段的基本国情决定的。我国正处在并将长期处在社会主义初级阶段，生产力落后和市场经济不发达，是这一阶段的本质特征。为了大力发展生产力，增加社会财富，不断提高人民的生活水平，就需要充分利用各种资源即各种生产要素，提高各种生产要素的使用效率，优化配置各种生产要素。而要达此目的，就必须使生产要素的所有者能按照所投入的生产要素的数量、质量和收益情况，获得相应的收入。

就当前我国来说，实行按生产要素分配，具有十分重要的现实意义。它有利于调动各种生产要素所有者的积极性，把生产要素投入到各项事业中去，从而推动经济、社会发展；有利于生产要素的合理流动，充分利用国内国外两种资源，实现资源的优化配置；有利于国内外先进技术的运用，促进我国高新技术产业的发展；有利于高级管理人才的培育和成长，促进生产经营效益的提高，等等。

当然，在此需要指出的是，肯定生产要素参与分配的合理性，并不等于承认马克思主义经济理论和西方经济学可以并行不悖。因为马克思主义经济学和西方经济学的分歧并不在于资本、土地等生产要素是否可以参与分配，而在于它们是否创造价值。马克思主义经济学认为，创造商品价值的惟一源泉只能是劳动者的活劳动，或者说只能是劳动力这一生产要素。而西方经济学的要素分配理论则是建立在资本、土地同劳动一起共同创造了商品的价值这一认识的基点上。我们今天实行生产要素参与分配，决不意味着认同西方经济学中所谓资本、土地等一类要素也创造价值的错误理论。因此，必须将参与收益分配的依据与创造价值的源泉区别开来。

第二节　坚持效率优先、兼顾公平的分配原则

一、正确认识效率与公平的关系

在个人收入分配方面，必须正确处理效率和公平两者之间的关系。

---

① 《马克思恩格斯选集》第二卷，人民出版社 1995 年版，第 120～121 页。

效率和公平是社会追求的两大目标。效率的高低关系着一国的经济增长，社会公平与否则关系到社会的稳定。

经济学中的效率，又称经济效率，是指对资源利用的有效程度。较高的经济效率表示对资源的利用程度较高或能以有效的方式进行生产；较低的经济效率表示对资源的利用程度较低或未能以最有效的方式进行生产。

公平，又称社会公平。它包括两方面的内容：一是收入平等；二是机会平等。所谓收入平等，一般而言，是指社会成员之间在收入分配上不存在任何差距或不存在过大差距。前者为收入绝对平等，后者为收入相对平等。与其相反的概念就是绝对不平等和相对不平等。对于收入的相对平等或相对不平等，经济学中通常用基尼系数和洛伦茨曲线来衡量其程度。美国统计学者洛伦茨提出的鉴定社会收入平均程度的一种曲线，称为洛伦茨曲线。意大利经济学家基尼在20世纪初，根据洛伦茨曲线，找到了判断分配平均程度的指标，这个指标被称为基尼系数或洛伦茨系数。基尼系数的基础是洛伦茨曲线，洛伦茨曲线通常用坐标来表示（见图7-1）。

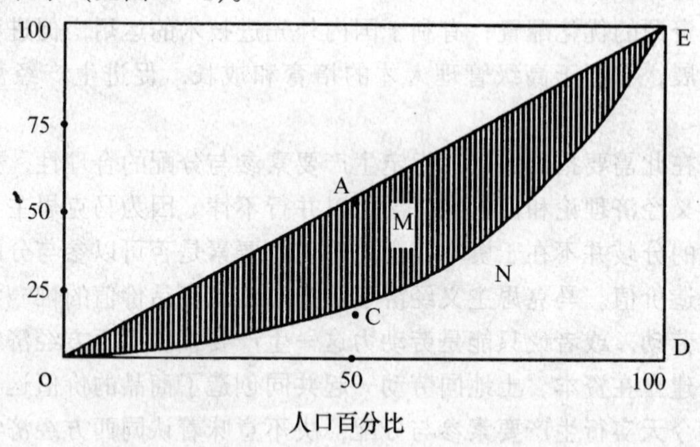

图7-1 洛伦茨曲线

在图7-1的坐标中，纵轴表示收入累计的百分比，横轴表示人口累计的百分比。坐标中的OE直线，由于斜率不变，因而表示收入分配的绝对平等状态。例如，OE线上的A点所表示的是占社会总人口50%的某一收入阶层恰好分得50%的总收入；E点所表示的是100%的人口恰好分配到100%的总收入。坐标中的OCE曲线即为洛伦茨曲线。它所表示的是收入分配相对不平等的程度。如在洛伦茨曲线上的C点，50%的人口所获得的收入还不到总收入的25%。很显然，洛伦茨曲线越是靠近OAE直线，即越是平坦，所表示的不平等程度就越低；相反，洛伦茨曲线越是远离OAE直线，即越是弯曲，所表示的不平等程度就越高。为了更准确地表示不平等的程度，设由洛伦茨曲线和OAE直线所围成的阴影面积为M，整个ODE三角形面积为M+N，则基尼系数（G）就可以用下述公式表示：

$$G=\frac{M}{M+N}$$

根据基尼系数公式，若M=0，则G=0，表示收入绝对平等；若N=0，则G=1，表示收入绝对不平等。在一般情况下，基尼系数的值域是在0和1之间（0<G<1）。基尼系数的值越小，表明收入分配越趋向平等；反之，表明收入分配不平等的程度越大。在现实生活中，没有哪个社会能够实现收入分配的绝对平等，即基尼系数都不可能等于零。

收入分配的不平等根源于分配制度本身，在按劳分配与按生产要素分配相结合的微观分配领域，由于多种原因所形成的劳动者劳动的差别，社会成员对生产要素占有量的差别，以及不同的生产要素对创造社会财富所做出的贡献上的差别，都会导致社会成员在收入分配上的不平等。

社会成员之间收入分配的不平等，除来自收入分配方式本身外，也与地区之间经济发展不平衡、二元经济结构的存在、经济政策的倾斜、经济体制的不完善等其它因素有关。

从以上分析不难看出，社会成员在收入分配上的不平等，在很大程度上反映了他们在平等地获得收入的机会上存在着不平等。

机会平等，一般而言，是指每一个社会成员都应当拥有平等获取收入的机会，然而，在市场经济中，由于社会成员的收入或是来源于劳动者的劳动贡献，或是来自于对生产要素的占有，因此，平等获得收入的机会也就具体地表现为劳动者受教育或人力资本形成的平等，对其它生产要素占有上的平等和利用上的平等。另外，由于市场竞争是创造个人收入的机制，因此，机会平等还应包含有公平竞争的内容，包括各种生产要素在可进入的领域，可参与的程度和每个社会成员对竞争规则的遵守等各个方面，都应当是平等的或有均等的机会。

与收入平等相比较而言，机会平等是更深层次的平等。它在很大程度上决定了收入分配的平等或不平等。机会平等或不平等，决定于经济制度的性质、经济体制、法律制度的完善和政策的正确与否。在我国，以公有制为基础的社会主义制度的建立，为实现机会平等创造了最重要的制度条件。但也应当看到，由于现阶段存在多种经济形式，市场经济体制、法律制度尚不健全，某些政策的制定难免偏颇，故机会不平等也是客观事实。因此，社会主义国家除在宏观领域对个人收入进行调节外，寻求从制度、体制、法律与政策等方面为实现机会平等创造必要的条件，对于社会公平的实现具有更重要的意义。

一般认为，经济效率与社会公平之间存在着替代的选择，即或者以牺牲效率为代价，获得较高程度的社会公平；或者以牺牲公平为代价，得到较高的经济效率。公平与效率替代可用图 7－2 的坐标来表示。

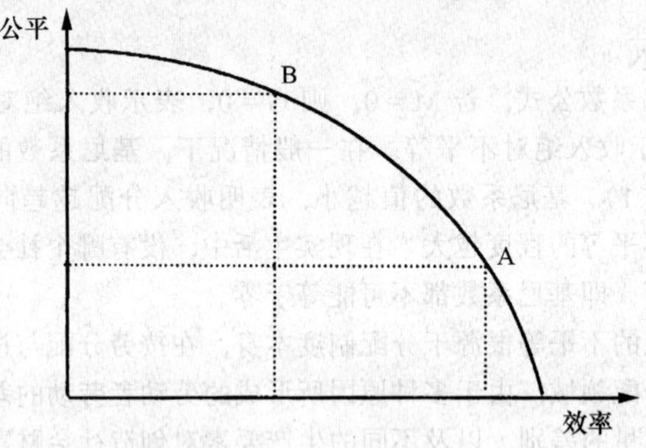

图 7－2 公平与效率替代

从图 7－2 中的坐标可以看出，在曲线上的 A 点，经济效率较高，但公平程度较低；而在 B 点上，公平程度较高，而经济效率较低。

可见，在现实生活中，如果一国过于注重社会公平目标的实现，对个人收入的调节力度过大，势必扼杀生产要素所有者的积极性，以牺牲经济效率进而以牺牲经济增长为代价。我国传统的计划经济体制下的收入分配机制即是如此。相反，一个社会如果片面注重效率，放任市场机制对经济进行自发调节而不惜牺牲社会公平，其结果必然会影响社会的稳定，反过来影响经济效率。由于经济效率与社会公平存在着替代关系，因此，如何正确处理这两大目标的关系，是每个国家都面临的现实问题。

效率与公平不仅存在替代关系，也存在着一致的一面。坚持效率优先，促进经济发展，可以生产出更多的社会财富，从而也就有可能在更高的水平上实现社会公平，而社会公平的实现又可以反过来促进经济效率的提高。

二、坚持效率优先、兼顾公平的依据

党的十四大提出：个人收入分配要“兼顾效率与公平”，十四届三中全会进一步提出：个人收入分配要体现“效率优先、兼顾公平”的原则。提法上的一定变化，反映了党对效率与公平之间关系的认识进一步深化了。党的十五大再一次强调“坚持效率优先、兼顾公平”，说明这是我国在个人收入分配上必须遵循的一个重要原则。坚持这一原则，是从我国国情出发所做出的正确选择，也是由社会主义本质属性所决定的。

(一) 效率优先的依据

首先，社会主义初级阶段的基本国情决定了效率优先的原则。我国目前处于社会主义初级阶段，社会生产力发展水平相对较低是主要特征，加之人口多，底子薄，决定了从初级阶段向更高一级阶段过渡的历史时期的中心任务是大力发展生产力。因此，以发展生产力为内涵的效率原则，必须是优先的原则。没有效率，就没有生产的发展，就没有公平分配的物质基础。

其次，当前贯彻按劳分配需要效率优先。由于我国目前市场经济刚起步，计划经济条件下效率与公平的错位问题在改革中还没有得到彻底地解决。因此，要使劳动、人事、分配三项制度改革真正到位，必须继续克服平均主义，体现效率优先的分配原则。

再次，建立社会主义市场经济体制需要效率优先。市场经济的基本经济规律是价值规律。竞争是价值规律作用得以贯彻的强制力量。不讲效率优先，就没有竞争。尤其是在今天我们刚步入市场经济的时期，首先还是要讲发展，发展是硬道理。只有效率优先，增强了国力，兼顾公平才有物质基础。

(二) 兼顾公平的依据

兼顾公平，从根本上讲，是社会主义的本质要求。因为，贯彻效率优先原则，城乡居民个人收入水平必然会拉开差距。但如果出现贫富悬殊，两极分化，就会危及社会安定，破坏国民经济顺利发展所必要的社会条件。所以强调效率优先，并不意味着可以牺牲或放弃公平。社会主义市场经济讲究效率优先是与社会主义的基本经济制度相联系的，而这种基本经济制度是实现兼顾公平的根本保证。我国是社会主义国家，贫穷不是社会主义，两极分化也不是社会主义。社会主义的最终目的是要使全体社会成员共同富裕。因此，政府要积极发挥宏观调控的作用，承担起实现公平的职能。要使社会经济达到这样一个目标：收入差距保持在有利于协调经济利益关系，并能促进经济发展，保证社会经济生活稳定的限度内。

三、实现效率优先、兼顾公平的措施

效率优先主要体现在初次分配过程中，前提是承认差别，承认贡献，把竞争机制引入分配领域。在市场经济中，正因为有收入差别、财富差别才会有激励机制，才会有效率。如果没有差别，大家在收入等方面都雷同，就没有竞争，没有效率，没有资源的合理配置。因此，我们坚持效率优先原则，就是要在微观经济领域、在经济组织内部，坚决反对平均主义，即不能把“兼顾公平”也拿到这个领域来追求，否则，就难以保证效率。

兼顾公平主要体现在再分配过程中。国家可以通过税收制度、社会保障制度及连接它们的转移支付制度，加上法律制度等调节机制达到兼顾公平的目的。

(一) 运用税收手段调节，缩小收入差距

对于不同群体在收入上的差别，主要通过不同水平的所得税去调节。政府通过推行所得税制度，把高收入层的一部分个人所得征收过来，再通过政府转移支付用于扶弱济贫，这在客观上可避免由于少数人收入过高而形成两极分化。这是政府依据社会公平原则所进行的宏观分配，它是对微观分配的结果进行强制性调整。另外，国家对一些不是靠投入生产要素而获得的财富收入，例如财富继承和财富转让、转移等，应开征财产税、遗产税和赠予税等来进行调节，以防止财产向少数人集中，防止出现两极分化。

(二) 运用保障手段调节，缩小收入差距

对于所有劳动者，都要建立完善的社会保障制度。要通过社会统筹和个人账户相结合的办法，使职工在养老、失业和医疗等方面得到公平与效率相统一的基础上的切实保障。此外，还应积极开展社会救济、社会福利、社会互助、优抚安置等活动，以起到救急扶贫、拾遗补缺的作用。要随着经济的发展，改革的深化，逐步完善社会保障体系，以增强社会保障手段对宏观收入分配的调节功能，促进和保证社会公平分配。

(三) 运用法律手段进行调节，缩小收入差距

立法、执法是调节个人分配关系，实现社会公平的基本手段。对各类企业和居民的经营活动要依法管理，国家机关和事业单位的工资要以立法形式确定，向企业和个人征税更要严格依法进行。各种分配政策的实施也要以法律为依据。政府要依法治理不法收入，惩治违法收入，调节收入分配关系，缩小收入差距。在当前这样的新旧体制交替时期，我们要尽快健全各种经济法律，规范各种经济秩序。

总之，贯彻效率优先、兼顾公平的原则，在不同的领域、不同的分配环节、不同的分配机制下应有不同的侧重点。一般来说，在微观领域应更强调效率，而在宏观领域则应更多地注重公平；在个人收入的初次分配过程中，应更强调效率，而在再分配过程中则更应兼顾公平；在市场机制起作用的地方应更强调效率，而在政府分配机制方面，则应更关注公平。

第三节　坚持先富带后富，逐步实现共同富裕的政策

一、共同富裕是社会主义的本质要求

在经典社会主义理论中，马克思、恩格斯根据生产关系一定要适应生产力

的原理，预言社会主义首先在发达的资本主义国家同时发生，跨越“卡夫丁峡谷”只是一种“特殊情况”。然而，由于时代条件发生了变化，这种“特殊情况”却演变成了一种相对的惯性。前苏联、东欧一些国家都是在生产力并不发达的条件下诞生了社会主义。中国人民则是在十分贫穷的基础夺取了新民主主义革命的胜利，继而走上了社会主义道路。这一特殊的历史背景导致了人们对社会主义认识的许多误区，其中之一就是把本来风马牛不相及的贫穷与社会主义联系起来。在“文化大革命”期间，“四人帮”一伙，竟然鼓吹“穷光荣”，在农村把“哥们抱着一块儿穷”当做理想境界；在城市高喊“三十六块万岁”！还提出什么“宁要社会主义的草，不要资本主义的苗”的谬论，堂而皇之地在全国批判所谓“唯生产力论”。这一“贫穷理论”给我国经济造成了发展缓慢停滞的状态，在思想理论战线造成了很大混乱，似乎社会主义只能与穷联系，“富则变修”。对于“四人帮”把社会主义歪曲为普遍贫穷的谬论，邓小平痛加驳斥。他说：“‘四人帮’提出宁要穷的社会主义，不要富的资本主义，社会主义如果老是穷的，它就站不住。”① 他还明确指出：“没有贫穷的社会主义。社会主义的特点不是穷，而是富，但这种富是人民共同富裕。”② 社会主义的首要任务是发展生产力，逐步提高人民的物质文化生活水平。从1958～1978年这二十年的痛苦教训告诉我们：贫穷不是社会主义，社会主义要消灭贫穷。不断地解放生产力，消灭剥削，消除两极分化，最终达到共同富裕，是中国市场经济发展的必然趋势。

实现共同富裕是马列主义的基本思想。科学社会主义，不论作为思想体系，或是作为新的社会制度，它都是从绝大多数人的利益出发的。马克思、恩格斯在《共产党宣言》明确指出：“过去的一切运动都是少数人的或者为少数人谋利益的运动。无产阶级的运动是绝大多数人的、为绝大多数人谋利益的独立的运动。”③ 列宁《在国民经济委员会第一次代表大会上的演说》中提出：“要使全体劳动者过最美好最幸福的生活”。邓小平把“富”与社会主义紧紧联系在一起，恢复了马列主义的本来面目。

实现共同富裕是社会主义制度优越性的集中体现，也是社会主义与资本主义的根本区别所在。资本主义社会尽管也能创造巨大的物质财富和精神财富，但在以私有制为基础的社会中，支配这些财富的前提条件是剥削和压迫，它必然导致两极分化，即少数剥削者占有大量财富，而绝大多数成员只占极少量财富，甚

① 《邓小平文选》第二卷，人民出版社1994年版，第191页。
② 《邓小平文选》第三卷，人民出版社1993年版，第265页。
③ 《马克思恩格斯选集》第一卷，人民出版社1972年版，第262页。

至一贫如洗。社会主义公有制及其决定下的按劳分配，是以消灭了人剥削人的制度为前提，它不允许出现一部分人的富裕以另一部分人的贫困为代价，它从经济基础上保证了全体人民最终达到共同富裕。社会主义是劳动人民当家做主，国家代表着全体人民来有效地维护着人民的利益，这也为全体人民共同富裕提供了政治保障。正如邓小平所指出的："社会主义与资本主义不同的特点就是共同富裕，不搞两极分化。"[①]"社会主义最大的优越性就是共同富裕"[②]。

二、共同富裕不等于同步富裕

共同富裕是社会主义的本质要求。但如何实现共同富裕，马克思主义经典作家没有提供现成具体的答案。凡是走上社会主义道路的国家都为此做过艰难的探索，但都未能成功。中国共产党也在探索中走过不少弯路。长时期在按劳分配和共同富裕的问题上存在着一种误解，把共同富裕理解为完全平均和同步富裕，把本来是强调收入形成机制的公平和公正的按劳分配原则曲解为分配结果的平均。在这种错误观点支配下，人为地抹杀不同地区、不同企业的联合劳动业绩的差别。比如，在国有经济范围内，实行统一的工资和奖励标准，发达地区和落后地区一个样，盈利企业和亏损企业一个样。在企业内部，不顾各车间、班组劳动业绩的差别，干好干坏一个样。在农业集体所有制经济中，对先进农业集体经济的工分报酬标准设置最高限额，不准超过同地区国有企业职工的平均工资水平。调整工资，各行各业齐步走。这种职工吃企业"大锅饭"，企业吃国家"大锅饭"的做法，严重地损伤了人们的积极性，阻碍了生产力的发展。这样一来，当然就不可能实现共同富裕，而只能普遍贫穷。

邓小平在1978年，就在总结我国和其他社会主义国家的实践经验基础上，把打破平均主义，允许和鼓励一部分地区、一部分人先富起来，作为能够影响和带动整个国民经济发展、实现共同富裕的大政策提出来。他说："在经济政策上，我认为要允许一部分地区、一部分企业、一部分工人农民，由于辛勤努力成绩大而收入先多一些，生活先好起来。一部分人生活先好起来，就必然产生极大的示范力量，影响左邻右舍，带动其他地区、其他单位的人们向他们学习。这样，就会使整个国民经济不断地波浪式地向前发展，使全国各族人民都能比较快地富裕起来 。"[③]

允许和鼓励一部分地区、一部分人依靠诚实劳动和合法经营先富起来的政策，是由当前客观的经济条件决定的，是达到共同富裕的必由之路。这是因

---

① 《邓小平文选》第三卷，人民出版社1993年版，第123页。

② 同①，第364页。

③ 《邓小平文选》第二卷，人民出版社1994年版，第152页。

为：①它是实行按劳分配原则的必然结果。按劳分配不承认任何阶级差别，但默认不同的个人天赋、不同的劳动能力是天然特权。由于劳动者个人能力的差别，劳动报酬就会有差别，即使劳动能力相同，家庭负担也并非一样，富裕程度的差别就是必然。②它是实行多种所有制形式和多种分配方式的必然结果。在多种所有制和多种分配方式并存的条件下，不同社会成员除了存在按劳分配产生的收入差别外，还存在由其它分配方式所产生的个人收入上的差别，富裕程度的差别随之拉大。③它是发展社会主义市场经济的必然结果。在市场经济条件下，价值规律和竞争规律就起作用，就必然造成优胜劣汰，这是人们意志所不能改变的经济现象。④它是地区之间经济发展不平衡的必然结果。地区之间经济发展不平衡是一个长期的历史现象。任何事物的发展过程，不平衡是绝对的，平衡是相对的，地区经济发展不平衡是客观的，一部分地区先富起来，符合事物发展规律。除以上原因外，享有国家不同的政策优惠，也可能导致人们之间收入的差别。

三、先富带后富是实现共同富裕的必由之路

先富与共富是辩证统一的关系。先富是共富的前提和动力；共富是先富的目标和归宿。邓小平说："共同富裕的构想是这样提出的：一部分地区有条件先发展起来，一部分地区发展慢点，先发展起来的地区带动后发展的地区，最终达到共同富裕。"[①] 党的十四大报告指出："贫穷不是社会主义，同步富裕又是不可能的，必须允许和鼓励一部分地区一部分人先富起来，以带动越来越多的地区和人们逐步达到共同富裕。"先富带后富，是实现共同富裕的必由之路。一部分地区、个人先富起来不仅具有客观必然性，而且也会促进共同富裕目标的实现。一部分地区、个人先富起来，在带动人们走向共同富裕的过程中至少有以下几个作用：

第一，示范作用。榜样的力量是无穷的。一部分人由于诚实劳动和合法经营先富起来，生活先好起来，就必然产生极大的示范力量，影响左邻右舍，带动其它地区、其他单位的人们向他们学习。这样，就会使整个国民经济不断地波浪式地向前发展，使全国各族人民都能比较快地富裕起来。

第二，带动作用。这一般有两种情况。一是先富起来的地区可以在所在地区为落后地区的人们提供经济发展的机会，比如大量吸纳这些地区的劳动者就业，这些劳动者所获得的酬金、所掌握的技术和经验以及所学到的新的观念，对落后地区的经济发展都起着极为重要的作用。另一种情况是先富起来的地区可以在落后地区直接投资，把先进技术、管理经验等同落后地区的丰富资源、

① 《邓小平文选》第三卷，人民出版社 1993 年版，第 373～374 页。

廉价劳动力、广大市场结合起来，以带动落后地区的经济发展。邓小平说："我们提倡一部分地区先富裕起来，是为了激励和带动其他地区也富裕起来，并且使先富裕起来的地区帮助落后的地区更好地发展。"[①]

第三，帮助作用。先富起来的地区、个人不但通过多交利税由国家财政转移支付支持和帮助落后地区，使之走上致富之路，而且通过各种措施和途径帮助落后地区的人们，带动他们走上致富之路，先富帮后富，逐步走向共同富裕。

允许和鼓励一部分地区、一部分人先富起来的政策，充分发挥了收入分配的激励作用，促进了整个国民经济的发展，奠定了共同富裕的经济基础。在国民收入整体提高、居民收入水平普遍上升的前提下，收入差距已明显拉开，并且在一定时期内会继续呈现扩大的趋势，这是难以避免的。造成这种收入差距扩大的原因是多方面的，但只要一部分地区、一部分人的先富起来是诚实劳动和合法经营的结果，那就不仅允许，而且要继续鼓励。但是，当前我们必须看到，随着我国经济规模的扩大和经济环境的变化，非法获利者数量日趋增多，且非法所得的数额成倍增长。其中有靠制假、贩假牟取暴利者，有借国有企业改革之机，大量侵吞国有资产而发财者，有靠偷税、漏税、骗税、走私贩私暴富者，有利用手中人民赋予的权力进行权钱交易而大量贪污受贿的党、政官员等。这些非法获利群体有明显扩大的趋势。对此，我们务必引起高度重视并认真切实予以解决，否则，将后患无穷。

本章内容提要

个人收入分配制度是市场经济体制的重要环节。我国现阶段的个人收入分配制度是：

1. 坚持按劳分配为主体、多种分配方式并存的制度。坚持按劳分配为主体是由公有制经济在国民经济中的主体地位决定的。市场经济条件下按劳分配具有新特点。多种分配方式并存具有必然性，主要是由于：多种所有制形式并存和公有制经济多种经营方式并存以及发展社会主义市场经济的要求所决定的。

2. 坚持把按劳分配与按生产要素分配相结合。按生产要素分配，从根本上说，是由我国现阶段的基本国情决定的。实行按生产要素分配，对我国具有十分重要的现实意义。肯定生产要素分配的合理性，并不等于肯定所有生产要素都创造价值。

3. 坚持效率优先、兼顾公平的收入分配原则。效率与公平的关系是对立统一的关系。坚持效率优先、兼顾公平的原则，是从我国国情出发所做出的正

① 《邓小平文选》第三卷，人民出版社1993年版，第111页。

确选择，也是社会主义本质属性所决定的。

4. 坚持先富带后富，逐步实现共同富裕的政策。共同富裕是社会主义的本质要求。共同富裕不等于同步富裕。允许和鼓励一部分地区、一部分人依靠诚实劳动和合法经营先富起来，不仅具有必然性，而且也会促进共同富裕目标的实现。它在带动人民走向共同富裕的过程中具有示范作用、带动作用和帮助作用。

第八章　建立多层次的社会保障制度

第一节　社会保障制度的基本内容和功能

一、社会保障制度的基本内容

现代意义上的社会保障，是指国家通过立法对国民收入进行分配和再分配，对社会成员特别是生活有困难的人员的基本生活权利给予保障的社会安全制度。它是市场经济健康平稳运行的重要保证。

社会保障制度由来已久。当人类社会从农业社会向工业社会迈进时，家庭保障无法防范工业化带来的各种风险，于是便产生了社会保障制度。社会保障制度的起源从动力上分，可以分为两种：

其一是在工业化过程中产生的社会保障制度，其代表国家是英国。1601年英国颁布了《济贫法》，其表面目的是保护穷人免受战争、瘟疫、贫穷等天灾人祸之苦，而实质是防范工业化和市场化带来的风险，维护资本主义制度的稳定。18世纪，一些熟练工人和具有稳定的较高收入的工人组织了“友谊社”，通过成员之间的互助互济，达到为自己提供疾病、丧葬等方面的基本保障。19世纪，“友谊社”得到了空前的发展，全国有1/4的成年男性加入了“友谊社”。20世纪后，“友谊社”渐渐入不敷出，其社会保障功能和政治影响力逐渐衰退，政府才逐步取得了社会保障制度的主导权。

其二是在强大的工人运动推动下产生的社会保障制度，代表国家是德国。19世纪后半期，德国产业工人空前壮大，社会民主运动空前高涨，社会冲突愈演愈烈，给当时的卑斯麦政权很大的压力。卑斯麦本人也对拿破仑三世利用社会保障制度控制社会的办法印象很深。于是卑斯麦制定了一个不要个人交费的庞大的社会保障计划。但遭到了自由党的激烈反对。最后双方妥协，达成了一个强制交费的计划。1889年，这个计划被德国国会以立法的形式确定下来，成为现代工业社会第一个正式的社会保障制度。20世纪后，各发达国家纷纷建立起各具特色的社会保障制度。但社会保障一词直到1935年才在美国的

《社会保障法案》中首次出现。

社会保障制度内容十分丰富，主要包括社会保险、社会福利、社会救济和社会优抚四个方面。

第一，社会保险是社会保障制度的核心，是根据国家的立法，由社会成员、单位和政府多方筹资，帮助社会成员及其亲属或遗属，在遭遇工伤、死亡、疾病、年老、失业、生育等风险时防止收入中断、减少或丧失，以保障其基本生活权利的一种制度。包括失业保险、养老保险、医疗保险、工伤保险等。和商业保险不同，社会保险具有强制性、普遍性、互济性和非营利性。强制性是指不论愿意与否都要按照国家的有关法律参加各种社会保险、交纳社会保险金。普遍性是指符合条件的社会公民都有交纳社会保险金的义务，享受社会保险的权利。互济性是指社会成员交纳的各种社会保险基金在社会成员之间相互调剂使用。非营利性是指社会保险的营运部门是公益性单位，不以获取利润为目的。

第二，社会福利包括国家为改善人民生活、提高公民收入而建立的各种福利设施和各种补贴。主要有公共医疗、环保设施、公共住房、财政补贴、集体福利、社区福利等项目。如我国的城市居民过去还享有的住房补贴、副食补贴、交通补贴等均属社会福利。社会福利是一种高水平的社会保障措施。

第三，社会救济是指国家和社会对遭受自然灾害、不幸事故和社会贫苦者提供的物质帮助。包括自然灾害救济、孤寡病残救济、贫困地区和贫困户救助等。社会救济属于一种低层次的社会保障，属于社会保障制度要实现的最低目标。

第四，社会优抚是指国家和社会按照规定，对法定的优抚对象，如现役军人、公安干警、武警官兵及其家属和遗属，为保证他们一定的生活水平而提供的资助和服务，是一种带有褒扬、优抚和抚恤性质的特殊生活保障制度。

二、社会保障制度的基本模式

社会保障模式是由给付基准、财务机制、实施方式和管理方式等要素构成的。现在世界上大多数国家都建立了自己的社会保障制度，但各个国家都有自己的特点和模式。社会保障模式可以从社会保障的给付基准、财务机制、实施方式和管理方式等几个方面区分为不同的类型。

（一）从社会保障的给付基准方面看，区分为受益基准制、缴款基准制和混合制三种模式

受益基准制的特点是受益人的受益标准与受益人过去的缴费无关，而是根据规定和实际情况决定的。它是通过现收现付的财务机制来实现的。其实质是收入再分配，即收入在富人和穷人、就业者和失业者、健康人和病人、年轻人

和老年人、正常人和意外者之间进行分配。其优点有：个人从社会保障组织领取的保障金额与个人过去的缴款无关，由政府根据法律和相关规定按照一定的标准给付，因而具有较强的再分配功能，能够体现社会保障制度的公平性和共济性，使鳏寡残孤和贫穷无靠的人的基本生活权利能真正得到保障。这样的制度一直是人类社会所追求的。其缺点有：由于个人领取的社会保障基金与个人的过去缴费无关，容易养成懒汉思想，对市场经济的分配机制和竞争机制都产生极其不利的影响，使资源配置效率低下。

缴款基准制的特点是个人的受益标准与个人的过去缴款相关，谁缴款谁受益。它是通过基金积累的财务机制来实现的。其实质是社会通过法律强制人们储蓄，要人们富时为穷时储蓄、健康时为生病时储蓄、在业时为失业时储蓄、年轻时为老年储蓄，以防止个人储蓄的随意性和差别性，做到居安思危、防患于未然。其优点是：①充分调动了个人交纳社会保障基金的积极性，克服了平均主义和懒汉思想，强化社会的竞争机制，促进资源优化配置，是符合市场经济要求的一种社会保障制度。②社会保障资金有保证。这种制度下的保障资金主要来源于个人的储蓄，有多少用多少；这种制度安排再加上政府的鼓励，会刺激人们不断提高储蓄比重，从而推动社会保障水平不断得以提高。其缺点是：收入再分配的功能较差，不能够矫正收入分配的不公平性，穷人和老弱病残不能得到真正的社会保障，往往为人们所诟病。

混合制是对某些社会保障项目实行受益基准制，有些项目实行缴款基准制。近年来由于人们逐渐认识到两种机制的优缺点，出现了一种把二者结合起来，以便取长补短的趋势。如由受益基准制来负责基本项目的保障，由缴款基准制来负责额外保障项目和高水平的保障项目。又如以受益基准制为主，在支付社会保障金时又把个人过去的缴款折算成一定的系数加以考虑；或以积累基金制为主，对某些项目和某些人群进行不同层次的社会统筹。

（二）从社会保障的财务机制方面看，区分为现收现付制和基金积累制两种模式

现收现付制的特点是由政府根据现期需要支付的社会保障费用向社会成员收取社会保障金，再按照一定的标准转移支付给被保障人。一般做到收支大体平衡。其优点是：①社会 保障金即受即付，没有长期的积累过程。②社会保障金的收支往往随个人收入和物价指数波动而波动，因而没有通货膨胀风险。③往往同受益基准制连在一起，能够体现社会保障的共济性和福利性。其缺点是：这样一种制度是由政府财政兜底的，在经济增长缓慢、失业严重、老龄化加剧的情况下，会造成财政困难、保障经费不足、积累率低等问题。

基金积累制的特点是社会为个人建立个人账户，用个人事先积累的保障基

金来支付个人的各种社会保障费用。其优点是：①有利于政府财政。财政仅仅充当社会保障基金的收支中介，不需要另外拿出多少资金；社会保障资金在使用前总有一段闲置时间，政府可以充分利用这笔资金来发展经济。②在人口老龄化加剧的社会，基金积累制比现收现付制更能保证养老保险基金。

其缺点是：①需要一个较长的基金积累期，个人的各种社会保障才有资金基础，使得积累较少的个人在需要时得不到社会保障。②社会保障资金在支付前由政府或政府管制下的公私机构来经营，其增殖能力要受到投资风险和通货膨胀的考验。

（三）从社会保障的实施方式看，区分为强制实施模式、志愿投保模式和多层次保障模式

强制实施模式是由国家建立为所有国民提供社会保障的制度，以法律的形式用国家的强制力量保证其实施。

在志愿投保模式下，政府只通过发放济贫金等形式负责保障人们的最低生活需要，超过部分由商业性的保险公司来保险。

在多层次社会保障模式下，既有国家强制实施的基本社会保障计划，又有由商业性组织承保或由企业提供的补充社会保障。

（四）从社会保障的管理方式来看，区分为政府机构统一管理、公共机构管理和私人机构管理三种模式

社会保障制度的管理方式与给付标准、财务机制和实施方式是紧密相连的。

采取受益基准制的社会保障体系，一般由政府采取现收现付的方式强制实施，同时对社会保障金的收付采取社会统一管理的方式。

缴款基准制的社会保障体系一般采用基金积累制，但在管理方式上有四种：一是由政府机构统一管理。二是由公共机构统一管理。如新加坡社会保障的各个环节都由中央公积金负责。这种管理方式的前提是人口少、自由市场经济的传统不久、政府廉洁而有效率。三是由私人机构进行管理。一般发达的市场经济国家的社会保障基金都由私人机构管理，如美国的各种养老基金都由私人机构管理。四是混合制。如智利的社会保障制度的基本规则由政府制定，信息系统由公共机构管理，资本营运由私人机构负责。

三、社会保障制度的功能

社会保障的功能是指社会保障的作用，主要有：

（一）保障功能

完善的社会保障制度能有效地保护劳动力的再生产，合理配置劳动力资源。社会保障制度能使在竞争中处于不利地位的市场主体内的劳动者，依据法

定的给付条件和标准获得基本的物质资料，维持基本生活水平，从而保护劳动力的生产和再生产。另外，依法建立的全社会统一的社会保障制度，打破了靠血缘维持的家庭保险格局，超越了劳动者自我保障和企业保障的局限，既消除了劳动者自主择业的后顾之忧，又有利于企业在建立现代企业制度过程中顺利地解决富余、退休、失业职工的分流和安置工作，促进了劳动力资源的合理流动，实现劳动力要素的有效配置。

（二）稳定功能

健全的社会保障制度是维护社会公平不可或缺的调节器。从伦理学的意义上讲，公平涉及价值判断问题。它是指一种与社会发展的理论相符合，足以保证人们的合理需要和利益的制度。公平既指收入和财产分配的公平，又指获取收入与积累财产机会的公平。社会制度公平的含义在于能将社会共同创造的价值、财富，以及社会共同的负担和责任合理地分配给社会成员。社会保障制度对促进社会公平的重要意义就是调节和弥补市场经济体制下按生产要素分配的缺陷。

在市场经济体制下，按生产要素及商品的市场价格分配的方式，虽然有利于促进社会资源从经济效益较低的部门、地区和企业流向效率较高的部门、地区和企业，实现资源的优化配置，但由于这一分配机制与竞争机制相联系，社会成员拥有的要素的数量或质量又不同，必然造成他们的竞争机会不均等，从而产生收入分配的不均。而个人拥有的财富和个人天赋的差别所产生的机会不平等和收入不均，是市场机制本身难以克服的。这就需要借助政府的力量来干预社会经济生活。国家通过立法实施社会保障政策便是解决这一社会问题的途径之一。政府依法给社会成员提供社会保障措施，对社会成员的收入进行再分配调节，按政府、用人单位和个人三方共同负担的原则，为那些在市场竞争中因各种原因丧失劳动力或中止收入的劳动者提供社会保险，在一定程度上缩小社会成员在收入和生活水平上的差距，以弥补市场机制的不足，从而实现社会公平。

（三）分配功能

建立和完善社会保障制度有助于纠正初次分配的贫富不均，促进国民收入的再分配。社会保障制度的这种对国民收入进行再分配的作用，主要是通过两种方式实现的，一种是“垂直性再分配”：财富从高收入阶层向低收入阶层转移；另一种是“水平性再分配”：财富在劳动时与非劳动时、健康时与伤病残疾时之间进行转移。上述两种不同的收入再分配方式的实现依赖于国家制定相应的法律，规定再分配的具体措施，如通过税收进行收入再分配，通过社会保险进行收入再分配，以及将税收和保险结合起来进行收入再分配等。社会保障制度所具有的这一再分配功能的经济意义在于：

第一，对初次分配的修正有利于维持收入分配的合理性。市场经济的本质要求按生产要素进行分配，即由市场来决定社会成员的收入，但市场并不能保证竞争机会的公平，各个生产要素的供给者并非站在同一起跑线上，竞争机会的不公平必然造成结果的不公平，导致收入分配的不合理，市场分配的这一结果达不到全社会经济福利最大化。因此，国家通过社会保障制度进行国民收入再分配是必要的。

第二，对初次分配的调整有利于扩大产出。马克思主义认为，一部分人的贫困会造成生产相对过剩，从而使再生产过程的链条中断。一般而言，富人的边际储蓄倾向高，穷人的边际消费倾向低。穷人的消费不足直接影响消费总需求从而减少产出。因此，对国民收入进行再分配有利于提高居民消费总需求，从而刺激生产，扩大国民产出。

（四）经济调节功能

建立和完善社会保障制度有利于调节投融资，平衡社会供求关系。社会保障资金直接来自保险税、费和资产运营收入，具有较高的稳定性。通过几十年的积累，社会保障基金在一个国家的财政运用上可以发挥很大的作用。社会保障基金的运用主观上是为了保值增值，但客观上却具备调节投资、改造产业结构的功能，它是对一国经济实行计划和宏观调控的有力手段。

此外，完备的社会保障法律制度还可以通过政府税收和支出起到稳定总需求的作用。在经济萧条时，由于失业给付和公共救助，抑制了个人收入减少的趋势，给失去职业和生活困难的人们提供相应的购买力，刺激社会有效需求的提高，在一定程度上促进经济的复苏；在经济高涨时，社会保障支出相应缩减，社会保障基金相应扩大，减少了社会需求的急剧膨胀，最终又使社会的总需求与总供给达到平衡。

四、社会保障制度是市场经济运行的必要条件

社会保障制度是市场经济体制框架之一，是市场经济健康平稳运行的必要条件。

（一）社会保障制度是调节市场竞争结果的需要

市场经济是竞争经济，市场竞争主体由于自然条件、社会条件、经济条件和个人条件的差别，他们生产商品的个别劳动时间也是各不相同的，在社会必要劳动时间的形成和接受消费者的检验过程中，他们的收入差距必然会拉开，一部分人将发财致富，一部分人将破产失业。这种竞争的结果并不完全是市场竞争主体的自身原因造成的，而是由包括客观原因在内的多种原因造成的，如果承认这种结果而不加以纠正的话，就不利于引导人们依靠勤奋劳动和合法经

营来发展经济，而只会引导人们投机取巧，甚至违法犯罪，客观上使社会资源不能达到优化配置。同时，社会两极分化如果加剧的话，就会产生大量的社会不稳定因素，反过来影响市场经济的健康运行。因此，需要建立社会保障制度，对社会财富进行再分配，以达到稳定社会和提高资源配置效率的目的。

（二）社会保障制度是转变国有企业经营机制的需要

在计划经济体制下，我国企业职工的社会保障本质上是企业保障，劳动者的生老病死过多的依赖于所在企业。在构建社会主义市场经济主体的过程中，要转换国有企业的经营机制，使之做到自主经营、自负盈亏、自我约束、自我发展，并在此基础上与其他企业平等竞争，达此目的必须真正改变计划经济体制下的企业保障体制，减轻企业负担，并解决企业之间、行业之间负担畸重畸轻的问题，使不同的企业均处于同一起跑线上。

（三）社会保障制度是优化劳动力资源配置的需要

劳动力资源的优化配置是通过劳动者在各个部门、各个地区、各种所有制单位、各个企业之间的自由转移来实现的。由社会而不是由单位为劳动者提供住房、医疗、养老、失业等保障是劳动力自由转移的前提条件。劳动力的自由转移又为企业优化劳动力资源和其它资源的配置提供了压力和动力。

（四）社会保障制度是宏观经济调控的需要

对市场经济不能放任自流，而要进行宏观调控，通过社会保障基金的收付调节经济正是宏观调控手段之一。社会保障基金的收支总是有相当的时间间隔，在此期间大量的闲置的社会保障资金就成了补充国家财政、增加积累、发展经济的重要手段。在经济运行的低谷，市场需求不旺成了启动经济的制约因素。市场需求不旺的原因之一是在经济低谷时，人们对未来持比较悲观的看法，预期不稳定性因素和支出增加、预期稳定性因素和收入减少，因而减少即期支出。建立强有力的社会保障制度是减轻人们的恐惧感，增强信心，从而刺激市场需求的重要措施。社会保障还具有自动调节经济的功能，当经济繁荣的时候，社会保障的收入会大于支出，有利于控制不断增长的社会需求；当经济步入低谷时，社会保障的支出大于收入，有利于刺激社会需求，从而自发熨平经济周期。

第二节　改革和完善我国社会保障制度

一、我国社会保障制度的实践和现状

在我国古代，遇到饥荒年份，封建王朝往往放赈“社仓”和“义仓”。在

中国共产党领导的无产阶级革命时期，把实行普遍的社会保障制度作为革命的重要目标之一。1925年在广州召开的第二次全国劳动大会通过的《经济斗争决议案》指出："应实行社会保障制度，使工人于工作丧亡时，能得到赔偿；于疾病失业老年时，能得到救济"。在红色政权区，中国共产党实行了一系列的社会保障制度。

真正开创社会保障制度新纪元的是新中国。新中国的社会保障制度的发展可分为三个阶段。

第一阶段，1949～1957年，是我国社会保障制度的创建阶段。1953年1月颁布实施了《中华人民共和国劳动保险条例》，这个条例规定对职工的就业、医疗、养老、丧亡、生育都要实行社会保障。对于医疗保险，《条例》规定：国有单位职工因公负伤和致残、非因公负伤和致残实行公费医疗，治疗期间和伤残后可按规定享受工资、抚恤和照顾，职工供养的直系亲属可享受半公费医疗待遇。对于死亡保险，《条例》规定：职工因公因病或非因公死亡时，家属可得到丧葬费、抚恤金，职工的直系亲属死亡时也可得到丧葬费。对于养老保险，条例规定：男女职工退休、退职后，由劳动保险基金项下，按其在本企业工龄的长短，按月付给退职养老补助费，其数额为本人工资的50%～70%，付至死亡时止。对于生育保险，《条例》规定生育的检查费与接生费由单位报销、工资照发、给予产假。《条例》还规定由工会举办疗养所、休养所、养老院、孤儿保育院、残废院等。

对于社会保障资金收支，《条例》规定："条例所规定之劳动保险的各项费用，全部由实行劳动保险的企业行政方面或资方负担，其中一部分由企业行政方面或资方直接支付，另一部分由企业行政方面或资方缴纳劳动保险金，交工会组织办理"；"凡根据本条例实行劳动保险的企业，其行政方面或资方须按月缴纳相当于各该企业全部工人与职员工资总额的百分之三，作为劳动保险金，不得在工人与职员工资内扣除，并不得向工人与职员另行征收"。通过该《条例》，国有单位的职工得到了全面的社会保障。这个《条例》制定了社会主义新中国社会保障的基本框架，影响很深。

第二阶段，1958～1978年，是我国社会保障制度的发展时期。这个阶段国家颁布了一系列的社会保障制度方面的法规。1958年，国务院及其相关部门相继颁发了《国务院关于工人职员退休处理暂行条例》、《关于改进公费医疗管理问题的通知》、《关于改进企业职工医疗制度几个问题的通知》。通过这些条例和规定，我国的社会保障制度更加具体、更加符合实际。当然，在"文革"时期，我国的社会保障制度也受到了严重冲击。迫于形势，1969年财政部发出了国有企业一律停止提取劳动保险金，企业的职工、长期病号工资和其它劳保开支都改在营业外列支的通知。从此社会保障失去了统筹调剂功能，变成了“企业保障”。

第三阶段，党的十一届三中全会以来，是我国社会保障制度改革创新阶段。随着市场化改革和对外开放的不断发展，计划经济体制下的社会保障越来越不适应了，需要不断改革旧的社会保障体制。这个阶段改革的重大措施有：

（一）养老保险改革

1.退休费社会统筹。1984 年，根据党中央《关于经济体制改革的决定》的精神，在广东、江苏、福建、辽宁等省的少数市县进行了国有企业职工退休费社会统筹的试点，以市县为单位，全部国有企业按统一的比例向社会保障部门交纳职工退休费，然后根据各个企业对退休费的不同需要额，再把企业上缴的退休费返回给各个企业。在广泛试点的基础上，逐步在全国推开。随后，在城镇集体企业中也推行退休费社会统筹。

2.建立“劳动合同制”工人新的养老保险制度。1986 年，国务院规定国有企业新招收的工人一律推行“劳动合同制”，并颁布了《国营企业实行劳动合同制暂行规定》。《规定》建立了劳动合同制工人养老保险办法，企业按劳动合同制工人工资总额的 15%、职工个人按标准工资的 3%交纳养老保险费。

3.确定国有企业职工个人交纳养老保险费制度。1991 年，国务院《关于企业职工养老保险制度改革的决定》规定：“改变养老保险由国家、企业包下来的办法，实行国家、企业、个人三方共同负担，职工个人也要交纳一定的费用”。职工个人交纳基本养老保险费，在调整工资的基础上逐步实行，缴费标准开始时可不超过本人标准工资的 3%，以后随着经济的发展和工资水平的调整逐步提高。

4.明确养老、医疗费社会统筹和个人账户相结合的原则。党的十四届三中全会通过的《中共中央关于建立社会主义市场经济体制若干问题的决定》中规定：“城镇职工养老和医疗保险金由单位和个人共同负担，实行社会统筹和个人账户相结合”。

5.试行企业职工基本养老保险两个方案。1995 年，国务院决定在全国试行基本养老保险费用社会统筹和个人账户相结合的办法，并提出了两个具体实施方案。

方案一：企业和个人缴费全部计入个人账户，缴费率为个人工资基数的 16%，其中，个人起始缴 3%，以后逐步提高到 8%，企业缴费 13%，以后逐步降低，直至 8%。

方案二：企业为个人缴纳的费用不记入个人账户，个人账户养老金只由个人缴费形成，大统筹小账户。

选用第一方案的有7个省市，第二方案的有11个省市，其它省市又制定了其它方案。

6. 统一企业职工基本养老保险实施办法。1997年，国务院通过了《国务院关于建立统一的企业职工基本养老保险制度的决定》。这个《决定》建立了个人账户和社会统筹相结合的养老保险框架：按职工工资的11%建立个人账户，其中个人交纳8%，企业缴费划入3%；社会统筹部分由统筹区人民政府确定企业缴费比例。基本养老金的发放办法是，《决定》后参加工作的职工个人缴费年限满15年的领取基本养老金。基本养老金由基础养老金和个人账户构成，其中退休后的基础养老金的月标准为上年度月平均工资的20%，个人账户养老金的月标准为本人账户余额除以120。对《决定》前参加工作的职工也做出了相应的规定。

7. 确立了多层次的养老保险体系。1995年，颁布的《关于深化企业职工养老保险制度改革的通知》指出，除国家为职工建立基本养老保险外，还鼓励企业为职工举办额外养老保险、个人建立储蓄养老保险。

到2000年底，我国养老保险覆盖了10368万职工和3173万离退休人员，分别比“八五”末增加了1629万人和923万人。

(二) 建立失业保险制度和城市居民基本生活保障制度

1986年，国家配合劳动合同制和企业破产法的实施，颁布了国有企业待业保险制度。待业保险基金由企业按职工标准工资的0.5%提取，税前列支。1993年，调整了待业保险基金的提取比例提高到0.6%。

1997年，颁发了《国务院关于在全国建立城市居民最低生活保障制度的通知》，《通知》规定，按照当地维持城市居民基本生活所必需的衣、食、住费用，并适当考虑水电燃煤（燃气）费用以及未成年人的义务教育费用，确定最低生活保障标准。无生活来源、无劳动能力又无法定赡养人、扶养人的城市居民，其标准按照当地城市居民最低生活保障标准全额享受；对尚有一定收入的城市居民，其标准按照家庭人均收入低于当地城市居民最低生活保障标准的差额享受。在这个通知精神的指导下，各地先后建立了最低工资标准和最低生活保障制度。

1998年，政府出台了下岗职工的三条保障线：下岗职工先进入再就业服务中心；在再就业服务中心期满仍未实现再就业的，按规定与原企业解除劳动关系，符合条件的可到当地失业保险经办机构登记，享受失业保险待遇；下岗职工和失业人员家庭经济困难的，可按规定享受城镇居民最低生活保障待遇。三条保障线相互衔接、相互补充，形成当前具有中国特色的社会保障制度。

1998年12月16日，国务院第11次常务会议通过《失业保险条例》。《条例》规定了失业保险的对象为城镇失业职工；失业保险基金的来源为：城镇企业事业单位按照本单位工资总额的2%缴纳的失业保险费和城镇企业事业单位职工按照本人工资的1%缴纳的失业保险费；失业保险实行社会统筹；其它地区的统筹层次由省、自治区人民政府规定；省、自治区可以建立失业保险调剂金。到2000年底，全国城镇失业参保人数达10408万人

（三）进行医疗保障制度改革的试点

1994年，国务院开始在江苏镇江和江西九江市进行职工医疗保障改革的试点。1996年，相关部门联合发出了《关于职工医疗保障制度改革扩大试点的意见》。与此同时，海南全省也进行了改革试点。国务院1998年12月14日通过了《关于建立城镇职工基本医疗保险制度的决定》。

医疗改革的主要内容是：建立职工个人医疗账户和社会统筹医疗基金。职工医疗保险基金由用人单位和职工个人共同交纳。用人单位缴费率应控制在职工工资总额的6%左右，职工缴费率一般为本人工资收入的2%。随着经济发展，用人单位和职工缴费率可做相应调整。建立基本医疗保险统筹基金和个人账户。基本医疗保险基金由统筹基金和个人账户构成。职工个人缴纳的基本医疗保险费，全部计入个人账户。用人单位缴纳的基本医疗保险费分为两部分，一部分用于建立统筹基金，一部分划入个人账户。划入个人账户的比例一般为用人单位缴费的30%左右，具体比例由统筹地区根据个人账户的支付范围和职工年龄等因素确定。统筹基金和个人账户要划定各自的支付范围，分别核算，不得互相挤占。要确定统筹基金的起付标准和最高支付限额，起付标准原则上控制在当地职工年平均工资的10%左右，最高支付限额原则上控制在当地职工年平均工资的4倍左右。起付标准以下的医疗费用，从个人账户中支付或由个人自付，起付标准以上、最高支付限额以下的医疗费用，主要从统筹基金中支付，个人也要负担一定比例。超过最高支付限额的医疗费用，可以通过商业医疗保险等途径解决。

到2001年底，全国已有97%的地级以上统筹地区启动实施了医疗保险制度改革，覆盖人数达7630万人，比2000年新增3298万人。2002年劳动和社会保障部将把外商投资企业和个体私营经济作为医疗保险扩面的增长点。

（四）工伤保险和生育保险有了新发展

1996年，劳动部发布了《企业职工工伤保险试行办法》。生育保险，到1996年底，覆盖面已发展到23个省、自治区、直辖市，有20余万女职工享受到生育保险。到1998年，全国已有1713个县（市）的3781.3万职工参加了工伤保险，全年工伤保险基金收入21.2亿元，支出9亿元。全国有1412个县（市）实行了企业职工生育保险基金的社会统筹，参保职工2777万人。全

年生育保险基金收入9.8亿元，支出6.9亿元。

二、改革和完善社会保障制度的必要性

传统的社会保障制度在建立之初，对于保证人民生活、稳定社会、发挥社会主义制度的优越性、巩固新生政权都起到了重要作用。但是，随着计划经济向市场经济的转变，旧的社会保障制度的各种弊端就显露出来了，主要表现在以下几个方面：

（一）保障面过窄

传统的社会保障的各种措施如就业保险、养老保险、医疗保险、各种福利等等仅仅限于国家机关的工作人员和国营企业的职工。集体经济里的职工能获得一定的保障，但与国营单位的职工相比，保障水平较低而且很不稳定。其它经济形式的职工基本上得不到国家举办的社会保障。在农村，虽然有合作医疗、"五包"等形式的社会保障，但由于农村经济的整体水平极端低下，广大农民基本上处于自生自灭的状态。随着经济的不断发展和改革开放的不断深入，各种经济特别是非公有制经济得到了大力发展，公有制的形式和用工形式也日益多元化。广大的个体经济、私营经济、外资经济、股份经济、股份合作制经济的职工包括合同工、临时工、农民工、新职工，在正常的工作之外，也需要解除后顾之忧，期盼得到强有力的社会保障。

（二）保障水平低

传统的社会保障制度是和当时的低水平的生产力相适应的。在低生产力水平下，只好采取低工资高就业、三个人的饭五个人吃的办法保障人民的基本生活。表面上看人人可得到生活保障，但实际保障水平很低。随着经济的不断发展，人们对社会保障也提出了更高的要求，这就需要提高社会保障的支出水平，增加保障品种，建立分层次、多渠道的社会保障体系。

（三）不能适应人口老龄化的要求

20世纪五六十年代各单位的年轻职工多、退休职工少，相应的养老、医疗、失业保险金支出少。当时由于执行错误的反对节制生育的政策，造成人口急剧膨胀，后来不得不实行严格的计划生育。这样，到了20世纪八九十年代人口老龄化现象到来了，年轻人和老年人的比例严重失调。许多单位退休职工与在职职工的比例达1:3乃至2:1。同时由于改革开放，企业变动很大，许多国有企业效益低下、甚至破产，而这些老职工们由于多种原因在年轻时并没有积聚足够的医疗资金。这就需要由社会保障代替"企业保障"，加强社会保障基金的征集，高度重视养老和医疗保险，举办养老院等社会福利设施。

（四）社会保障管理不健全

传统的社会保障的各个环节都由政府负责，这在计划经济体制下是政府不

可推卸的责任。随着计划经济向市场经济的转变，继续由政府包办社会保障就会导致信息不灵、效率低下、激励和约束机制不健全、资金增殖慢、管理成本高等问题。这就需要依靠社会的各方面力量，引进市场因素来办社会保障。如可以成立专门的社会保障资金的营运机构，负责社会保障资金的投资和增殖，为投保人获得更大的回报；可以委托专门机构负责社会保障有关环节的日常管理和保障资金的发放工作；可以大力发展商业保险，作为社会保险的补充。而政府则可以从日常事务中解脱出来，集中精力抓大事，加强对社会保障的宏观调控。

(五) 不适应对外开放的新形势

我国的社会保障同发达国家相比，在保障水平和管理水平上还有相当的差距。这就需要我们主动吸收外国的先进经验，为我所用，逐步缩短与国外的差距。

(六) 财务机制不健全

传统的财务机制实行的是现收现付制。这种制度从总体上不符合社会主义初级阶段的国情。我国生产力的整体水平很低，不可能完全依靠国家为每个人提供社会保障，如果强制实施，就会导致一系列的问题：财政负担过重，积累率降低，平均主义和懒汉思想严重，市场扭曲，最后不堪重负，还得实行基金积累制。这就需要社会保障的财务机制由现收现付制为主向基金积累制为主转移。

三、改革和完善社会保障制度的原则

根据我国社会保障制度发展的水平和改革开放提出的新要求，需要大力改革和完善我国的社会保障制度。改革传统的社会保障制度应符合以下原则：

(一) 效率优先、兼顾公平原则

这一原则要在三个层次上体现出来：一是要处理好发展经济和提供社会保障的关系。要发展经济，就需要利用市场经济，拉开收入差距，承认竞争结果，以提高效率。但同时也要对国民收入进行再分配，为社会成员提供社会保障，以体现社会的公平性。如果只注意发展经济、忽视社会保障，就会导致两极分化和大量的社会问题，反过来又会阻碍经济的发展。如果超阶段的发展社会保障、忽视生产力水平对社会保障的决定性作用，最终也会导致社会保障体系的崩溃。二是在社会保障模式的选择上，要处理好缴款制与受益制、现收现付制与基金积累制、政府管理与公私机构管理的相互关系。一般来讲，缴款制、基金积累制、社会机构管理更具有效率，受益制、现收现付制、政府管理更能体现社会保障制度的公平性。我们不应该走向极端，而应该选择符合现阶段国情的混合制。基本保障实行受益制和现收现付制，同时加强政府的管理；

对于附加保障和高水平的保障，可以实行缴款制、基金积累制，同时利用社会的力量举办多种形式的社会保障；对有的项目实行个人账户，有的项目实行社会统筹，有的项目实行个人账户和社会统筹相结合。三是在有些具体的做法上，也要贯彻效率优先、兼顾公平的原则。如失业救济要和帮助再就业相结合，社会救灾同灾区人民生产自救相结合，经济救济同技术教育扶持相结合，个人出资同企业、国家出资相结合。

（二）权利和义务相统一原则

每个社会成员都有享受社会保障的权利，同时对社会保障负有不可推卸的责任和义务。只有权利和义务相统一，保费给付和保费交纳相结合，自保和互保相结合，才能形成社会保障制度正常平稳运行的内在机制。

（三）社会化原则

社会保障的社会化包括：①保障对象的社会化，要面向全体社会成员，而不是部分社会成员；②管理的社会化，社会保障要从企业和机关中分离出来，由社会保障部门统一管理；③社会保障经办者社会化，使社会保障由行政行为变为社会行为。为此，要不断扩大社会保障面，使社会保障从国有单位延伸到多种经济成份，从城市延伸到农村；打破行业、所有制、劳动者身份界限，逐步统一社会保障费率和征收办法；加快社会保障从企业分离出来由社会举办的步伐。

（四）法制化原则

社会保障作为一项社会制度，应通过法律保障其实施。要通过立法的形式明确规定每一个社会成员和企业的权利和义务，明确每一级管理营运机构的职能、责任和程序，使社会保障运作法律化、制度化和规范化。

（五）稳步、渐进和重点突破相结合的原则

社会保障要和经济发展水平、国家财政收入、企业经济效益的好坏、职工的收入水平和心理承受能力相适应。在现阶段，无论国家还是企业和个人对社会保障的承受能力都是有限的，应当采取稳步的渐进式改革，在开始时适当减少国家和企业负担、增加个人出资比重；等条件成熟后，再加大改革分量，提高个人负担比重。同时社会保障制度的改革还应同经济体制的改革相配合，选择相应的改革为突破口。目前，应该重点抓住养老保险、失业保险和医疗保险三项制度的改革。

第三节　建立健全社会保险制度

一、建立健全养老保险制度

养老保险是一种对退休人员的生活费用和医疗费用给予保障的制度。我国的养老保险事业发展很快，但仍然存在不少问题：

1. 国家对老职工有隐性负债。我国养老保险改革的主要特征是由现收现付制向基金积累制为主的养老保险制度转变。这个转变的难点不在年轻职工，他们可以有充足的时间建立个人账户、积累足够的养老基金；但对老职工和退休职工而言，过去他们的养老金是由国家和企业负责的，现在一下子要他们依靠个人账户养老，是不现实的，因为他们的个人账户基本上是空的，这实际上就存在一个国家没有对他们的过去贡献做出补偿的隐性负债问题。解决这个问题的办法有三种：一是从国有资产中切一块给他们；二是像智利那样，由国家向老职工的个人养老账户拨付一种专门的“认可债券”，到期按一定的回报率向政府兑付现金；三是实行社会统筹，即向企业征收养老保险社会统筹金。我国选择的是第三种办法。应该说三种办法都有优缺点，第三种办法存在的问题是：统筹金收缴困难。

2. 收缴养老保险费困难。原因有：新兴行业、企业和年轻职工不愿交纳统筹金，而老行业、企业又没有多大能力交纳，特别是在国有企业效率低下、下岗失业严重时更是如此；社会统筹账户天生缺乏激励机制，使得许多企业拖欠和逃避缴费；特别是私营企业和“三资”企业认为由他们缴纳统筹费对国有企业老职工做出补偿是不公平的，不愿意参加。近期各地养老金的收缴率普遍呈下降趋势，有些地区的收缴率（实际收缴额占应收缴数额的比例）目前竟降至50%～60%。不少地区已出现养老金收不抵支，进而导致越来越多的养老金拖欠问题。有关统计结果显示，至1998年3月底，全国共拖欠离退休人员养老金46.79亿元，涉及离退休人员283万余人。据不完全统计，欠缴养老保险费百万元以上的企业近5000家，欠缴金额170亿元；欠缴1000万元以上的企业近200家，占同期欠缴的48%。截止到1998年底，全国共欠养老保险费359亿元。据分析，有近1/3的企业是有能力支付而故意欠缴，一个中等城市欠缴1.8亿元，一个大型企业欠缴上亿元养老保险也是存在的。

3. 挪用基金现象严重。1998年5～8月，劳动和社会保障部会同审计署、财政部对全国基本养老保险基金和失业保险基金进行了全面清查，清查范围从1986～1998年3月。清查结果表明，十二年来仅基本养老保险基金被挤占挪用就达100亿元，其中已核准损失2000多万元。值得注意的是，违规动用资金的单位主要是地方各级政府和社会保险经办机构，由政府直接动用或批准动用的资金占违纪金额总数的30%以上，这些被挪用的资金，主要被用于搞基本建设、办经济实体、向外放贷等。

4.资金存储管理混乱。由于社会保障基金滚存数额较大，成了众多金融机构争拉存款的对象，个别金融机构甚至为了拉存款，为保险机构提供办公场所、交通、通信工具及工作人员福利，把应属基金增值的利息变通为小集体的利益，甚至个别人的利益，出现了私设小金库、贪污私分等现象。如某区人保处自1994年开始将银行付给的回扣29.6万元，全部转到账外，形成小金库。

5.基金保值增值措施难以奏效。鉴于普遍的工资水平上升较快并有时伴随较高的通货膨胀因素，而所积累的基金又不能保证较高、稳定的收益率，致使未来的养老金收益存在明显的不确定性，事前测算的收益率和到期实际兑现的收益率之间可能存在很大的差距。如在基金积累问题上，一方面因老职工的养老金缺乏来源，被迫挪用进入个人账户的资金，致使基金积累难以形成；另一方面，有限的积累也因缺乏有效管理和投资手段而难以增值保值。按照规定，目前形成的养老金积累几乎全部投资于国债，虽国债利率高于同期银行利率，但由于未实行指数化，效益仍不能保证。1991年，就出现过国债发行利率低于通货膨胀率的情况，使养老金收益为负值。

要解决这些问题必须从以下几个方面着手：

1.通过多种形式偿还政府对老职工的养老金隐性债务。要避免出现养老金危机，并保持社会保障制度的稳定运行，出路在于养老保障体制的转轨。而转轨的关键，又在于必须采取适当方式对老职工过去的贡献做出补偿。其他有关国家（如智利）的经验也表明，承认老职工过去贡献，并由政府做出补偿，是养老保险体制顺利转轨的基本保证。解决对老职工的养老基金补偿问题之所以很长时间未取得共识，还有一个重要原因是不清楚补偿金总额有多大，政府是否有足够的负担能力。据世界银行测算，我国中老年职工积累的养老金权益占年度GDP的比重只有40%多一点，较之于其他许多国家仍处于很低的水平。从动态过程看，因为老职工养老金并不需要一次支付，而是在相当长的年份内逐年偿还，每年支付数量就更少，所以不存在偿还能力不足问题。关于对老职工进行补偿的做法，可从出售国有资产时的变现所得中提取一笔基金，按照稳定、渐进和重点突破相结合的原则，偿还政府对老职工的养老金隐性债务。包括：①结合对国有企业的公司化和股份制改造，将国有企业的部分股权划归专门的社会保障机构，用股权收益支付隐性负债；②将部分国有企业划归社会保障机构进行经营，以其经营收入偿债；③将一部分国有资产（例如一些中小企业、部分国有房地产等）进行出售、租赁，以销售和租赁收入偿债。

2. 完善现行社会养老保险制度的管理体制。改革现行社会养老保险制度的管理体制，必须真正实现行政管理机构与基金投资营运机构、执行机构与监督机构的分设。在保持一个必要的政府监管体系的前提下，可以考虑将投资机构交给市场，例如，像智利那样培育一个养老金基金的托管人市场，成立多家形成竞争态势的基金管理公司，通过建立在规范的信息披露机制之上的市场竞争降低管理成本与管理风险。

3. 逐步放松养老金基金投资营运的政府管制。目前中央政府规定，养老金基金在留足两个月的支付准备金之后只能购买国债或存入银行，不得进行其它投资。但是，实践证明，这种准政府管制型投资政策无法实现养老金基金的保值增值。不允许养老金基金进行其它投资，在目前以国有银行为主体、银行存贷款利率由政府确定的情况下，养老金基金法定投资的负利率意味着政府将对基金的保值增值承担最后责任；而允许养老金基金进行投资，就意味着投资机构将对基金的保值增值承担责任。在目前执法不严、监管不力、资本市场动荡且很不成熟的情况下，允许养老金基金进行其它投资确实会冒很大风险。但从长期看，在实行养老保险行政管理与基金投资营运分设、建立起专业化的养老金基金管理公司的情况下，应该逐步允许部分养老金基金进行多元组合投资。

二、建立健全医疗保险制度

医疗保险制度是由社会对社会成员的医疗费用支出提供保障的一种制度。

世界各国实行的医疗保险主要有三种模式：①免费医疗模式 。日本、英国等发达国家在第二次世界大战后普遍实行免费医疗保险模式，只要是国民，并且按章缴纳医疗保险费，患病后一律享受免费医疗，如系雇员，还享有疾病津贴。前苏联、朝鲜等国也实行免费医疗保险，但仅限于劳动者及其家属，且无需缴纳保险费；②美国医疗保险模式。美国一方面迫于医师集团的压力，一方面从效率出发只对65岁以上老人实行医疗保险，而广大劳动者几乎都向商业保险公司购买健康保单，以抵御疾病风险；③新加坡“个人医疗账户”模式。于20世纪80年代中期对全体劳动者推出“个人医疗账户”，规定雇员门诊就医自费，大病住院就医实行基本医疗保险。

我国的医疗保险实行的是社会统筹与个人账户相结合的模式。这一模式的最大特点是：低水平，广覆盖，保障基本医疗。从总体上说这是符合我国社会主义初级阶段的人口多、劳动力多、人均国民生产总值低的实际情况的。但在实际运行过程中仍有不少问题：

1. 保障范围狭窄、社会化程度低。现在的医疗保障仅限于国有单位的职工。随着非国有制经济特别是非公有制经济的发展和国有企业的改革，越来越多的城镇职工有能力也有要求得到医疗保险，部分农村也可以建立不同水平的医疗保险。

2. 医疗保险费用的征集有困难。社会统筹账户的特点是个人的医疗费用支出同个人的缴费联系不紧，再加上国有企业效益低下、人口老龄化日趋严重，许多企业无钱可缴、有钱不缴和缓缴，造成医疗费用征集不足。同时这种病人看病、医生开药、国家和企业付账三不联系的机制，又造成医疗费用浪费和部分职工得不到基本医疗保障的问题同时并存。

3. 除“大病”以外的医疗费用由企业自行解决，造成企业苦乐不均、甚至完全变成自费医疗，这样不利于公平竞争、深化改革，为职工提供可靠的医疗保险。

4. 管理机制不健全。现在的医疗保险政出多门、医疗基金增殖缓慢、对定点医疗机构和药店管理不严、部分老职工和退休职工的医疗费用没有着落等问题依然存在。

改革医疗保险制度可以从以下几个方面着手：

1. 扩大医疗保险的覆盖范围。要根据条件，逐步把城镇所有用人单位，包括企业（国有企业、集体企业、外商投资企业、私营企业等）、机关、事业单位、社会团体、民办非企业单位及其职工、乡镇企业及其职工、城镇个体经济业主及其从业人员都吸收到基本医疗保险里来。

2. 加强医疗保障经费的征集和管理。可以通过建立相关的法律制度、财务制度、审计监察制度和激励机制，保证保障经费的征集，防止不缴欠缴和拖缴、贪污挪用、周转缓慢等现象的发生和蔓延。同时可以根据国家的有关规定，在确保基金安全性的前提下适当进行投资，使基金得到不断增殖。

3. 健全基本医疗保险基金的监督机制。可以通过 社会保险经办机构负责基本医疗保险基金的筹集、管理和支付，并建立健全预决算制度、财务会计制度和内部审计制度。社会保险经办机构的事业经费不得从基金中提取，由各级财政预算支付。各级劳动保险和财政部门，要加强对基本医疗保险基金的监督管理。审计部门要定期对社会保险经办机构的基金收支情况和管理情况进行审计。统筹地区应设立由政府有关部门代表、用人单位代表、医疗机构代表、工会代表和有关专家参加的医疗保险基金监督组织，加强对基本医疗保险基金的社会监督。

4. 加强医疗服务管理。要改革医疗机构，区分营利性和非营利性医疗机构，营利性医疗机构要引进竞争机制；明确基本医疗保险的服务范围和标准；对基本医疗保险通过竞争、实行定点医疗机构定点药店管理；建立医药分开核算，合理控制医药费用水平；加强医疗机构和药店的内部管理，规范医药服务行为，减员增效，降低医药成本；理顺医疗服务价格，在实行医药分开核算、分别管理、降低药品收入占医疗总收入比重的基础上，合理提高医疗技术劳务价格；加强业务技术培训和职业道德教育，提高医药服务人员的素质和服务质量；合理调整医疗机构布局，优化医疗卫生资源配置，积极发展社区卫生服务，将社区卫生服务中的基本医疗服务项目纳入基本医疗保险范围；妥善解决有关老干部、老红军、老职工、离退休职工等人员的医疗待遇问题。

三、建立健全失业保险制度

所谓失业保险是指国家通过立法强制实行的、由社会集中筹集资金、对因失业而暂时中断生活来源的劳动者提供物质帮助的一种制度。我国非常重视失业和下岗问题，在1986年就建立了待业保险制度，到1999年制定了《失业保险条例》。但由于各种原因，我国的失业保险还存在许多问题，主要表现在：

1. 失业保险资金单一，不能满足需要。现在的失业保险金，按企业工资总额的3%缴纳，实行社会统筹与个人账户相结合，企业缴纳2%，个人缴纳1%。但按工资总额3%提取的失业保险基金还只能承担不到2%的城镇失业率，要承担目前近9%的实际城镇失业率，提取比例至少要提高到13%以上。

2. 失业保险范围小，不利于劳动者在全社会范围内流动。

3. 失业保险管理体制没有理顺。管理机构不健全，社会化程度低，分散性大，再就业服务体系不完善。

如何进一步推进失业保险改革的进程？

1. 扩大失业保险金的筹集渠道，努力增加失业保险金的数量。具体办法：一是统一全国的失业保险机构，实行垂直领导。失业保险基金可以在全国范围内调剂余缺，确定失业保险金不足的部分从各级财政中补充的比例关系，严格失业保险金的监管和审计，失业保险机构人员的人头费和一般行政开支纳入财政预算，与失业保险基金脱钩。二是对所有的城镇从业人员，实行强制性的失业保险金缴纳的制度。三是在一定时期内增收失业保险特种税。四是进一步严格国家税收。现在偷漏税的情况比较严重，有的地方实际收税甚至达不到应收税额的1/10。即便是降低税率，只要严格征收措施，加大偷漏税的成本，也能够扩大财政收入，从而增加政府的转移支付能力。

2. 要逐步扩大失业保险范围。根据《劳动法》的要求和失业保险制度改革的目标，失业保险范围将覆盖到中华人民共和国境内的城镇企业、城镇个体经济组织、国家机关、事业组织、社会团体和与之建立劳动合同关系的劳动者。这既符合社会保障发展的方向，也有利于改革的不断深化和劳动力的合理流动。这样就解决了非国有经济从业人员有险无保的问题。同时，实行统一的缴费标准，缴纳的失业保险费由全社会统筹使用。

3. 加强监督机制。可以建立由政府有关部门代表、用人单位代表、劳动者代表、工会代表和其他合法团体代表组成的失业保险监督机构，由过去的一方代表增加为多方代表，重大问题由保险监督机构集体决定，报同级人民政府批准后实施。同时，加重法律责任。为了保证失业保险基金的足额收缴和有效使用，维护法律、法规的严肃性，用人单位拖欠失业保险费的，劳动就业服务机构工作人员违法乱纪的，从法律上要追究责任。

4. 把失业救济同促进再就业结合起来。从世界各国失业保险制度的发展趋势看，越来越多的市场经济国家通过改革失业保险基金的筹集、发放办法，提高用于技术培训、转岗培训费用的支出比例，逐步代替单纯发放救济金的做法，把立足点放到积极实现再就业上。这方面最为典型的是瑞典政府对就业保障体系中劳动力市场政策的高度重视，他们认为，“积极”的帮助就业原则高于“消极”的现金救济原则。今后我国要吸收国外的先进经验，强化失业保险促进就业的功能，把发放失业救济金与失业人员的职业介绍、转业训练、生产自救等项就业服务工作紧密结合，统筹安排，在保证失业人员基本生活的同时，帮助失业人员尽快实现再就业，加强再就业社会服务体系的协调运行。

四、建立健全农村社会保障制度

农村社会保障体系建设，不仅是我国农村经济和社会发展的客观需要，而且也是建立和完善全国整个社会保障体系的必然要求。新中国成立以来，我国在农村逐步建立了社会救济、社会福利、优抚安置等项制度；“七五”期间，为适应农村经济发展的需要，民政部进行了建立农村基层社会保障制度的探索；“八五”期间，经国务院批准，民政部在农村开展了社会养老保险的试点工作，目前，全国已有近2000个县（市）建立了农村社会养老保险制度，有8000多万农民投保，保险本金积累总额达100亿元以上；近几年，民政部根据党中央、国务院的部署和《九五计划和2010年远景目标纲要》的要求，在农村开展建立农村社会保障体系试点的工作，目前已有近60个县（市）开展了这项工作，有的省已在全省范围内普遍推开。但是农村的社会保障总体水平由于多种原因的限制仍然很低，需要大力发展。发展的思路有：

1. 发展农村的社会救济制度。发展农村的社会救济制度的重点是建立农村居民最低生活保障制度，农村最低生活保障制度是国家和社会为保障收入难以维持最基本生活的农村贫困人口而建立的社会救济制度。建立农村最低生活保障制度不仅是改革与完善农村社会救济制度的重大举措，而且也是尽快建立农村社会保障制度的关键。目前绝大部分地区在社会救济中还是沿用“不规范、不统一、实施中具有很大随意性”的传统方法，没有建立最低生活保障制度。

2. 发展农村社会养老保险制度。可以采取个人账户、基金预筹的方式，在农民温饱已经解决、基层组织比较健全的地方，采取政府引导和农民自愿相结合的办法，稳步推进农村社会养老保险。

3. 发展农村合作医疗制度。农村合作医疗制度是由政府支持、农民群众与农村经济组织共同筹资、在医疗上实行互助互济的一种具有医疗保险性质的农村健康保障制度。合作医疗是农民群众迫切需要的保障项目。目前这项制度的农村人口覆盖面不足15%。因此，各地应积极发展与完善农村合作医疗。

4. 发展农村的社会福利制度。农村的社会福利制度当前应以老年人、残疾人和优抚对象等特殊社会群体为主要对象，坚持社会福利社会办的方针，以基层组织和集体经济为依托，个人、集体、国家共同参与，多形式、多渠道、多层次地发展。

5. 发展农村社会互助制度。农村社会互助制度建设的重点是在政府的倡导、组织和资助下，引导社会团体和社会成员自愿参与社会捐赠、社会帮扶、邻里互助等社会互助活动，并使之形成经常化、制度化、规范化的制度。

6. 发展农村社会服务网。农村社会保障服务网络是实施社会保障制度的载体和依托，是农村社会保障的重要内容。当前，以至今后一段较长时期内，要重点建立和完善救灾扶贫服务、老年人服务、残疾人服务、优抚安置服务、婚丧服务等网络，建立和完善运行机制，逐步形成功能齐全、服务优良的社会保障服务网络。

本章内容提要

社会保障制度是指国家通过立法对国民收入进行分配和再分配，对社会成员特别是生活有困难的人员的基本生活权利给予保障的社会安全制度。它包括社会保险、社会福利、社会救济和社会优抚四个方面，其中社会保险是社会保障制度的核心。按照给付基准、财务机制、实施方式和管理方式，社会保障制度有受益基准制与缴款基准制及混合制、现收现付制与基金积累制、强制实施与自愿实施以及多层次投保、国家管理与公私机构管理之分。社会保障制度具有保障功能、稳定功能、分配功能、经济调节功能。社会保障制度是市场经济运行的必要条件，是市场经济体制的一个重要组成部分。具体地说：①它是调节市场竞争结果的需要；②它是转变国有企业经营机制的需要；③它是优化劳动力资源配置的需要；④它是宏观经济调控的需要。

新中国的社会保障事业经过创建、发展、改革和完善，取得了巨大的成绩。但是也存在着保障面过窄、保障水平低、管理制度和财务机制不健全、不能适应人口老龄化和对外开放的要求等弊端，必须进行改革。改革应遵循效率优先兼顾公平原则、法制化原则、社会化原则，权利和义务相统一原则、稳步渐进和重点突破相结合的原则。

要通过多种形式偿还政府对老职工的养老金隐性债务，完善现行社会养老保险制度的管理体制，逐步放松养老金基金投资营运的政府管制等办法，改革和发展我国的养老保险制度；要通过扩大医疗保险的覆盖范围，加强医疗保障经费的征集和管理，健全基本医疗保险基金的运营和监督机制，加强医疗服务管理等办法，改革和发展我国的医疗保险制度；要通过扩大失业保险金的筹集渠道，逐步扩大失业保险范围，强化失业保险管理体制，加强监督机制，失业救济同促进再就业结合起来等办法，发展和完善我国的失业保险制度；要通过建立最低生活保障制度、养老保险制度和合作医疗制度三项制度建设为重点，发展农村的社会保障制度。

第九章　高度重视农业、农村和农民问题

第一节　农业、农村和农民问题是我国革命和建设的根本问题

一、农业是国民经济的基础

农业、农村和农民，是密切相关的三个命题，各自的侧重点不同。农业（第一产业）与工业（第二产业）、服务业（第三产业）相对应，偏重于经济方面。农村既是一个历史概念，也是一个地域概念，与城市相对应，也偏重于社会方面。农民是农业和农村社会活动的主体，与工人、城镇居民、知识分子等相对应，也偏重于社会方面。从更宽泛的意义上讲，农业、农村和农民问题属于一个方面的问题。从一定意义上讲，农业是“三农”问题的核心。

农业是国民经济中的一个重要的物质生产部门，是人类的衣食之源，生存之本。农业生产的根本特征就在于，它是人们利用土地及其它生产资料，通过劳动，把自然界的生物等物质转化为人类自身所需要的基本生活资料和再生产所需要的原料。农业生产的这个根本特征决定了农业在整个国民经济中的基础地位，它主要体现在以下几个方面：

1. 农业是人类生存和一切生产的历史起点与先决条件。人类古代社会最早的具有决定意义的生产部门就是农业，正是由于农业的产生和发展，才为人类的生存和发展提供了比较可靠的和稳定的生活资料来源，人类历史才得以向前发展。马克思说：“土地是一切生产和一切存在的源泉，并且它又是同农业结合着的，而农业是一切多少固定的社会的最初的生产方式。”① “一切劳动首先而且最初是以占有和生产食物为目的的”，而“食物的生产是直接生产者的生存和一切生产的首要条件”。② 恩格斯明确提出：“农业是整个古代世界的决

---

① 《马克思恩格斯选集》第二卷，人民出版社 1972 年版，第 109 页。

② 《马克思恩格斯全集》第 25 卷，人民出版社 1974 年版，第 713～715 页。

定性的生产部门。”①

2. 农业劳动生产率的提高是国民经济其他部门赖以独立化的基础。在农业劳动生产率十分低下时，人类必须把自己的全部劳动都投入到农业生产部门，才能为人类的生存创造出必要数量的生活资料。随着农业生产力的发展和农业劳动生产率的提高，当能够提供出一定的剩余产品时，其他各种经济部门，以及社会政治、文化、科教、艺术等部门，才能由农业中分离出去，分别形成独立的部门。正如马克思所指出：“超过劳动者个人需要的农业劳动生产率，是一切社会的基础。”②

3. 农业是国民经济其他部门进一步发展的基础。国民经济其他部门的发展规模和建设，都取决于农业提供的剩余农产品的规模和数量。农业生产力越是发展，农业劳动生产率越是不断提高，就越能提供出更多的剩余产品，并能为国民经济其他部门发展输送更多的劳动者，从而促进其它各种社会经济活动日益发展和扩大，推动人类文明的繁荣。马克思指出：“社会为生产小麦、牲畜等等所需要的时间越少，它所赢得的从事其他生产，物质的或精神的生产时间就越多”。③

4. 农业为人类和社会再生产提供良好的生态环境。农业创造了地球上最大的人工生态系统，它有利于生态系统的良性循环，是人类社会不可或缺的重要资源。随着全球环境问题的日益突出，农业发展的生态本质将进一步为人类所重视。

农业在国民经济中的基础地位是由农业本身的特性所决定的，是其它部门无法替代的。从国内外经济发展史来看，随着科学技术的进步和新兴部门的不断出现，随着农业生产技术的发展和农业劳动生产率不断提高，尽管社会结构的变化使农业在社会生产中所占的比重逐渐下降，从事农业生产的劳动者人数逐步减少，但决不会改变或降低农业作为国民经济基础的地位。就我国的具体国情来讲，农业的基础地位有着更为重要的特殊意义。

其一，我国是一个传统的农业大国，农业一直是我国国民经济的重要部门。新中国建立以来，农业不仅为全体国民提供了大量的粮食和农副产品等基本生活资料，而且为工业（主要是轻工业）和其它产业提供了原料和广阔的市场。我国农业提供的工业原料占全部工业原料的 40%左右，占轻工业原料的 70%左右；我国轻工业产品约有 2/3 销往农村，大批农用生产资料和建筑材料

① 《马克思恩格斯选集》第四卷，人民出版社 1972 年版，第 145 页。
② 《马克思恩格斯全集》第 25 卷，人民出版社 1974 年版，第 885 页。
③ 《马克思恩格斯全集》第 46 卷上，人民出版社 1979 年版，第 120 页。

等重要工业产品也销售给农村市场；农村经济发展提供的剩余劳动力及产品，也极大地促进了乡镇企业和第三产业的发展。八亿多农村人口的庞大市场将是我国经济持续快速发展的重要因素。

其二，十多亿人口的吃饭问题是我国的第一重大问题。我国人均耕地只有世界平均水平的1/3，人均水资源只有世界平均水平的1/4。如今，我国用占世界7%的耕地养活着占世界22%的人口。这是一个了不起的成就。据估计，我国人口到2030年将达到16亿，那时，随着工业化加速耕地将进一步减少，水资源将更为紧张，民以食为天，食以粮为源。16亿人的吃饭问题无疑仍是头等大事。我国的国情决定了必须从国家自立、民族自强、经济自主的高度来认识和解决粮食问题，我国的粮食供给主要靠自己发展农业来解决，而决不能依赖进口。

其三，农业的发展关系到四个现代化的成败。农业的支撑能力关系到工业化能否顺利实现，关系到整个改革开放和现代化事业的成败。农业的基础地位巩固和加强了，国民经济和社会才能健康发展；农业现代化了，全国才能现代化。很难设想，一个国家的现代化能够建立在其农业未能实现现代化的基点上。

二、农村稳定是整个社会稳定的基础

邓小平曾说过："从中国的实际出发，我们首先解决农村问题。中国有百分之八十的人口住在农村，中国稳定不稳定首先要看这百分之八十稳定不稳定。城市搞得再漂亮，没有农村这一稳定的基础是不行的。"[①] "农村不稳定，整个政治局势就不稳定，农民没有摆脱贫困，就是我国没有摆脱贫困"[②]，"如果不解决这百分之八十的人的生活问题，社会就不是安定的。工业的发展，商业的和其他的经济活动，不能建立在百分之八十的人口的贫困的基础之上。"[③]稳定农村的根本办法，靠发展经济，解决农民的温饱问题，逐步实现共同富裕。

目前，我国农村潜伏着一些不稳定的因素：一是城乡居民收入差距扩大(见表9-1)。另外，多数城镇居民享有较全面的社会保障而绝大多数农民却没有；二是到2001年为止未能摆脱贫困的农民仍高达3000万人，并且已脱贫的人口中有不少随时都可能转回为贫困；三是农村剩余劳动力逐年增加，目前已达1.5亿左右，且由于这些人员自身文化教育水平较低而难以向城市或非农

---

① 《邓小平文选》第三卷，人民出版社1993年版，第65页。

② 同①，第237页。

③ 同①，第117页。

产业转移；四是近年许多地区农民负担有增无减，远远超过了他们的承受能力。这些因素突出的一点就是农民收入水平过低。

表 9-1　　城乡居民年人均收入对照

年份	城镇居民可支配收入	农民纯收入	城乡居民收入比
1978	343.4 元	133.6 元	2.57:1
1985	739.1 元	397.6 元	1.86:1
1995	4283 元	1578 元	2.71:1
2000	6280 元	2253 元	2.79:1
2001	6860 元	2366 元	2.90:1

说明：(1) 如考虑城镇居民的福利住房、公费医疗、价格补贴等隐性收入和灰色收入，城乡居民的实际收入差距会更大。

(2) 资料来源：《中国统计年鉴》。

正是由于广大农民收入水平长期低下，目前，中国已出现生产相对过剩而有效需求不足的局面，这不仅造成了对国外市场较高的依存度，而且还潜藏着引发经济社会危机的可能性。我国历史上多次由于农民贫困等因素诱发社会动荡。目前有些农村基层组织由于不能解决贫困人口的生活困难而在群众中失去威信，致使有的非法宗教势力乘虚而入而争夺基层政权；有些少数民族地区和边疆地区贫困问题长期得不到解决，影响着民族的团结和边疆的巩固。在这方面，国际的经验也值得注意。例如，今天的一些拉美国家虽然经济发展已经达到世界中等收入国家的水平，但由于广大农民处于破产的境地，整个社会因此很不稳定，匪盗猖獗，国民经济的进一步发展受到阻碍。

“我国百分之八十的人口是农民。农民没有积极性，国家就发展不起来。”[①] 农民是党在农村的依靠力量，是我们国家政权最广泛、最深厚的群众基础。从党的历史上讲，在革命战争年代，党正是依靠广大农民的奉献和牺牲，正是因为坚持了“从群众中来，到群众中去”的群众路线，才赢得了革命的胜利；在社会主义建设时期，我们为从“一穷二白”的基础上建成完整独立的工业体系，需要工业化初期的大量积累资金，这些积累资金正是广大农民用劳动和汗水，通过工农业产品价格剪刀差等形式所无私奉献的。党和农民的关系，始终是一个关系党和国家前途命运的重大政治问题。这是由党的宗旨和社

① 《邓小平文选》第三卷，人民出版社 1993 年版，第 213 页。

会主义性质所决定的。中国共产党是中国工人阶级的先锋队，农民是工人阶级的天然同盟军。党的宗旨是全心全意为人民服务，当然包括为广大农民服务。我国是社会主义国家，社会主义就是要解放和发展生产力，消灭剥削和消除两极分化，最终实现全体人民的共同富裕。实现了农村和农民的富裕，党才会赢得广大农民的衷心拥护。赢得农民，党的执政地位就能巩固，工农联盟就能加强，社会主义现代化建设就能顺利进行。目前，我国改革开放和现代化建设进入了新的阶段。我们的工作千头万绪，而农业问题、农村问题和农民问题始终是第一位的问题，任何时候都不容麻痹大意、掉以轻心。

第二节 建立适应市场经济的农业经营体制

一、家庭承包责任制的意义及其局限性

家庭承包责任制是我国农村社区合作组织内部的一种责任制形式。在农业生产中，农户作为一个相对独立的经济实体承包经营集体的土地和其它大型生产资料，按照合同规定自主地进行生产和经营。其经营收入除按合同规定上缴一小部分给集体及缴纳国家税金之外，全部归于农户。集体作为发包方，除了进行必要的协调管理和经营某些工副业外，主要是为农户提供生产服务。

家庭承包制是我国农业集体所有制的具体实现形式，相对于改革开放前的“人民公社”体制来说，它更适应我国农业生产力发展的现状。因此，从 1979 年推行以来，给农业生产带来了巨大的变化，这是有目共睹的。

家庭承包责任制之所以能如此促进农业的快速发展，主要是因为：

1. 它调动了农民的生产积极性和创造性。由于家庭承包责任制是以经济利益作为农户经营活动的原动力的，经营收入除按事先合同规定的比例上缴国家和集体外，余下全部归农户自已，这就意味着经营收入越多，则农户收入就越多。这必然激励农户生产经营积极性的充分发挥，使劳动生产率提高。

2. 以家庭为基本经营单位适应农业生产自身的特点，在发展农业中具有特殊重要的意义，这已为国外经验所证明。目前在国际上，不论农场经营规模大小，大部分都是以家庭为经营单位的。家庭经营有利于调动农民的积极性，也能够适应现代农业发展的需要，这也是我国必须长期坚持家庭联产承包责任制的实践依据。

3. 它使农业生产单位成了自主经营的商品生产者，从而更具有灵活性。在家庭承包经营中，农户除了按合同规定完成承包的生产任务外，还可以自购生产资料发展承包以外的自营经济，经营第二、三产业，独立进行商品生产。

这就促进了我国农业由落后的半自然经济状态向商品经济转变，适应我国国民经济发展的总体方向，这也是使农业经济发生巨大变化的原因之一。

家庭承包责任制的推行，确实给中国农业带来了深刻的变化，但是，它毕竟是在农村生产力低下、经济上以自给为主的历史背景下，为解决农民温饱和激励劳动者积极性而实施的一种变革措施，因此，难免使生产要素的使用趋于平均化。而生产要素使用的平均化会导致农业生产的小规模经营，其结果必然是：

1. 农业生产商品化程度不高。因为户均土地等生产要素有限，所以生产的产品除满足自家消费外，剩余就不多了，真正的商品生产还未实现，这将使我国农业由半自然经济向商品经济转变速度缓慢。

2. 不利于技术进步。分散的一家一户，既缺乏吸纳现代科技的内在动力，往往也不具备采用现代技术的能力和条件，同时也为农业技术推广增加了组织上的难度。从一定时期看，小规模农户如果通过劳动密集型经营也能实现较高的土地生产率的话，但从长远看，由于其缺乏技术进步机制，势必失去进一步发展和成长的能力。这是目前我国农产品科技含量低、农业科技成果转化率低、农业技术进步缓慢的主要原因。

3. 农户收入增长缓慢，使农业投入严重不足。一方面，由于小规模经营，收入增长极其有限，这就很难在满足消费之余挤出更多的资本对农业生产进行再投入，从而严重地影响科技在农业中的运用；另一方面，农民收入增长缓慢，也会不断扩大城乡影响，影响全社会市场购买力的增强。

4. 农业专业化程度难以提高。农业专业化经营，是以一定的农业生产经营规模为基础的。如我国农业中出现的一些“种粮大户”、“种棉大户”、“种菜大户”、“养猪大户”等专业化生产农户，无一不是以一定的经营规模为条件的。因此，小规模经营很难使农业生产专业化。

5. 小规模农户经营，一方面造成户有农业固定资产的重复购置和低效率使用；另一方面又阻碍了大中型农业机械的推广运用。从理论上说，虽然大部分农田作业能由活劳动和小农具来完成，但随着生产力水平提高和经济发展，实现农业机械化以提高农业劳动生产率是必然趋势，而高度分散的小规模土地就不利于开展机械化作业。

可见，随着农民温饱问题的解决和农村产业结构的演变，需要在农民自愿的基础上，从实际出发，使家庭承包责任制得到相应的完善和发展。而建立双层经营体制则是一种有益的发展形式。

二、双层经营体制及其“两个飞跃”

双层经营是实行家庭承包责任制以后形成的一种经营体制。所谓双层，一是家庭分散经营层次，一是集体统一经营层次。家庭经营层次是基础；集体经营层次则是以土地公有为纽带，以村为范围的，以提供产前、产中、产后服务为主的一种社区的合作经营组织。集体经营层次可在一定程度上弥补家庭经营的不足，这主要可以从以下两方面来说明。

首先，集体经营层次由于具有生产服务、组织协调和资产积累等功能，可以在一定程度上弥补农户经营规模狭小的局限性。前面已提到，我国实行家庭承包制后，土地资源使用平均化。据有关部门在全国不同类型地区的280个村定点调查，1990年户均土地规模8.47亩。这样细小分散的规模在一定程度上限制了农户对大中型农业机械的需求和购置，影响了基础设施的建设。同时，农户在生产经营中往往会遇到许多办不了、办不好，或办起来经济上不合算的事情。而通过集体经营层次，可以在较大范围内协调和统筹人力物力财力，采用先进技术，开发、加工和利用当地资源，兴办农田水利，搞好基础设施建设，特别是通过提供机耕、排灌、植保等生产服务，可以在不改变农户经营规模的基础上，实现某些耕作环节的联合作业，或使用先进技术，降低生产成本，发挥规模效益。

其次，从国外的经验来看，产前、产中、产后服务也是由农户以外的服务公司来完成的。国外农业生产一般也以家庭农场或农户经营为主，但同时有许多种组织和公司为之服务。由于农业商品化和现代化程度提高，分工细化，单靠农场主本身无法兼顾产前、产中、产后的所有工作，于是就在各个领域相继出现了大批从事产前、产中、产后服务的合作社和专门的服务公司，把农业从农用物资的供应、农业生产、农产品收购、储运加工包装一直到销售等环节组织成一个有机的整体，使家庭农场的生产成为其中的一个环节。

我国改革的实践以及国外的经验都说明，双层经营是社区一种比较好的合作组织形式。它既承认和保证了农户在生产经营中的主体地位，调动了农户的生产积极性，又保留了合作或联合的某些功能，有利于发挥集体统一经营的优越性。不过，我国目前的农业双层经营体制发展得还不够成熟，尤其是集体经营层次的作用还没有充分发挥，需要进一步健全和完善。

1990年3月，邓小平在与几位中央负责同志的谈话中说："中国社会主义农业的改革和发展，从长远的观点看，要有两个飞跃。第一个飞跃，是废除人民公社，实行家庭联产承包为主的责任制。这是一个很大的前进，要长期坚持不变。第二个飞跃，是适应科学种田和生产社会化的需要，发展适度规模经营，发展集体经济，这是又一个很大的前进，当然这是很长的过程。"[①] 邓小

① 《邓小平文选》第三卷，人民出版社1993年版，第355页。

平的上述讲话，为中国农业的改革与发展提示了一种前景，指明了中国农业改革和发展的方向。但我们要从各地实际出发去领会邓小平的这一精神，绝不能一哄而起，在当前就去竞相搞农业第二个飞跃。

关于家庭承包责任制长期坚持不变精神的贯彻已无异议，在1993年秋季召开的中央农村工作会议上，中央及时宣布，在第一阶段土地承包期15年到期之后，土地承包期再延长30年。在1997年1月中央农村工作会议上又重申了这项政策，明确提出："第一轮承包到期的地方，一定要按照中央规定抓紧做好延长土地承包期的工作，已经延长承包期的，要长期保持稳定。"

农业能否以及在何时实现第二个飞跃，不是凭主观意愿，而是需要条件的。发展适度经营是农业第二个飞跃的一项重要内容，它所需要的条件是：①农业科技比较发达，农业机械化及农用计算机信息技术、生物工程技术等广泛采用；②农村非农产业要有所发展，农业剩余劳动力能够转移出去，这是适度集中土地、扩大农业规模经营所需的最重要条件；③农民文化素质的提高，特别是农民驾驭规模经营所需的管理素质的提高；④建立农村社会保障体制，消除农民放弃土地之后可能产生的后顾之忧；⑤农民眷恋土地的传统观念的彻底转变。

从目前我国的全局看，除少数沿海地区和大城市郊区已开始具备实现农业第二个飞跃的某些条件外，全国大部分内陆地区应该说目前仍处在第一个飞跃阶段，家庭承包责任制仍有待继续巩固和完善。现阶段稳定土地承包关系，巩固和完善家庭承包责任制，是我国政府在农村的一项长期的重要政策。在条件不具备的时候，轻易改变和违背这项政策，将会冲击农村的社会经济秩序，带来新的不稳定。要从各地实际出发，根据对农业规模内涵的科学认识，沿着邓小平指明的农业现代化的方向，一步一个脚印地扎实向前迈进。

三、适应社会主义市场经济的农业经营体制

如上所述，改革开放以来，农业经营体制发生了重大变化，但仍然适应不了市场经济的要求。因此，适应社会主义市场经济体制改革目标，农业经营体制必然要发生深刻的变化，要建立起适应社会主义市场经济体制的新的农业经营体制，这种新的农业经营体制的基本特征是：市场在土地资源配置中起基础性作用；农户的自主经营；农业实行产业化。

（一）适应市场经济的农村土地制度

实行家庭承包制，实际上是在不改变所有制的情况下，建立了土地所有权和使用权两权分离的机制；同时也确立了家庭经营的主体地位，实现了公有土地与家庭经营方式的结合。但是，农村土地制度的改革并未结束，从产权管理、使用到流动还有许多问题需要解决。

在市场经济条件下，土地既是一种自然资源又是一种资产。农村土地制度改革的目标不仅是资源的合理利用，还要实现资产的保值和增值。无论土地所有权实行的是私有制还是公有制，无论生产经营方式存在多大差别，在制度上，一定要明确与所有权相关的一系列产权关系。建立适应市场经济的农村土地制度，最主要的是要发挥市场在土地资源配置中的基础性作用。为此：

1. 要界定产权、明确产权关系。即要在现有家庭承包经营的基础上把集体对土地的所有权、农户对土地的使用权和其它权利的内容、界限、实现方式等加以明确和规范，并建立起行使权利的法律程序和法律保护。这是具有不同经济利益的法人实体进入市场，进行等价交换、平等竞争的基础。

2. 要建立起灵活的土地流转机制。土地是最基本的农业生产要素，只有建立起灵活有效的土地流转机制，才能实现其同劳动力、资金、技术的优化组合。根据我国国情，土地流转的核心是使用权的有偿转让，即利用地租地价刺激土地公有、家庭承包基础上的使用权转移，它不同于土地私有基础上的流动，因而不会也不应该改变农村集体所有的性质。

3. 要有配套的服务体系。除了完善社区组织的土地管理和服务职能外，还要有信贷、信息及法律服务和社会保障制度方面的配套服务，要形成土地市场的服务体系。

4. 要有国家的管理、干预和调控。即政府要运用经济政策、经济杠杆和法律，引导干预土地的使用和流转方向，以保证土地合理的利用并符合国民经济全局的需要。

（二）家庭承包责任制基础上的农户自主经营

农户作为基本生产经营单位，是独立的商品生产者和经营者，具有商品生产者和经营者应有的权利、义务和责任，任何行政单位无权干预他们的合法经营，更不能损害他们的经济利益。在遵守国家有关政策和法令的前提下，农户有权从自身利益出发，根据市场情况，自主地选择经营方向和经营方式。农户对国家只有照章纳税和服从国家政策法令的义务，没有听从国家行政机关确定自己经营方向的责任。农户同国家的关系，在经营上主要是等价交换的市场关系。因此，为适应高层经济体制的建立，我国必须在改革中承认和保证农户的商品生产者和经营者的地位，维护农户作为商品生产者和经营者的权利和利益。如果不承认农户是具有独立利益的商品生产者和经营者，随意侵犯农户的应有权力和利益，那么农户的经营活动就很难接受市场调节，从而严重损伤农户的生产积极性。

从我国目前的状况来看，不承认或不维护农户是自主经营的商品生产者和经营者的现象是存在的，如随意向农户搞不合理摊派，随意提高农业生产资料价格，硬性确定农户种植方向甚至品种等行为，都严重地损害了农民利益。以上这些行为，在改革中必须加以纠正。

(三) 农业的产业化

在市场经济体制中，生产者都是在分工基础上为市场交换而进行生产的，因此，专业化或产业化是市场经济的基本特征。适应高层经济发展的要求，我国的农户应由现在的半自给半商品生产状态逐步过渡到完全的商品生产者状态，使农户进行产业化生产。

"农业产业化"就是以市场为导向，以加工企业或合作经济组织为依托，以广大农户为基础，将农业再生产过程的产前、产中、产后诸环节联结为一个完整的产业体系，实现种、养、加工和产供销一体化经营。农业产业化，有利于延长农业的产业链，提高农业的整体效益，是推进农业和农村经济战略性调整的有效途径，也是在家庭经营基础上实现农业现代化的一条现实途径。

在农业产业化的发展过程中，以下两个问题必须高度重视。其一，必须实行主导产业的集约化。"小而全"的种植结构不可能产生国内外市场有竞争力的大产业。各地政府要加强规范和政策引导，坚持从本地实际出发，因地制宜地发展特色产业，在某一个产业或某一个产品上形成在国内外市场上的比较优势，获得比较效益。其二，必须处理好农业产业化链条中各个环节的利益关系，一定要坚持以经济利益为纽带，把龙头企业、基地、农户紧密联结成一个整体，切忌政府搞"拉郎配"，避免产业结构雷同和盲目重复建设。

四、我国农村经济市场化的内涵

(一) 农业经营活动市场化

为了建立起我国适应市场经济体制的农业经营体制，农村经济在迈向市场化方面还有许多路要走，就目前来说，首要的是尽快实现农业经营市场化。

从市场经济的内在要求来看，农业经营活动市场化的主要内容有：

其一，调节农业经营活动的经济规律主要是价值规律，必须使价值规律真正发挥作用。

价值规律的实现机制是市场机制，而市场机制最核心内容是价格和竞争。因此，必须从根本上肯定价格机制和竞争机制的有效作用。

从目前的现状来看，要使价格机制和竞争机制很好地发挥作用，就必须沿着下述思路推进改革：继续放开农产品市场，在此基础上建立农产品，尤其是大宗农产品的市场调节基金，并且建立农产品风险安全储备制度和农产品批发市场体系，降低农产品生产和交易的非正常风险压力。要反对地区封锁，逐步形成全国统一的、多层次的、多品种的农产品市场网络，从而使价格机制和竞争机制有良好的作用条件。

其二，培育和完善市场体系，使农户能真正地根据市场信号自主选择经营方向，使价格等市场机制能真正地发挥作用。

目前，我国还没有形成全国统一的农产品市场体系，使农产品的价格、比价严重扭曲，同价值及供求状况严重脱节，实际上起了逆向调节作用。对此，必须进行以下几方面的改革：

1. 放开粮价，完善粮食储备调节体系。长期以来，我国政府规定粮食征购价格，由于受财力的限制，粮食收购价格尽管不断提高，但仍与粮食的价值有一定距离。改革的目标是放开粮价，建立主要由市场调节的粮食购销体制。建立有效的粮食储备调节体系，其关键是国家专储业务与国有粮食企业的经营业务严格分开，粮食风险基金要到位。粮食专储体系的运转，应通过市场来进行，储备粮的来源，一方面在国内市场上购买一部分；另一方面从国际市场购买一部分。储备粮抛售时，应在国家批发市场上公开进行，而且不要按固定平价抛售，要按市价逐步降价抛价。

2. 消除地区封锁，形成国内统一市场。我国国土面积大，地区之间年景差异较大，只要形成全国统一的市场，地区之间的余缺调节也是一种有效的稳定国内市场的手段。从1995年起实行的“米袋子”省长负责制，要求各个省粮食自求平衡的做法，无论粮食出现丰裕或短缺，都难以避免产区和销区的利益冲突。

协调粮食等产品的产区和销区利益关系的根本出路是逐步形成全国统一的市场（含粮食市场），应在发育批发市场的基础上，由产区和销区签定购销合同，由国家制定专项法律，保证合同的有效性。

3. 积极培育市场中介组织，促进市场体系的建立和完善。国内经验表明，大力促进市场中介组织的发展，提高农民在流通领域的组织化程度，有助于协调农户小生产与大市场的矛盾，有助于提高市场经济中农民的谈判地位和农业的交易地位，缓解“买难”、“卖难”问题，进而有助于农业的稳定增长。市场中介组织的发育，应该根据公平竞争的原则，实行多元并存，不断完善，注意保护农民利益。

（二）农业资源流动市场化

在市场经济体制下，不仅农业经营活动要市场化，而且农业资源的流动也要市场化。

在传统体制下，农业资源的流动是以行政性直接调拨为特征的，这主要表现在农业与非农业资源的流动上。如国家采用以价格剪刀差为特征的征购及派购方式，从农业部门取得工业积累资金和原料。由此导致农业的规模收益极其低下；另一方面，又造成非农业部门的行业垄断与部门分割并存。

在市场经济条件下，农业资源的行政调拨已全部失去了其存在的意义，必须使农业资源流动市场化。具体的政策措施应包括：允许农民在非农业部门中投资和开办企业；允许农业包、租、买小型国有企业，以及购买国有或集体企业的股票；吸引农民到城市第三产业中的生活服务业、商业及第二产业的建筑、纺织、铸造、采掘等部门中就业，以此打破过去长期形成的城乡之间资源的非流动性；更大限度地发展乡镇企业；通过各种有效措施促进农业劳动力向非农业的转移，增强就业的竞争性；等等。

当然，市场不仅要调节农业与非农业部门之间资源的合理流动，而且还要促进农业部门内部的资源流动。而实现农业部门内部资源流动的市场化，主要是发育和完善农产品和农用生产资料市场，特别是农业生产要素市场，如土地转让市场（前面已论述过）、农村劳动力市场、农机等劳动资料市场、金融市场等，使农业部门内部的资源流动市场化。

（三）政府对农业的调控市场化

在市场经济条件下，农业经营活动市场化和农业资源流动市场化都是必然的。这是农业被纳入市场经济轨道的必然结果。但是，在市场经济条件下，单纯的市场调节还不能完全保证农业的持续发展。因为农业作为一个特殊的生产部门，如果单纯依靠市场的自发调节，必然会给国家和农户带来重大的损失，并且从总体上破坏农业资源。因此，必须在农业经营市场化和农业资源流动市场化的基础上，由政府对农业生产活动进行调节。我国已加入世界贸易组织，政府调节要符合世界贸易组织的相关要求，做必要的调整和改革。政府调节主要有以下几方面的内容：

其一，对于市场经济调节不能有效解决但对农业发展却至关重要的问题，政府要以自己的优势对其进行有效调节。

一般来说，这方面的问题包括：

1. 大型的农业基本建设，特别是农田水利建设等大范围协作性农业基本建设。在家庭承包经营责任制情况下，农业以农户为基本生产单位，分散、小规模经营是特点，市场无法解决农业基本建设问题。惟一可行的办法是由政府来组织农户进行农业基本建设活动，即通过联合的形式组织协作，用联合起来的集体力量来进行大规模的农业基本建设。当然，这种联合不能搞无偿性调拨，而要进行有偿协作，即也要体现市场性。

2. 农业科技推广。目前分散经营的农户，由于资金、承担风险和小规模经营等问题，自身无法去进行农业科技研究和推广。在市场经济条件下，政府的财政支持是农业科研和推广部门生存与发展的关键条件。我国目前亟待增加对农业科学研究的财政投入。

3. 农业的资金投入。农业的资金投放，即使在市场经济条件下也要靠国家和农户共同来承担。在市场经济条件下，政府对农业的投入方向主要有两个方面：一方面是基础性、公共性项目，作用是以有限投资吸引各方更多的后续投资。例如，政府把灌溉水引到地块附近，就会吸引农民继续在提水喷灌装置上投资。另一方面是对某些同实现政策目标有关的项目提供鼓励性的补贴。例如，对购买某种先进设备、使用某项环保措施给予贴息或适当补贴。

4. 充分运用世界贸易组织《农产品协议》的“黄箱政策”，把世界贸易组织对我国允许的国内综合支持水平用好。“黄箱政策”主要包括价格支持、营销贷款、牲畜数量补贴、面积补贴、种子化肥灌溉补贴等。这类政策均列入国内综合支持水平（简称 AMS)。对这类补贴各国需承诺减让，其减让幅度以1986～1988 年各国农业平均总产值的一定比例为限（发达国家为 5%，发展中国家为 10%)。按这一测试方法计算，我国的 AMS 可达 485 亿元，而目前实际仅 270 亿元，其中还有 200 多亿元的调控支持空间。

其二，对市场调节中的盲目性及事后性，政府要进行有效的校正和补充，以消灭生产的大起大落和资源的浪费。

市场调节有固有的盲目性和事后性，在承认市场调节的基础上，要校正这种盲目性和事后性，就必须大力发展信息调节又不可能由农户来承担。因为农户受其利益及地位和视野的限制，不可能获得足够的科学的综合信息，这就使得信息调节主要由政府承担。也就是说，政府要通过提供以市场供求预测为主的信息服务，来帮助农户进行市场选择，决定经营方向和经营规模，以避免单凭价格机制事后调节所带来的生产波动。有效地进行政府的这种信息调节，要做好以下四方面的工作：一是加强市场需求预测和信息传递工作；二是开展多形式多层次的市场需求咨询业务；三是分析和研究市场需求信息中被扭曲的各种因素，并及时剔除这些因素的影响；四是及时统计和公布供给方面的信息。

其三，有计划地完善市场调节的条件与环境，形成良好的市场调节基础。这方面工作主要包括：

1. 加强农产品市场法规及机构的建设，保证农产品市场的有效运行。

2. 消除行政对农产品的过多干预，特别要防止某些行政单位操纵市场，垄断经营，把损失和风险转嫁给农户的现象。

3. 要根据公平原则逐步调整国内区域间的利益关系，从而消除封锁和垄断的利益基础，保证市场确实能择优汰劣。

4. 尽快出台、完善世界贸易组织允许范围内的有关技术配套措施，消除国外高技术壁垒对我国农产品的不利影响。一方面，加强动植物的检疫工作；另一方面，在我国有优势的方面制定相应的反措施，运用技术壁垒阻挡国外农产品的冲击。如采取基因产品申报证制度、基因食品标记等办法，限制转基因大豆进口等。

5. 建立农村保险和保障制度，以及各种形式的旨在调节市场供给时差性的储备制度，以消除市场调节中的过大波动及过分风险压力，以求得农业的持续增长。

（四）农业社会化与服务市场化

农村家庭经营受规模和功能的限制，无法直接同现代化的大市场对接，而必须由一个功能齐全和规模适当的服务体系，把农民家庭做不了和做起来在经济上不合算的事担当起来。因此，市场经济中的农业组织结构的框架可大致表述为：家庭农场+社会化服务体系。

在市场经济条件下，农业的社会化服务也应市场化，但应分别就不同的服务采取不同的措施。农业社会化服务体系可以因其功能和机制不同分成三类。

第一类是为实施政府农业政策而设立的机构。这类机构的服务一般应采取免费或只收少量成本费，主要是由财政支付费用的办法。这类服务机构主要有县乡应有的科技、供销、信用、粮食等专业服务机构，如科技推广站、农机服务站等。提供的服务有农业生产资料的购买服务、科技开发的推广服务、农用生产资料修理服务、耕种及排灌专业化服务等。这一类服务机构不能以营利为目的，而是应该把为农业、为农民服务放在首位，坚持以服务为主要目的。但应该以市场为导向，要在提供服务的同时引导农民有效地进入市场。

第二类是农民自己的合作性服务组织。其主要功能是在某些经营环节上通过合作来取得规模效应、降低成本和提高市场竞争力，如农田水利设施的换工互助或共建共用，生产资料的共同采购，某些农产品的共同加工、贮存、运输和销售，以及某些金融和保险领域的合作等。

在市场经济中，这类合作性服务组织在农业服务体系中将是最大量、最活跃的部分。它们应该以企业形态进入市场，提供服务应实行等价交换原则收取服务费，并且以营利为目的，追求利润的极大化。只有这样，才能使服务机构的规模可大可小，边界可伸可缩，内部则按合作社原则管理。

第三类是商业性服务机构。主要是为农业和农民服务的第三产业企业。如经营生产资料、农产品加工和销售、从事农业工程的公司、银行、保险的分支机构、会计师和律师事务所等。这类机构是农民进入市场不可缺少的。

在农户规模较小，自我组织能力较低的情况下，某些涉农的公司同农民采取贸工农一体化等不同紧密度的联合经营形式，对农工商各方面都是有利的。这类服务机构自然是企业性质，以营利为目的，实行市场化的服务。

总之，通过以上四个方面的市场化，将使我国的农业经营体制有较大的改革，更适应社会主义市场经济体制的要求，最终实现农业向社会主义市场经济的转化。

第三节 加快农业和农村经济发展

一、新世纪我国农业和农村经济发展面临的形势

(一) 农业和农村经济发展已进入新阶段

经过新中国成立之后五十多年特别是近二十多年的改革与发展，我国农业和农村经济发展取得了举世瞩目的伟大成就，农业综合生产能力显著提高，农村经济结构不断优化，农民收入有较大增长，全国农村总体上已实现了小康。当前，我国农业和农村经济已进入一个新阶段，其主要特征有：

1. 伴随农业综合生产能力的不断提高，农产品供给状况发生了历史性转变，初步实现了供求总量基本平衡、年年有余。目前大多数农产品人均产量已超过世界水平，其中粮食产量基本稳定在400公斤。农产品供求关系的变化，使农业生产的目标由追求农产品产量向提高其质量和效益转变。

2. 农民增收已从过去的主要依靠农产品尤其是粮食增产和提高价格，转向主要依靠调整农业结构和发展多种经营。农民收入增加显现出来源非农化、增收因素多元化、收入形态货币化的趋势，来自非农产业的收入在农民收入中的比重显著增加。

3. 科技进步成为农业和农村经济发展的主要推动力。改革开放以来，我国粮食等农产品大幅度增长，一个主要因素是实行了家庭承包制，释放了农民的巨大潜能。目前，农业和农村经济增长正逐步转移到主要依靠科技进步和提高劳动者素质的轨道上来。

4. 市场配置资源的基础性作用日益增强，农业的市场化程度不断提高。目前绝大多数农产品的生产和流通已完全由市场调节。与此同时，国家对农业发展的指导由主要依靠行政手段转向政策引导、法律规范和经济手段调控。

5. 随着经济全球化深入发展和我国已加入世界贸易组织，我国农业和农村经济的发展受国际市场的影响将越来越大。

上述这些阶段性变化，既为我国农业和农村经济的发展奠定了良好的基础，也为我国农业和农村的发展提出了新的任务和更高的要求。

(二) 我国农业和农村经济面临的机遇和挑战

进入21世纪，我国农业和农村经济发展机遇与挑战并存。面临的机遇是：第一，国民经济的持续快速发展为农业和农村经济的发展将创造日益宽松

的环境。我国已经进入工业化中期阶段，综合国力和国家对经济的宏观调控能力显著增强，国家相继制定了一系列支持农业和农村发展的重大政策措施，具备了不断增加对其支持与保护的物质基础。

第二，农产品市场需求日益旺盛和多样化，给农业带来广阔的前景。虽然近几年我国农产品在总量上确实出现了供过于求的局面，但这种过剩，是阶段性、结构性、地区性过剩，也是低消费水平下的过剩。我国优质农产品比重还较小，难以满足消费需求；我国地域辽阔，经济发展极不平衡，居民尤其是农民的总体消费水平还不高，还有一部分人口尚未解决温饱；农产品、水产品、畜产品加工转化品的消费量还比较低，需求潜力还很大。从长远看，随着人口增加和人民生活水平的提高，以及工业化和城镇化步伐的加快，现有的农业生产能力与巨大的需求潜力相比还是远远不够的。

第三，新的农业科技革命为农业发展提供强大的技术后盾。随着综合国力的增强和科教兴国战略的进一步实施，我国农业科学研究和技术开发能力必将大大增强，科技成果推广体系逐步调整和完善，科技对农业发展的贡献率将进一步提高，农业高新技术产业也将取得迅猛发展，科技在我国农业发展中将得到更为广泛的应用，作用更加明显和突出。

第四，农业的对外开放将有利于我国农业的发展。入世后我国农业更广泛地参与国际分工与合作，能够更好地利用国内国外两种资源和两个市场，进一步加强与国外农产品的交换，有利于实现优势互补，促进技术进步，提高劳动生产率和资源的配置效率。

进入21世纪，我国农业和农村经济发展也面临严峻的挑战。主要有：

第一，市场配置资源的机制尚不健全，结构调整带有盲目性。20世纪90年代以来开始加速的农业市场化，为农民提供了“什么赚钱种什么”的可能，但问题是农民不知道“究竟种什么赚钱”，而且“种了是否一定赚钱”。农业生产安排仍带有盲目性，一哄而起、一哄而下的现象时有发生。在市场经济条件下，生产主要是以市场为导向，市场成为优化资源配置的主要手段。然而目前在我国，市场优化农业结构的机制还不完善。主要表现在：①低素质的、高度分散的小农还不能适应市场主体的地位。他们往往没有能力去获取、分析市场信息以把握市场变化，或由于自身拥有商品数量很少而没有热情去关注市场，或是因组织性差而在市场交易中处于不利地位。②农业社会化服务体系、农产品市场体系和国家对农业的支持保护体系还不完善。这使得众多分散的农户，不能得到及时有效的市场信息、技术、购销、信贷等全方位的服务，很难适应市场经济发展的要求。在这种情况下，市场调整农业结构的动态过程往往伴随着生产的大涨大落，这几乎在每一种农产品上都曾经出现过。生产的这种波动严重挫伤农业生产者的积极性。

第二，农业科技支撑乏力。农业技术进步贡献率低是困扰我国农业发展的老大难问题。农业技术进步涉及科研、推广、应用三个环节。在市场经济条件下，技术进步取决于科技有效供给与有效的内在亲和力，这种亲和力是技术推广这个中间环节活力的源泉。从农业科技供给即农业科研方面看，目前我国农业科研体制还存在很多弊端，表面上看，科研成果倍增，但实际上真正高效实用的技术成果并不多。农业技术实际是有效供给不足。从农业科技需求方面看，目前我国农业技术有效需求明显不足，这主要是由于农业经营体制弊端和农业所面临的环境条件所致。例如，一家一户的小规模分散经营，缺乏规模效益，客观上排斥某些现代化技术的采用；农业比较利益低，农民寻求技术变革发展农业生产的动力不足；大部分农民文化素质低，尤其是在农村产业结构调整中，高素质劳力大都流向非农产业，"386199"部队（指妇女、儿童、老人）成了农业生产的主力军，对新技术缺乏认识和接纳能力。

第三，农业资源短缺、基础设施和生态环境脆弱。我国人口问题已经积重难返，农业资源承载压力很大。我国人均耕地面积仅相当于世界平均水平的1/3，人均淡水资源只有世界平均水平的1/4，人均森林面积不足其1/6，人均草地面积不足其1/2。而且随着人口增长，形势将更为严峻。农业资源的短缺是农业发展的长期制约因素。多年来，为了克服资源短缺的影响，尽快解决人民的吃饭问题，一方面加强农业的基础设施建设；一方面强化资源的开发利用，使农业综合生产能力不断提高。但是，农业基础设施建设的速度，农业抗御自然灾害的能力还较弱。尤其是资源的过度开发，造成水土流失和土地荒漠化加剧，草地退化、沙化、碱化面积扩大，森林植被和流域湖泊面积减少，使得自然灾害频繁发生，农业生产中使用大量的化肥、农药、除草剂等，造成了严重的生态环境问题，对农业生产构成严重威胁。

第四，农村剩余劳动力继续增加，就业压力加剧。随着科技的不断进步和农业劳动生产率的提高，国内和国际双重竞争的加剧，使农村剩余劳动力将继续增加。按照世界平均的劳动生产率大致推算，我国种植业最多只需要4000万～5000万人，而2000年末，我国农村就业人数为4.99亿人。据估计，到"十五"末期，全国剩余劳动力将增加到1.8亿人左右。解决庞大的农村剩余劳动力就业是一项十分艰巨的任务，可以说是世纪难题。

二、加快农业和农村经济发展的措施

（一）严格控制人口增长，全面提高人口素质

我国最大的特点是人多，而且农民是大头。由于人口基数巨大，每年新增农村人口众多，进入劳动年龄人口的增长速度大大超过对劳动力的需求，这对

农业劳动力转移造成了极大的制约。农村人口增长势头过猛难以抑制的原因：一是大部分人口的素质较低，缺乏控制自身、优化后代的意识，尤其是人口流动的自由度增大之后，不受控制的生育迅速增加；二是人口政策不够得力，也不够完善，大量低素质人口繁衍过猛却又得不到惩罚，而能够自我控制的高素质人口得不到奖励；三是农村社会保障制度未能真正建立起来，“养儿防老”等传统观念难以从制度上加以克服。从国外的经验不难看出，凡是农业劳动力转移规模较大、农业就业人口比重很小的国家，几乎都是人口自然增长率很低的国家。如果不坚决控制人口，要解决我国农业劳动力转移问题，那将是极为漫长和痛苦的。

我国农村人口众多，是负担，也是财富，它表明潜在人力资源十分丰富；若开发得好，就能得到巨大的人力资本并使之增值。开发人力资源、提高劳动者素质既是21世纪我国农村实现现代化的根本途径，也是现代化的目标要求之一。目前，发达国家80%的农业收益来源于先进的科技，而在我国，由于受传统生产方式的制约，农民靠天吃饭的思想依然十分严重，对农业新技术、新成果的认识不足，不愿推广。农业技术社会化服务不健全固然是一个重要原因，但关键还在于农民文化科技素质整体偏低。我国文盲、半文盲尚占农村人口的13.5%，小学文化程度的占36.2%，初中文化程度的占40.5%。大量事实证明，农业劳动生产率和农业生产者收入水平与农业生产者文化素质呈正比例关系。文化素质较高的农民，掌握农业新技术的能力较强，获得信息渠道较广，能够根据市场行情的变化，及时调整生产结构，从而得到更多的收益。

21世纪将是科学技术加速发展的世纪。科技发展使生产对劳动力的需求越来越少。在全球化进程中，世界范围内就业岗位的增加速度，远远赶不上经济本身的增长速度、扩张速度。在这种情况下，如果说我国在未来的发展过程中有多种障碍需要清除的话，那么，农民文化素质整体水平低则是其中最主要的一个障碍。开发人力资源，全面提高人口素质是当务之急。

全面提高人口素质的根本途径是增加教育投资，尤其是加大政府的公共教育支出。目前我国公共教育支出占国内生产总值的比重不仅低于欧美等发达国家，而且低于东欧一些转型国家，也低于大多数发展中国家。世界大多数国家的公共教育经费开支占国民生产总值的比重都为5%左右，而我国教育支出占国民生产总值的比重不到世界平均水平的一半，1995年仅为2.1%。由于我国公共教育经费占国民生产总值的比重低，人口又多，必然分摊到每个受教育的学生经费也低。据联合国教科文组织1991年统计，我国公共教育支出约占全球的17.9%，按人均教育经费计算，我国1991年人均为10.13美元，不足发展中国家平均水平42美元的1/4，甚至只相当于非洲国家平均水平30美元的

1/3左右。这种状况如不改变，它将成为影响我国经济社会发展的一个长期问题。

（二）保护和提高粮食生产能力

粮食是人类生存和发展的必需品，是关系国计民生的战略物资。保持粮食供求的长期平衡，关系到国民经济的健康发展和整个社会的稳定。巩固和加强农业的基础地位，首要的是要保护和提高粮食生产能力。粮食问题的重要特殊性，决定了任何时候都不能放松粮食生产。近几年，粮食连续获得好收成，国家储备和农民存粮明显增加，粮食总量出现了供过于求的局面。但对粮食供求形势必须保持清醒的认识。从长远看，农业资源紧缺对粮食生产的制约，人口增长、经济发展和人民生活水平提高对粮食供给的要求，都决定了对粮食问题始终不能掉以轻心。据估计，“十五”末期，我国大陆人口将增至13.3亿人，按人均粮食消费410公斤左右计算，2005年粮食需求量就达5.45亿吨，考虑到加入世界贸易组织等因素，粮食生产能力也应达到5.3亿吨以上。因此，要高度重视保护和提高粮食生产能力，建立符合我国国情和社会主义市场经济要求的粮食安全体系。为此，要重点抓好以下几个环节：

1. 保持全国耕地总量动态平衡。土地是农业生产的基础。保护和提高粮食生产能力，首先要确保耕地资源总量的动态平衡，要认真贯彻落实“十分珍惜和合理利用每寸土地，切实保护耕地”的基本国策，处理好经济建设与保护耕地的关系。要坚决贯彻《基本农田保护条例》，建立健全基本农田保护制度，严禁乱占耕地，严格控制基本农田转为非农业用地。在保护好基本农田的基础上，保持粮食播种面积的相对稳定。要实行占用耕地与开发、复垦挂钩的政策，对依法批准占用的耕地，要实行“谁占用，谁补偿”、“占一补一”制度。

2. 加大政府对粮食生产的扶持力度。充分利用世界贸易组织规则的“绿箱”政策，加大对粮食生产的扶持力度，积极引导社会各方面资金，多渠道增加粮食生产的投入。要继续建设国家大型商品粮基地，完善农田水利配套设施，加强中低产田改造，建立生产性基础设施与科研、技术推广服务相结合的生产基地，形成能够提供足够商品量、为全国粮食安全和食物安全提供基本保证的若干专业化粮食生产片区。从加快粮食品种更新，增加粮食生产的科技含量入手，不断提高粮食综合生产能力。继续实施“种子”工程，实现种子生产专业化、经营集团化、育繁推销一体化、粮食用种商品化和管理规范化，力争良种在增产中的贡献份额达到新的水平。

3. 优化粮食生产布局。粮食主产区在全国粮食生产中举足轻重，要充分发挥粮食优势，加快优质粮食品种的引进、繁育和推广，大力发展粮食的加工转化，由数量型向质量型、效益型转变。国家要在农业基础设施建设、粮食收购储存、发展粮食加工等方面，加大对粮食主产区的支持力度，把粮食主产区建成优质稳定高产的商品粮、加工专用粮、饲料粮生产基地和畜产品基地，提高粮食生产综合效益。积极鼓励粮食主产区和销区建立长期稳定的购销关系。西部生态环境比较脆弱的地区，要有计划、有步骤地实施退耕还林还草，因地制宜发展特色农业。沿海经济发达地区和大中城市郊区，要在保护基本农田的前提下，调整种植业结构，大力发展高效农业和创新农业。

(三) 把增加农民收入放在突出位置

增加农民收入，不仅关系到农业和农村的发展，也关系到国民经济的全局。改革开放以来，农民收入水平大幅度提高。1978～2000年，农民人均纯收入年均增幅接近8%。但随着农业和农村经济的阶段性变化，农民收入增幅减缓，1997年农民人均纯收入增长4.6%，1998年增长4.3%，1999年增长3.8%，2000年只增长2.1%，城乡居民收入差距又回到改革开放前的水平(见表9-1)。

农民收入增幅减缓的原因是多方面的。主要有：

第一，农业生产发展面临多种难题。①耕地加剧减少的势头未能得到有效遏制，过量的资源流失严重危及到农业之本，直接威胁着农民收入水平的进一步提高。从1978～1995年，我国耕地平均每年净减少2.6万公顷，累计减少441.9万公顷。②农业投入不足，农业基础薄弱，难以保证农业生产的稳定发展，不利于农民收入的持续提高。从1986年以来十多年间，国家财政支农支出占总支出比重年际间忽高忽低，未能形成一条稳定的轨迹。地方政府对农业的投入严格受制于其经济实力，欠发达地区对农业的投入极其有限。③农业科研、推广滞后，影响了农业生产持续发展和产业结构调整。④农产品价格大幅度下降，农业收入大幅度减少。有人做过一个计算，全国粮食总产年均以1万亿斤计，1996年11月，大米、小麦、玉米三种粮食的平均市价为1.0355亿元，而到1999年11月，其平均市价为0.7075元/斤，当年粮食所得7075亿元，比1996年减少3280亿元。

第二，乡镇企业的发展面临多种困难，农业劳动力转移受阻。改革开放后，我国乡镇企业虽然得到了长足发展，但并不能掩盖其进一步发展所面临的诸多问题。如产权不清，政企不分的情况依然严重；规模过小，布局分散，结构失衡的问题十分突出；资金短缺，负债率高；经济效益下降，实际亏损面占全部企业的1/3左右；技术落后，管理混乱，产品质量低劣等。这些问题的存在，影响了乡镇企业的进一步发展。随着乡镇企业经营机制的转变，以及由当初的劳动密集型向资本密集型转变，直接造成对农业劳动力的吸纳能力的减弱。1996年末，乡镇企业固定资产原值比1985年增加21.4倍，达16051.29

亿元，而吸纳的农村劳动力仅增加0.9倍，为1308.3万人。农业剩余劳动力转移的另一大去向是大中城市。随着城市企业改革力度的加大而导致的下岗和失业人员的增加，不少城市政府设置了许多阻挠农民进城务工的壁垒，其中包括向农民收取名目繁多的入城费，致使农民打工收入和非农业经营收入明显减少。

第三，农民负担过重。农民负担过重问题，是在我国农村改革后发生的。由于我国目前存在二元经济结构和城乡分离体制，农民负担也被分割为两部分，即农民对其自身所在的农村社区的经济负担和对国家的经济负担。据有关部门统计，1997年农民承担的“提留”、“统筹”、“以资代劳”等费用，全国人均约为180元，占上年人均收入的10%以上，占农民现金收入的16%，已远远超过“上年人均收入5%”的最高限。除此以外，农民负担还来自中小学乱收费、看病乱收费及高价电费等方面。农民负担降不下来的一个直接原因是乡村两级机构臃肿，行政经费膨胀。地方财政收入有限，只有高息举债和增加农民负担，而债务最终还是要落在农民头上。据不完全统计，全国目前县乡两级政府所欠的债务就有6000多亿元，仅每年支付利息至少在800亿元。

农民增收困难，城乡收入差距扩大，严重影响了农业生产投入的能力，影响了农村消费市场的开拓，不仅成为影响农村经济发展和社会稳定的重要因素，而且成为国民经济中的实际问题。党中央提出必须把增加农民收入作为农业和农村经济发展的出发点和落脚点，放在农业和农村工作的突出位置，是非常正确和必要的。由于农村阶段性变化带来新的制约因素，依靠沿袭过去单纯追求农产品数量、依靠农产品提价，以及通过乡镇企业的粗放式扩张来增加农民收入已不现实。当前增加农民收入要求采取新的对策和措施。重点是：

1. 加快乡镇企业结构调整，大力发展农村服务业。乡镇企业是国民经济的一支重要力量，其增加值已占全国GDP的1/3，占农村社会增加值的2/3。它在技术进步、产品更新换代和开拓国内外市场等方面仍蕴藏着巨大的发展潜力。要站在全局和战略的高度，继续支持乡镇企业的发展。大力推进乡镇企业结构调整和机制创新。积极发展集体企业和个体私营企业，提供更多的就业岗位。进一步拓宽中小企业的融资渠道，完善中小企业信用担保制度，缓解其资金紧缺状况。下大力气加快发展农村服务业，重点建设好农产品批发市场，积极开拓农村资金和劳动力市场，发展交通、通信、金融、保险、信息服务和技术服务等行业，开发农村房地产业和旅游等新兴产业，促进农村非农产业的健康发展。

2. 发展小城镇，推进城镇化。发展小城镇是转移农村剩余劳动力，推进我国城镇化的重要途径。要坚持合理布局，科学规划，规模适度，注重实效。

把发展的重点放到县城和部分基础条件好、发展潜力大的建制镇，使之尽快完善功能，集聚人口，发挥农村地域性经济、文化中心的作用。把引导乡镇企业合理聚集、完善农村市场体系、发展农业产业化经营和社会化服务等与小城镇建设有机结合起来，加快培育小城镇经济基础，促进小城镇经济发展。继续深化小城镇管理体制的改革，以户籍制度改革为突破口，着力排除农村人口向小城镇聚集的体制性、政策性障碍，降低农村人口和乡镇企业进入小城镇的门槛。同时，大中城市也要取消阻挠农民进城务工的壁垒，不断提高城市管理水平，发挥城市更大的集聚效应，为更多的农民进城务工提供更多的就业岗位。

3. 调整产业结构，发展优质高产高效农业。调整优化结构是现阶段农业发展面临的重大课题，必须开阔新思路，拓展新空间，实现新发展。当前调整农业产业结构要坚持六个原则，实现三个突破。六个坚持是：一是坚持以市场为导向；二是坚持农民意愿；三是坚持发挥区域比较优势；四是坚持依靠科技进步；五是坚持运用经济手段；六是坚持提高农业综合生产能力。三个突破：一是要在引导农民克服“总是跟在别人后面转”等陈旧观念上有所突破；二是要在淘汰不适合市场需求的农产品上有所突破，大力发展名特优新产品，把发展畜牧业作为增加农民收入的战略重点；三是要在拉开农产品品种品质差价上有所突破，切实做到优质优价。

4. 深化农村改革，切实减轻农民负担。减轻农民负担，要采取综合措施，深化农村改革，实行标本兼治。一是要加快农民负担立法，积极探索治本之策，加快研究和实施农村税费改革等方案，变名目繁多的各种收费为统一的依法征税，真正把农民负担纳入规范化管理的轨道。二是下决心推进乡镇机构改革。我国现行的乡镇政府组织实质是计划经济时代的产物，是人民公社政治经济一体化特征的延续。目前，它既是市场竞争的裁判者，又是市场竞争的参与者；既是对上级政府负责的行政机构，又是地方经济的管理机构。经历几十年，乡镇一级政府已是人浮于事、机构臃肿，已成为农民重负的主要来源。因此，从实际出发，改革乡镇机构，有必要考虑取消乡镇一级政府，将相应必要的职能转为县（市）级派出机构来承担。据估算，撤销乡镇一级政府组织机构后，现有行政编制人员和事业单位按精简一半计算，全国可减少近 2000 万人，每年至少可为农民减轻 2000 亿元负担。同时，地、县二级机构和人员还要下大力气精简。三是切实贯彻执行村民自治制度和村务公开制度，增加公共资源使用的透明度，定期将收支情况公之于众，建立相应的监督制度，防止村级干部滥用权力和腐败。四是依法对农村的教育、供电、医疗等公用事业和垄断部门的收费进行严格管理、监督和稽查，杜绝各种乱收费行为。五是要实行“收支两条线”制度，让各级干部的工资由国家和地方财政统一支出，把征税和发放地方官员工资这一"收"、一"支"两条线完全分开，把不合理负担减下来。

5. 各地城市政府要为农民进城务工经商提供方便。要彻底清理、取消各种不合理的限制和乱收费，切实保障进城农民的合法权益。

(四) 切实加强农业和农村基础设施及生态环境建设

加强农业和农村基础设施及生态环境建设，是扩大内需，促进经济增长的重要内容，也是实现农业可持续发展的迫切要求。尤其是在我国加入世界贸易组织的新形势下，必须把加强农业和农村基础设施建设作为国家扶持和保护农业的一项重大措施来抓，提高我国农业的国际竞争力。

1. 加强农田水利基本建设。旱涝灾害历来是中华民族的心腹大患。我国地处季风气候地区，是一个旱涝灾害频繁的国家，几乎年年有灾情，几年一大灾。特别是近些年，旱涝灾害频繁发生，1997 年特大旱灾历史罕见，1998 年长江、嫩江和松花江发生了几十年甚至百年不遇的洪涝灾害，1999 年秋季旱情也十分严重，2000 年更是遇到了罕见的春夏连旱。这足以说明我国农田水利等基础设施建设仍十分薄弱。因此，必须进一步加大农业基础设施建设的力度，按照兴利除害结合，开源节流并重，防洪抗旱并举，在下大力气搞好大江、大河、大湖治理和重大引水工程建设的同时，切实加强农田水利基本建设，特别要把发展节水旱作农业作为一项革命性措施来抓，大幅度提高灌溉水的利用率和农田水利利用效率，这是解决我国干旱缺水问题的一条根本性措施。要树立节水意识和科学用水意识，制定节水旱作农业发展规划，建立健全节约用水的管理机制，加快现有大中型灌区水利设施的修复和完善，在有条件的地方积极推广喷灌、滴灌、渗灌等多种节水技术，尽快形成适应我国国情的节水型农业发展模式。

2. 加强生态环境建设。生态环境是人类生存和发展的基本条件，是经济、社会发展的基础。保护和建设好生态环境，是我国现代化建设中必须始终坚持的一项基本方针，是关系中华民族生存和发展的长远大计。要按照《全国生态环境建设规划》要求，突出重点，量力而行，分步实施，优先把目前生态环境最为脆弱、对改善全国生态环境最具影响的黄河、长江上中游地区、风沙区、草原区作为生态环境建设的重点，力争在短期内有所突破。继续抓好重点地区生态建设综合治理。继续加强对生态环境建设项目的统筹协调，抓好长江上游、黄河上中游等重点地区防护林体系建设，大力植树种草，推进东北、华北、西北等重点地区的防护林建设，提高森林覆盖率。利用国家实施西部大开发和粮食比较充裕的有利时机加快退耕还林、还草、还湖步伐。加快小流域综合治理，涵养水源，减少水土流失。加大对草原退化、沙化、碱化的治理力度，加强草原建设和保护。加大林木种苗和草籽基地建设。控制农用工业产品不合理使用和工业发展对土地和水资源的污染，加强沿海水域环境和鱼类资源的保护。要把生态环境建设与产业开发、农民脱贫致富、区域经济发展结合起来。广泛发动群众大力开展义务植树种草活动，坚持“谁造谁有，合造共有”的政策，充分调动广大群众保护和建设生态环境的积极性，努力遏制生态环境日趋恶化的势头，再造秀美山川。

3. 加强农村基础设施建设。我国在整体进入建设小康社会的新阶段后，广大农民更加追求生产、生活环境的改善，对农村交通、通信、供电、供水等基础设施提出了更高的要求。当前我国农村基础设施建设总体上还比较落后，既严重制约了农业和农村经济的发展，也影响了农村市场的开拓。目前农村有效需求不足，除了受农民收入的制约，还有消费环境的制约。加强农村基础设施建设，不仅有利于改善农村发展环境，提高农民生活质量，而且对刺激农民消费、增加农民收入，进而扩大内需，实现国民经济持续发展都具有重要意义。因此，必须加快与农民生产和生活密切相关的农村基础设施建设。加快农村道路的修建，改善农村交通状况，方便人民生活，繁荣农村经济；加强农村电网建设，增加对变电设备的投入，保证农村用电的稳定性，逐步降低农村电价，实现城乡同电同价；加强和完善农村生活用水供应，逐步改善上、下水设施，为洗衣机等电器的使用提供条件；在农村地区尤其是山区增建一定数量的电视差转台，保证农村电视机的收视效果。

加强农业和农村基础设施及生态环境建设，必须加大政府投资力度，进一步完善国家、集体和个人投资相结合的投资机制。在大幅度增加国家对农村基本建设投入的基础上，改革和完善农村投融资体制，发挥农村集体和农户增加农村基础设施投入的积极性。动员商业、供销、邮电、通信、电力、能源、交通等部门和农村居民联合开发，共同经营。引导信贷资金和社会资金更多地投向农业和农村基础设施建设及生态环境保护。

本章内容提要

农业、农村和农民问题是我国革命和建设的根本问题。农业是国民经济的基础，其主要体现在：①农业是人类生存和一切生产的起点与先决条件；②农业劳动生产率的提高是国民经济其他部门赖以独立化的基础；③农业是国民经济其他部门的进一步发展的基础；④农业为人类和社会再生产提供良好的生态环境。

就我国的具体国情而言，农业的基础地位有着更为重要的特殊意义：其一，农业一直是我国国民经济的重要部门；其二，十多亿人口的吃饭问题是我国的第一重大问题；其三，农业的发展关系到四个现代化的成败。

我国农业的发展经历了曲折的过程，其经营方式也发生了很大变化。家庭分散经营和集体统一经营的双层经营体制给我国农业的发展带来了一次质的飞跃。但是，这种经营体制仍然适应不了市场经济的要求。适应市场经济的农业经营体制的基本特征应是：市场在土地资源配置中起基础性作用；农户的自主经营；农业实行产业化。

进入新世纪，我国农业和农村经济进入了一个新阶段，机遇和挑战并存。面临的机遇是：①国民经济的持续快速发展为农业和农村经济的发展将创造日益宽松的环境；②农产品市场需求日益旺盛和多样化给农业带来广阔的前景；③新的农业科技革命为农业的发展提供强大的技术后盾；④农业的对外开放将有利于我国农业的发展。面临的挑战主要有：①市场配置资源的机制尚不健全；②农业科技支撑乏力；③农业资源短缺、基础设施和生态环境脆弱；④农村剩余劳动力继续增加，就业压力加剧。

加快农业和农村经济发展的主要措施是：①严格控制人口增长，全面提高人口素质；②保护和提高粮食生产能力；③把增加农民收入放在突出位置；④切实加强农业和农村基础设施及生态环境建设。

第十章　加速中国市场经济的国际化

第一节　中国市场经济国际化的必然性

一、市场经济国际化的必然性

国际化是世界各国市场经济发展的共同趋势。所谓市场经济国际化，就是指在世界各国市场经济发展到一定水平，纯粹的国内市场已不能满足经济发展的需要，各国经济通过国际贸易、资本的国际运动等经济纽带愈来愈密切地联系在一起的趋势。

这一趋势的产生和发展是人类社会发展到一定历史阶段的产物，是生产社会化的必然结果。在资本主义以前的社会，由于自给自足的自然经济占统治地位，社会化大生产尚未形成，因而不具备经济国际化的客观条件。当时，国家之间虽然有了某些经济上的往来，建立了对外贸易关系，但总的说来，各国还是处于闭关自守的状态。市场经济国际化的形成与发展，已有数百年的历史。它是与产业革命密切联系在一起的。第一次产业革命导致了市场经济国际化的初步形成。18世纪后半叶，随着蒸汽机的出现和迅速推广应用，带动了一系列新兴工业部门的出现，社会的生产结构也发生了重大变化，极大地促进了社会生产力的发展。迅速发展起来的生产力，已经不能被一国狭小的国内市场所容纳，必然要向世界范围扩张，到其它国家和地区去寻找新的商品销售市场和原材料来源，最终导致了国际分工、国际贸易、世界市场的形成和发展，把一切国家的国内市场经济都联结为统一的世界市场经济了，一切国家的生产和消费都成为世界性的了。这样，市场经济的国际化也就初步形成了。正如马克思、恩格斯所说："资产阶级，由于开拓了世界市场，使一切国家的生产和消费都成为世界性的了。"[①]"过去那种地方的和民族的自给自足和闭关自守状态，

---

① 《马克思恩格斯选集》第一卷，人民出版社1972年版，第254页。

被各民族的各方面的互相往来和互相依赖所代替了”。[①] 第二次产业革命有力地促进了市场经济国际化的发展。19世纪末20世纪初，以电力的发明和运用为标志的第二次产业革命，进一步推动了社会生产力的巨大发展，促进了生产社会化程度的大幅度提高，从而加强和扩大了世界各国之间的经济联系，为市场经济国际化的发展提供了充分的物质条件。这一时期，汽车、飞机、无线电、以及庞大的世界铁路网络的形成，把整个世界似乎变小了，使世界各地间的距离似乎缩短了。再加上广播、电视、电话的普及，使得世界各国之间的经济联系更为直接和迅速。所有这些，为各国之间的经济往来提供了极大的方便和可能性。它不仅使国际贸易进一步发展，而且出现了资本的国际运动，出现了大规模的资本输出与跨国生产。这一现象有力地证明了市场经济的国际化已经发展到一个新的阶段，世界各国的经济联系已从流通领域扩大到生产领域，市场经济的国际化已具备了更加坚实的基础。

市场经济的国际化是当今世界经济发展的客观要求。第二次世界大战结束以后，世界上爆发了以电子计算机的发明和推广应用为标志的第三次产业革命。电子计算机作为控制机，一旦与机器相结合，便使传统的工农业生产发生了一次根本性的变革。它不但改进了产品的性能，极大地提高了产品的质量，而且大大提高了生产的自动化程度，迅速地发展了社会生产力，促进了生产社会化程度的提高，使生产水平与生产规模达到了前所未有的高度。第三次产业革命影响所及，极大地改变了人们的生产与生活面貌，并在各个方面对市场经济国际化提出了新的要求。

第一，要求更加细密的国际分工与协作。第三次产业革命后，出现了一个庞大的产业技术群和种类繁多的新产品，各国在新的科技革命中各有优势和劣势，为了更快发展自己，必须扬长避短，更积极地参与国际分工与协作，以达到节约本国社会劳动，获得更大的经济效益。美国闻名世界的大型波音747客机，所需450万个零部件除美国自制的外，来自6个国家11000家大企业和15000家中小企业。日本马自达汽车公司的玛塔敞篷车，设计工作在美国加州，筹资在日本，样本在英国制造，主要零部件产自日本，但组装在墨西哥，销售市场在美国。

第二，要求资源配置的国际化。世界各国自然资源的分布状况是很不平衡的。现代经济的发展所造成的对资源需求的迅速增加则进一步加剧了这种不平衡。各国要想实现经济的均衡发展，就必须充分利用别国资源。当今世界，每个国家都在进口外国资源，只不过进口的数量有别、品种有异而已。经济越发

① 《马克思恩格斯选集》第一卷，人民出版社1972年版，第255页。

达的国家，其原料的对外依赖就越大。当今世界上的美、日、德三个经济大国，同时也是世界上的主要原料进口国。

第三，要求市场进一步国际化。建立在信息革命即第三次产业革命基础上的现代经济活动，不仅规模巨大，而且发展速度极快，它使得一国国内的生产与消费、产品与市场、资源的供应与需求之间的矛盾比以往任何时候都更加尖锐。要想很好地解决这些矛盾，必须走市场经济国际化的道路，到国际市场上去寻找更加广阔的空间与舞台。近半个世纪来，世界贸易额的增长率一般超过世界生产增长率的 1 倍，有时超过更多。

第四，要求资本的进一步国际化。新产业革命的爆发，导致了一系列新兴产业的崛起；同时也促成了一系列传统产业的改造、更新或衰落，在世界范围内出现了产业结构调整和转移的浪潮。而产业结构在不同国家的调整和转移，必然要求各国资本大规模的跨国运动与之相适应。目前世界资本市场日成交量已达 1.3 万亿美元左右。

第五，要求科技开发和应用的国际化。新的科技革命带动起来的庞大的新产业技术群，无疑为各国充分利用新技术发展本国经济创造了有利条件。因为第三次新技术革命的一个重要特点是新技术涉及范围广、科技开发投入多、风险大。加之个别国家科技投入与科技开发力量的有限性，决定了每个国家在科技方面都有自己的长处和短处。要想最大限度地分享新技术革命的成果，就必须走科技开发和应用国际化的道路，共同投资、共同开发、共担风险、共享成果。在这方面，有 19 个国家参加，投资达 140 亿法郎的“尤里卡”计划，就是当代各国科技合作的典型例证。

走向国际化也是社会主义市场经济的内在要求。随着社会主义制度的诞生，一方面，社会主义市场经济作为一种新型的市场经济与资本主义市场经济相区别；另一方面，它又因具有市场经济的共性而与资本主义市场经济相联系、相统一，二者在经济运行的规律与运行机制等一系列方面，都有许多相同或相近地地方，有着共同的经济规律和发展趋势。国际化既是资本主义市场经济发展的必然趋势，也是社会主义市场经济发展的内在要求。之所以这样，是因为随着社会主义市场经济的迅速发展，生产规模必将迅速扩大，生产出来的商品必将越来越多，资金需求必将越来越大，多余的资源和产品要求到世界市场去实现，而不足的资源、产品以及短缺的资金、技术等则要从国外引进来加以弥补。这样，单纯的国内市场将变得日渐狭小，越来越不适应社会主义经济发展的要求。最终突破狭小的国内市场的束缚也就成了社会主义市场经济发展的必然趋势。而社会主义市场经济一旦实现了国际化，社会主义国家经济发展中所面临的一系列问题和困难，比如，资金短缺、技术落后、资源不足等，都可以通过与世界市场的接轨而实现优化组合、扬长避短，使问题和困难得到较好的解决。因此，社会主义市场经济作为整个世界市场经济的有机组成部分，必须走国际化之路。

二、中国市场经济国际化的必要性

市场经济国际化不仅是当今世界经济发展的必然趋势，同时它也是我国现代化建设的客观要求。

第一，市场经济国际化，是加快摆脱贫困与落后的需要。我国原本是世界上文明发达最早的国家之一，开放的历史比较早。载入史册的丝绸之路和郑和三下西洋，就是我国对外开展商品、技术交流和对外友好往来的成功范例。但自明成祖死后，中国便走上了闭关锁国之路。尤其是到了清政府时期，实行海上禁运，不许任何人到海外经商，也不准外国商船到中国境内，把中国孤立于世界之外。长期的闭关政策，一方面使我国长期对西方的政治、经济、军事、文化情况缺乏了解，尤其对资本主义生产发展状况缺乏了解；另一方面，由于根深蒂固的、落后的、闭塞的封建意识和统治阶级的百般阻挠，扼杀了商品经济在中国的发展，致使中国社会的生产力渐趋落后。正是在对历史和现实的反思中，邓小平深有感慨地指出："一个国家要取得真正的政治独立，必须努力摆脱贫困。而要摆脱贫困，在经济政策和对外政策上都要立足于自己的实际，不要给自己设置障碍，不要孤立于世界之外。根据中国的经验，把自己孤立于世界之外是不利的。"①

第二，市场经济国际化，是我国利用国外的资金、技术和管理经验的需要。我国的经济建设需要大量资金。解决建设资金问题，除了依靠自力更生、艰苦奋斗外，一个可行的办法就是利用外资，弥补我国建设资金的不足。建设现代化的经济，根本途径还要靠先进技术。我国目前的技术水平与发达国家相差仍较远。因此，我们必须在充分利用国内科技成果的同时，大力引进和推广国外的先进技术，为我国的经济建设服务。现代化建设还需要有先进的管理。"社会主义要赢得与资本主义相比较的优势，就必须大胆吸收和借鉴人类社会创造的一切文明成果，吸收和借鉴当今世界各国包括资本主义发达国家的一切反映现代社会化生产规律的先进经营方式、管理方法。"② 引进和学习国外的先进经验，有利于我国建立科学的管理制度，实施科学的管理，促进经济发展。

第三，市场经济国际化，是我国提高经济效益的需要。无论是发达国家还

---

① 《邓小平文选》第三卷，人民出版社 1993 年版，第 202 页。

② 同①，第 373 页。

是发展中国家，其自然条件都有优劣之分，劳动生产率有高低之别，技术水平有先进与落后之异，这就决定了各国在社会生产的各个领域都有各自不同的优势和劣势。只有积极参与国际分工和合作，集中力量发展自己的优势产业或产品，停止生产成本高、价格高、在国际上无竞争力的产品，才能充分发挥自己的优势和长处，然后通过国际市场的转换机制，出口优势产品，进口自己不能生产或自己生产不合算的产品，以此实现各国经济间的扬长避短，优势互补，达到节约社会劳动的目的。就我国情况而言，虽然我们的总体水平还比较落后，但在许多方面，如资源、劳动力和科学技术等方面仍有自己的优势。只要我们坚定不移地走市场经济国际化之路，充分发挥现有的优势，就能扬长避短，节约社会劳动，提高经济效益，加速发展自己。

第四，市场经济国际化，是保证我国国民经济协调发展的需要。如前所述，每个国家受其自身特有的自然条件和经济技术条件的限制和影响，不可能拥有发展经济所必需的全部资源。因此，只有同其他国家互通有无、调剂余缺，才能保证本国经济稳定协调地迅速发展。这就要求我们跳出“小而全”、“大而全”、“万事不求人”的旧的思想框架，坚决按市场经济的规律办事，充分利用国内与国际两个市场，不断开拓国际与国内两种资源，出口多余产品以扬长，进口短缺物资以避短，就能有效地保证社会主义国民经济协调发展。

第五，市场经济国际化，是为我国现代化建设创造一个良好的国际环境的需要。社会主义现代化建设是国际性的事业，需要各国人民的相互支援。市场经济国际化可以密切同世界各国人民的友好往来，增进相互了解和友谊，有利地于我国同世界上不同社会制度的国家和民族和平共处，有利于反对和制止战争，维护世界和平，从而为我国的现代化建设创造一个良好的国际环境。同样，随着我国市场经济的进一步国际化，我国的国际地位和国际形象也将获得进一步的提高和改善，我国的统一大业将早日实现。

第二节　中国市场经济国际化的基本形式

一、对外贸易

对外贸易是市场经济国际化的主要内容，是其它国际化形式的基础。无论是利用外资、引进技术，还是对外经济援助等等，都和对外贸易有着密切的关系。对外贸易是国与国之间的商品交换关系，是国际间的商品流通，它包括进口和出口两个方面。出口与进口贸易额相等称之为外贸平衡，出口额大于进口额称之为外贸顺差，也叫出超；进口额大于出口额称之为外贸逆差，也叫入超。

改革开放以来，我国对外贸易取得了巨大成绩。进出口总额从1978年的206亿美元提高到2001年的5098亿美元，其中出口2662亿美元，进口2436亿美元，增加近24倍，在世界上的排名从32位上升到第6位。20世纪90年代以来，我国外贸已从过去长期逆差转为顺差。2001年底，外汇储备达2122亿美元，仅次于日本位居世界第2位。

对外贸易是社会主义市场经济的重要组成部分，是整个国民经济运行所必需的国际条件，它对于加速本国经济的发展，提高人民生活水平起着十分重要的作用。

第一，有利于协调再生产的比例关系。资源是生产的要素，而每一个国家的资源分布是不平衡的。因此出口本国的优势产品，进口生产急需的重要物资，以弥补自然条件和技术条件造成的某些短缺，从而使资源得到最有效的利用和配置，有利于改善供求不平衡状况，协调再生产比例关系，促进生产健康发展。

第二，有利于改善人民生活。通过对外贸易，进口一些国内不能供应或供应不足而人民又确实不可缺少的生活资料和某些日用消费品，以补充、繁荣国内市场，更好地满足人民的物质文化生活的需要，丰富人民生活。

第三，有利于提高科技水平。通过对外贸易，进口国外的先进技术和设备，有利于加速国民经济技术改造和设备更新，改变经济技术落后状况，迅速提高劳动生产率，从而加速社会主义建设步伐。

第四，有利于提高在国际上的竞争力。在对外贸易中，商品是按国际价值进行交换的。国际价值是国际上平均的社会必要劳动时间决定的商品价值。在国际市场上，如果一个国家出口商品的国内价值低于国际价值，那就可获得收益。因此，通过对外贸易，使出口产品在国际市场上接受检验和竞争，从而促使企业改进技术，改善管理，提高经济效益，进而提高一国经济在国际市场上的竞争力。

第五，有利于积累资金和增加外汇收入。通过对外贸易，可以利用国际分工和世界市场，出口成本上具有优势的产品，换取成本上处于劣势的产品，从而节省社会劳动，取得比较经济利益，增加价值总量，扩大积累。同时，通过扩大出口贸易，还可以增加外汇收入，更好地满足建设资金的需要。

发展对外贸易必须制定正确的对外贸易发展战略。

1. 实行“全方位”对外贸易发展战略，即在对外贸易的国别的方向上应是全方位的。要根据国家的利益和国际环境制定国别贸易政策，注意贸易多边化，防止过分侧重于少数国家的情况。比如，据统计，1990年我国对香港地区、日本、欧盟和美国出口总额为465亿美元，占我国当年出口总额612亿美元的74.8%。然而当时我国对拉美、大洋洲、非洲的出口分别仅占出口总额的1.98%,1.96%和1.11%，与东欧与俄罗斯的贸易也呈停滞状态。

2. 进出口应实行进口替代与出口替代兼用并施的战略。进口替代战略是指用本国产品来代替原来进口和现在需要进口的产品，使原来进口产品国产化，并以此带动其它产业的发展，所以可以称之为内向型经济。出口替代战略是利用国内的资源优势，自已生产工业制成品出口来代替原来的初级产品出口，以此带动整个国民经济的发展，所以又称这为外向型经济。我国要综合运用"进口替代"和"出口替代"战略，并逐步加大"外向"发展的比重，特别是有条件的地区要加快向外向型经济转变。

3. 实行进出口商品的多层次化战略。要根据一定时期的国际市场状况和我国经济建设的重点及我国经济实际，实现进出口商品的多层次化。进出口商品的多层次化，能使我国发挥多种优势，及时改变我国的产业结构，促进经济合理、均衡地发展。

4. 实施"以质取胜"战略。我国国情决定了我国不能依靠发展"低质价廉"的资源密集型产品扩大出口，根本出路在于提高出口产品的质量、档次，发挥我国劳动力和科技优势，尽量由粗放型经营转变为集约型经营，由"以量取胜"转变为"以质取胜"。实施"以质取胜"战略，必须牢固树立"质量第一，信誉第一"和"质量是效益的核心"的观念。"以质取胜"战略的目标是使外贸逐步走上高质量、多品种、高创汇的发展轨道。

5. 扩大出口战略。发展对外贸易的关键在于扩大出口。因为不管采取什么方式进口设备，引进先进技术和利用外资，最终主要靠出口商品所得外汇来偿付。所以出口是对外贸易的基础，没有出口就不可能进口，出口规模决定进口规模。应力争做到以"出"养"进"，以"出"促"进"，更大规模地促进国内产品进入和占领国际市场。

二、对外资金交流

对外资金交流是指资金在国家间的流出流入，它包括资金输入与资金输出两个方面。在对外资金交流中，我国主要是输入外国资金，即利用外资来进行经济建设或从事对外经济活动。改革开放二十多年来，我国在吸收和利用外资上取得重大成效。截至2001年底，我国共利用外资6000亿美元，其中包括：吸收外商投资3900多亿美元，各种海外借款700多亿美元，通过股票上市在海外融资300多亿美元。20世纪90年代后，平均每年吸收外资400亿美元。1993年以来，我国已连续5年成为世界上吸引外资最多的发展中国家，成为世界上外国资本的第二大输入国，仅次于美国。

利用外资已成为加速各国经济发展的重要手段。积极而慎重地引进和利用外资对我国经济发展具有特别重要的意义和作用。①它有利于补充国内资金不足和解决外汇缺乏的困难，增加资金投入量，加速经济的发展；②有利于引进先进技术和设备，推动国民经济的技术改造和设备更新，加速提高科学技术水平，提高劳动生产率；③有利于扩大生产规模和生产能力，满足国家建设和人民生活的需要；④有利于扩大劳动就业、培养人才，提高经济管理水平；⑤有利于开拓国际市场，扩大出口贸易，增加外汇收入。

为了正确吸收和利用外资，必须坚持以下主要原则：第一，吸收和利用外资，要根据偿还能力和国内资金、物资配套能力，合理确定利用外资的规模和范围。第二，必须有利于提高综合经济效益。只有对利用外资从各方面进行全面分析，对综合经济效益做出全面评价，才能判断吸收和利用外资的得失，并做出正确决策。第三，必须维护国家主权和民族利益，拒绝一切不平等和奴役性条件，坚持平等互利原则。要有利于增强本国经济实力和自力更生的能力。

我国利用外资的形式主要有两类。一类是吸收外国直接投资；另一类是吸收外国贷款。

吸收外国直接投资的主要形式是兴办中外合资企业、中外合作企业和外商独资企业。

吸收外国贷款的形式主要有以下两种：第一，财政信贷。包括：①出口信贷。就是外国公私银行，为了扶助出口国厂商对我国出口成套设备或达成大宗交易而提供信贷。这又可分为买方信贷和卖方信贷。前者实际上是外国银行直接向我国银行或企业提供的一种银行信用，我们可以利用这笔贷款购买外国厂商出口的设备，然后再分期向外国银行偿还；后者实际上是外国厂商从外国银行获得贷款后，向我国提供的商业信用；②政府贷款。就是外国政府向我国提供的贷款；③银行之间的往来。如中国银行和一些外国银行签订互相存款的协议；④在国际金融市场上筹措资金；⑤国际金融组织提供的贷款。第二，商品信贷。主要是补偿贸易以及某些加工装配业务中利用的信贷。具体做法是，外商向我们提供技术、设备和必要的原材料，由我们用于生产或开发资源，然后再以产品分配偿还，所以这是一种商品信贷。有的加工装配业务需要由外商提供某些机器设备，其价款用工缴费分期偿还，其性质也是商品信贷。

在积极引进和利用外资的同时，我国也向国外投资，兴办国际化企业。到2001年底，我国在境外投资的企业达6610多家，遍及世界139个国家和地区，投资123.3亿美元。大力发展跨国公司，不仅有助于带动我国的商品和劳务的出口，有助于打破各国的贸易保护壁垒，实现就地生产，就地销售，而且还可以获得稳定的原材料来源，弥补国内部分资源和投资的不足，保证我国经济的协调发展。随着我国社会主义经济力量的壮大，综合国力的增强，我国的对外投资和跨国经营将会扩大。

三、对外技术交流

对外技术交流，是指生产技术和技术设备在国家（地区）与国家（地区）之间的有偿转让，它包括引进技术和出口技术两个方面。我国目前以引进先进技术为主。

由于各国的历史条件、自然条件和经济条件的不同，科学技术的发展总是不平衡的。这就要求各国之间经常不断地进行国际间的技术交流，取长补短，互相促进。这种技术交流是推动科技和生产发展不可缺少的条件。随着社会生产力的发展，各国互相引进先进技术的活动日益频繁，它已成为各国经济发展的客观要求。世界上不少国家和地区就是走从国外引进先进科学技术的道路而快速发展起来的。

科学技术是人类在长期生产斗争和科学实验中创造和积累起来的共同财富。它没有阶级性，也没有国家和民族的界限，任何国家和民族都可以使用。“科学技术是人类共同创造的财富。任何一个民族、一个国家，都需要学习别的民族、别的国家的长处，学习人家的先进科学技术。”[①] 我国是发展中国家，经济技术相对落后，更加需要发展对外技术交流，积极引进世界各国已取得的科技成果。科技是第一生产力。社会主义经济建设的实践证明，积极引进先进技术和设备，对社会主义经济发展有着重要的促进作用。

第一，可以避免漫长的摸索过程，为生产技术达到世界先进水平赢得时间。据统计，一项技术发明，从科研、试验、设计到成批投产，一般需要 10～15 年时间，而引进国外技术到投产，平均只需要 5 年，有的只需要 2～3 年就可以完成。日本的科学技术能够在战后短短的二十年左右的时间，走完欧美各国的 40～50 年的路程，主要依靠引进先进技术。

第二，可以节省大量科研和试制费用，节省建设资金。购买现成的已经成熟的技术不仅节约时间，而且比从头研制所费资金要少得多。例如：日本从 1950～1975 年，先后从 40 多个国家引进 25700 项新技术，耗资大约为 60 亿美元，如果这些技术由日本自研自制，不仅要花费 4 倍的时间，而且所需费用估计得花 1800～2000 亿美元，相当于引进费用的 30 倍左右。马克思说的“一台新机器初次制造的费用和再生产的费用有很大的差别”[②]，就是这个意思。

第三，可以推进国民经济的技术改造和设备更新，加速生产技术的发展，

① 《邓小平文选》第三卷，人民出版社 1993 年版，第 91 页。
② 《马克思恩格斯全集》第 25 卷，人民出版社 1972 年版，第 120 页。

迅速提高劳动生产率。在现代化生产条件下，劳动生产率的提高主要靠在生产上采用先进的技术。18世纪下半叶，蒸汽动力的发明和蒸汽机应用于生产，使资本主义生产由手工劳动时代进入大机器工业时代。此后不到一百年的时间内，创造了比过去一切世纪创造的社会财富还要多。20世纪上半叶，原子能、电子、航天、激光等技术的发展及其应用于生产，使得当前一些发达国家的劳动生产率大大提高，约有60%甚至70%～80%的财富要靠新科学技术创造。因此，通过先进技术的引进、吸收和推广，能有效地推动国民经济的技术改造和设备更新，迅速提高劳动生产率。

第四，可以学习外国先进科技和现代管理方法，提高科学研究水平和经营管理水平。在技术引进过程中，即从谈判、协议、设计、技术人员和操作工人的培训、设备的安装、工艺流程设计、试产直到投产的整个过程中，工人必须掌握相应的操作、维修技术，技术人员必须掌握有关的现代化管理知识，这样，机器方能正常运转，引进才算告成。因此，随着一项新技术项目引进的成功，往往就会造就和培养一批新的技术和管理人才，促进科学研究水平和经营管理水平的提高。

通过技术引进还可以带动人才引进、智力引进。邓小平说："要利用外国智力，请一些外国人来参加我们的重点建设以及各方面的建设。……他们长期来也好，短期来也好，专门为一个项目来也好。请来之后，应该很好地发挥他们的作用。"① 我们要利用外国智力为我国现代化建设服务。引进外国人才和智力，不仅有利于加快经济发展，而且也有利于促进科学研究水平和经营管理水平的提高。

我国引进技术，重点是引进软件、先进技术、先进设备和先进的经营管理知识。引进技术必须坚持以下原则：首先，引进要有计划、有选择、有重点、讲究经济效益。对引进的技术项目要进行可行性研究。其次，把引进和创新结合起来。引进技术必须同国内的运用、吸收、消化和创新相结合，而绝不能不加分析，照抄照搬。再次，要有利于增强本国经济实力和自力更生的能力。一般说来，凡是国内能够生产和供应的技术设备决不引进，要着重引进那些投资少、见效快、盈利多、创汇率高的技术项目。

我国引进技术的主要形式有以下几种：一是引进"硬件"，即引进成套设备和关键设备。二是引进"软件"，即通过技术转让、生产合作、科技合作、技术咨询和技术服务等方式引进技术。三是引进智力，包括聘请外国专家来我国担任企业顾问或领导；组织外国专家和学者来我国讲学，交流技术；选派技

① 《邓小平文选》第三卷，人民出版社1993年版，第32页。

术人员、学者到国外学习和考察。我国应更加重视引进“软件”和引进智力，引进“硬件”也应把重点放在引进关键设备上。

在积极引进技术的同时，我国也有技术输出。但我国是发展中的社会主义国家，同世界先进国家相比，科技的差距比较大。这种状况直接制约着我国的技术输出。在技术输出方面，我国除少数先进技术被经济发达国家采用外，主要是同发展中国家发展经济技术合作，提供我们力所能及的援助。随着我国科技的发展，应积极地输出技术和设备，以促进我国对外贸易的发展，争取更多的外汇。

四、对外承包工程和劳务合作

对外承包工程又称“国际承包”，它是指一个国家的对外承包公司承揽的外国政府、国际组织和私人企业的建设项目、物资采购和其它承包项目。一般通过投标、议标或其它协商途径签订合同。国际劳务合作是指一国派出劳务人员（技术人员、管理人员和技术工人）按合同规定与其他国家的业主或承包商进行合作。截至2000年底，我国累计签订对外承包工程和劳务合同金额1114亿美元，完成营业额809亿美元，外派劳务人数超过225万人次，带动国产设备材料出口50.7亿美元。目前我国已经进入国际工程承包世界十强，并有30多家企业入选世界最大的225家国际承包商行列。

我国对外承包工作主要采取以下几种形式：①独立承包，即通过国际投标获得工程项目，并负责提供建设项目所需的全部设备、建筑材料和人力；②承包一个项目的部分工程或某专业工作；③同外国公司合作承包建设项目；④只承包工程的劳务部分，包工不包料。劳务合作的领域更为广泛，主要是根据企业主的要求，按所需专业和工种，提供工程技术人员和熟练技术工人或一般技术工人。

进行对外承包工程和劳务合作，对发展社会主义经济有着积极意义和作用。①可以扩大劳动就业，使部分劳动者逐步提高对不同自然条件、社会条件及不同技术要求的适应能力，从不同方面对人力资源进行开发；②可以直接学到外国的先进技术和先进管理经验，提高我国的技术水平和管理水平；③可以增加外汇收入，为国家提供建设资金；④可以带动我国建筑材料和机械设备等物资的出口，有利于利用和开发国外的资源。

我国的劳动人口数量居世界首位，我国的工资水平又比较低，因此，在对外承包工程和劳务合作上有很大优势和潜力。我们需充分利用我国劳动力资源丰富的优势，大力发展对外劳务输出，增加外汇收入。

五、国际旅游业

发展国际旅游业也是我国对外开放的一种重要形式。国际旅游业是各国对国外旅游者的旅游活动提供系列服务的有关行业。它主要包括旅游业、饮食业、交通运输业、商业和游览娱乐单位等。第二次世界大战后，随着世界经济的发展和国际间经济技术交往的扩大，被称为“无烟工业”的国际旅游业迅速发展，进入了一个大众化、普及化、经常化的新时期。

我国的旅游资源十分丰富，无论是自然资源还是人文资源都具有独特的优势，有着发展国际旅游业的优越条件。改革开放以来，我国的国际旅游业发展十分迅速。1979 年，我国接待外国人员、华侨及港、澳、台同胞仅 181 万人次，全国旅游外汇收入仅为 2.62 亿美元。2001 年，我国国际旅游收入首次超过德国和英国，从近几年的世界第七位跃升到第五位，仅次于美国、西班牙、法国和意大利，旅游收入达 178 亿美元，接待入境过夜旅游者人数为 3320 万人次。

发展国际旅游事业，对于一国的经济发展有着多方面的影响和作用。首先，可以增加外汇收入。发展国际旅游业的最主要目的是获取外汇收入，特别是对于大多数发展中国家来说，外汇需求量大，而出口创汇能力低，发展国际旅游事业是获取外汇的一个极为重要的手段。其次，可以推动和促进国民经济各部门的发展。国际旅游业不是一个孤立的行业，它是整个社会经济活动的一个综合体，涉及到国民经济的各个行业，国际旅游业的发展可以带动其它产业的发展，推动整个国民经济的发展。第三，可以带动商品出口。在国际旅游过程中，外国游客除支付服务费用外，还会购买各种商品，这就等于增加了商品出口。第四，可以增加就业。旅游人数的增加，必然需要大量的服务人员和管理人员，这就为国内增加了就业机会。第五，可以扩大本国在国际上的影响，从而有利于推动与各国经济、文化等各方面的交往。

第三节　中国市场经济国际化的战略格局

经过二十多年的市场经济国际化战略的实施，我国已形成了“经济特区——沿海开放城市——沿海经济开放区——沿边开放城市——沿江开放城市——内地”这样一种从东到西、从沿海到内地的全方位、多层次、宽领域的对外开放格局。所谓全方位，就是不论对资本主义国家还是社会主义国家，对发达国家还是发展中国家都实行开放政策；不仅在经济建设方面坚持对外开放，在精神文明建设方面也坚持对外开放。所谓多层次，就是根据各地区的实际和特点，通过经济特区、沿海开放城市、经济技术开发区、沿海经济开放区、开放沿边和沿江地区以及内陆省区等不同开放程度的各种形式，形成全国范围内的对外开放。所谓宽领域，就是立足于我国国情，对国际商品市场、国际资本市场、国际技术市场、劳务市场的开放，把对外开放拓宽到能源、交通等基础产业以及金融、保险、房地产、科技教育、服务业等领域。

一、建立经济特区

建立经济特区，是我国市场经济国际化的一种特殊形式。所谓经济特区是一个国家在对外经济活动中，实行特殊政策和采取灵活措施的特殊区域。

建立经济特区，在世界上已有悠久的历史。早在资本主义发展初期，如1547年，在意大利西北部的热那亚的里窝那港就开放为自由港，这就是最早的经济特区形式。到第二次世界大战前夕，全世界已有26个国家设立了75块自由贸易区或自由港。战后经济特区有了很大发展。目前已有90多个国家建立了约600个不同类型的经济特区。世界上经济特区的类型有很多，如自由港、自由贸易区、出口加工区、自由过境区、投资促进区、科学工业园区、新技术开发区等等。从1980年以来，我国先后建立了深圳、珠海、汕头、厦门、海南五个经济特区。我国经济特区的“特”主要表现在实行特殊的经济政策和特殊的经济管理体制上，具体表现在：①特区的所有制结构是以中外合资、中外合作和外商独资企业为主。②特区在经营管理上拥有较大自主权。③对前来投资的客商在税收、土地使用费、入境管理方面，给予特殊的优惠政策。④经济运行一开始就以市场调节为主，是我国最先实行市场经济体制的地区。⑤产品主要面向国际市场，以外销为主。

建立经济特区的实践充分证明，它对于促进社会主义现代化建设具有重大的意义和作用。

第一，有利于吸收外资。由于特区给予投资者以优惠的待遇和方便条件，诸如在特区使用的生产资料和生活资料免征关税，特区产品出口，也免征关税；征收比较低的所得税率；经营管理人员进出境自由等，这样的经济环境对外资具有较大的吸引力，有利于吸收大量外资。

第二，有利于引进先进技术和先进管理经验。创办经济特区是引进和学习先进技术和先进管理经验的一个重要途径。外资企业为了保证产品质量和竞争能力，必然带进一套国际标准化的、技术比较先进的生产体系，从而为特区提供了学习和培训人才的好机会，有利于把引进的先进技术和先进管理经验向其它地区转移，推动其它地区企业的技术改造。

第三，扩大产品的出口。特区地处沿海，交通便利，贸易渠道多，信息流动畅通，设备比较齐全，劳动生产率高，产品易于销售，从而有利于扩大出口并推动其它地区出口产品的生产。

第四，能创造大量就业机会。我国经济特区的企业多属劳动密集型的出口加工企业，可以容纳较多的劳动力。出口加工业的发展又带动了交通运输、城镇建设、商业服务、公用事业等第三产业的发展，从而又间接创造了大量就业机会。

第五，为经济体制改革创造有益经验。经济特区是最先建立市场经济体制、发挥市场机制作用的地区。它可以作为经济体制改革的实验区。一些新的经济体制改革政策和措施可先在特区出台，并在实施过程中加以修正和完善。若能成功，便可推广于其它地区；若是不行，其不良影响的范围也只限于特区，而不影响其它地区，但能引以为鉴。经济特区的作用，正如邓小平所说的，“特区是个窗口，是技术的窗口，管理的窗口，知识的窗口，也是对外政策的窗口”。①

随着知识经济的来临，全球范围的经济技术竞争日益加剧，我国各地都加快了改革和发展的步伐，经济特区面临着机遇和挑战。经济特区要完成第二次创业，要充分发挥“窗口”的作用，就必须在邓小平对外开放理论和党的十五大精神指导下，进一步拓展对外开放的广度和深度，提高对外开放的水平和质量，增强对外贸易的依存度和国际资本市场的参与度。这样，经济特区将进入一个全面发展提高的新阶段。

二、开放沿海城市和兴办经济技术开发区

1984年以来，我国确定大连、秦皇岛、天津、烟台、青岛、连云港、南通、上海、宁波、温州、福州、广州、湛江、北海、营口等15个城市为沿海开放城市，以后又扩大开放一些沿海、沿江、沿边城市。在这些开放的城市中，都划出一定面积的地域作为经济技术开发区和高新技术产业开发区。

开放沿海港口城市和沿海地区，是继设立经济特区后，我国市场经济国际化又一新的重大步骤，在我国市场经济国际化总布局中居第二层次。对沿海港口城市和地区实行的进一步开放，主要包括以下两个方面的内容：一是扩大这些城市和地区在对外开放方面的管理权限。如放宽利用外资的建设项目和引进技术的审批权限，增加外汇使用额度和外汇贷款等。二是对前来投资的外商实行经济优惠政策，对确实提供先进技术，又属国内急需和短缺的产品，允许部分内销等。

经济技术开发区是实行某些类似经济特区政策的一个相对独立的经济技术区。开发区与经济特区的主要区别是：在管理体制上，经济特区是独立的行政区域，经济技术开发区则是在所在地方政府领导和管辖下的一块以开发技术，发展新产业为目标的经济区域；在经济结构上，经济特区以工业为主、工贸技

① 《邓小平文选》第三卷，人民出版社1993年版，第51～52页。

术结合的外向型的综合性经济，经济技术开发区则以开发工业生产新技术和科研为主。

三、开辟沿海经济开放区

继创办经济特区和开放沿海十五个城市之后，1986 年 1 月，国家又决定把珠江三角洲、长江三角洲、闽东南地区开辟为经济开放区。1987 年底，又决定开辟辽东半岛、山东半岛、环渤海湾地区为经济开放区。至此，划入沿海经济开放区的，共有 140 个市、县，其中包括杭州、南京、沈阳等三个省会城市。

沿海经济开放区的建立，标志着我国的对外开放又有了新的发展，形成了由“点”到“线”再到“片”的逐级推进的对外开放战略格局。沿海经济开放区在我国市场经济国际化总体布局中居第三层次。在开放政策内容上与第一层次的经济特区和第二层次的沿海开放城市有一定程度的差别。总的来说，沿海经济开放区在利用外资、引进技术等方面，实行沿海开放城市已经实行的某些政策，主要内容是：适当扩大经济开放区内省辖市人民政府及某些县人民政府利用外资的审批权限；国家和地方对这些地区发展出口创汇的重点行业、企业的技术改造，在资金安排、设备供应、技术指导等方面积极支持和优先安排；在这些地区城市的市区、县的城关开办的“三资”企业，其企业所得税按现行税法规定的税率打八折征收；对这些地区的“三资”企业作为投资进口的生产设备等，以及为生产出口产品而进口的原材料等物品免征关税和进口工商统一税；下放外贸企业审批权，扩大金融信贷权限等等。

这些经济开放区是我国经济比较发达的地区，具有明显的地理特点和优势。这些地区交通方便，工农业基础较好，商品经济较发达，科教水平较高，信息灵通和灵活，同国外有着广泛的经济交往，在全国经济发展具中有重要作用。这些地区开辟为经济开放区，利用开放和改革的有利条件，充分发挥优势，加快建设步伐，就能在全国最先建成内外交流，工农结合，城乡渗透的现代化的开放文明的富庶地区。

进入 20 世纪 90 年代，我国的对外开放又有新的进展，已向全方位发展。上海浦东的开放开发是我国 20 世纪 90 年代对外开放的重点。1990 年，我国做出以上海浦东开放开发为龙头，进一步开放沿长江五市（重庆、岳阳、武汉、九江、芜湖）的重大决策。沿江地区是我国经济、科技、文化发达的地区之一，它在我国经济战略格局中有举足轻重的地位。长江好比一条巨龙，龙头、龙身、龙尾把上海、武汉、重庆等中心城市连接起来。这条巨龙的腾飞，对我国整个国民经济和对外经济关系的发展有着极为重要的意义和作用。1992 年后，国家先后决定开放珲春、绥芬河、黑河、满洲里、二连浩特、伊宁、塔城、博乐、河口、畹町、瑞丽、凭祥、东兴等13个边境市、县、镇，形成了内陆周边开放新格局。沿边地区由于自然地理环境、经济发展水平、历史文化条件等特征，其对外开放具有这样一些特点：①对外开放起点较低，开放度也较低；②对外开放的对象主要是周边发展中国家；③对外开放的主要形式是发展边境贸易，发展旅游业以及组织劳务输出等。

随着我国外向型经济的发展和市场经济体制的逐步形成，我国在沿海港口城市又兴办保税区。保税区是指海关对进口货物暂不征税，但保留征税权利而专门划定并设置海关监督措施的区域。目前，我国有深圳沙头角、上海浦东外高桥、天津、福州、广州、大连等十五个国家级保税区。保税区作为“境内关外”的一特殊经济区域，是目前中国大陆开放度最大、开放层次最高、优惠政策最大、直接与国际市场接轨的“经济实验区”，它实行的是全新的运行机制和管理体制。保税区享有比经济特区更加特殊的优惠政策。第一，免除进出口关税。第二，在保税区内与国外之间的货物进口或出口可免除许可证。第三，国内外企业可在保税区内设立转口贸易机构，从事转口贸易和为区内企业代理国际贸易业务。第四，保税区内实行现汇管理，企业外汇全额留成。第五，保税区内各类保税仓库，保税区工厂之间的货物可以买卖。我国的保税区建立的时间不长，但已初具规模，并发挥着越来越重要的作用。保税区就是自由贸易区，它的兴起，不仅形成了我国市场经济国际化的新特色，而且体现了我国的市场经济国际化正在进行深层次完善和调整。

四、加快内地对外开放的步伐

内陆省区开放是指沿海地区、沿边地区以外的省、自治区的对外开放。包括山西、安徽、江西、河南、湖南、湖北、四川、贵州、陕西、青海、甘肃、宁夏等中西部十二个省、自治区。这些省区的共同特征是受内陆地理位置的限制，既无沿海，又无沿边的地缘优势，开放条件不利，在一定程度上影响了内陆省区的经济发展。但是，这些地区也有有利条件。广大内陆省区地域辽阔，人口众多，自然资源丰富，农业发展潜力很大，能源和原材料工业以及加工业都有一定的基础，并拥有一批骨干国有大中型企业和一支素质较高的科技队伍，因而是我国发展潜力最大的地区。

1992年上半年，国家决定内陆省区对外开放，实行与沿海、沿江（长江)、沿边、沿线（京广、陇海线）同等的优惠政策，这样，“四沿”和内陆省区共同形成了我国全方位的对外开放格局，带动了整个内陆地区的发展。内陆省区的开放，是通过“四沿”开放，来实施“借船出海、借边出境、借台唱戏、借鸡生蛋”的“四借”战略。通过沿江开放，贯穿东西、南北大交叉的开放，可以带动安徽、江西、湖南、湖北、贵州、四川等省的开放。以上海为中心的长江下游的开放，最终使整个长江经济一体化的开放。通过沿线开放，可以带动山西、河南、陕西、宁夏、青海等省区的开发开放。沿海开放对实现全方位的开放有重要意义，它可以南联“太平洋经济圈”，西通过“欧洲大陆桥”联接欧洲经济圈，为对外开放走出国境创造有利条件。通过沿边开放，可以带动西部、北部边境地区的开放。边境开放是利用和接壤国的有利条件，促进对外贸易和经济往来的发展。

我国市场经济走向国际化过程中所形成的全方位、多层次的新格局，它向世界人民展示了中国市场经济国际化的新形象，标志着我国市场经济国际化的全面深化与扩展。它对于以开放促开发，以开放促发展，全面振兴我国现代化建设事业，具有极为重要的战略意义和深远的历史意义。

五、中国市场经济国际化的新里程碑

随着科学技术的发展和世界经济日益一体化，中国市场经济进一步加快了国际化的步伐，其中最重要的标志是中国已于 2001 年 12 月 11 日正式加入世界贸易组织（WTO）。今后中国经济的发展，将更多地参与到世界经济一体化进程之中。

世界贸易组织（WTO）号称当代的“经济联合国”。它成立于 1995 年 1 月 1 日，根据其前身关贸总协定（GATT）乌拉圭多边谈判回合决定而产生，是全球惟一处理国与国之间贸易规则的国际组织，其核心是世界贸易组织协议。这些协议是在关贸总协定的基础上，由 100 多个成员通过谈判签署的，是一整套处理成员方之间货物贸易、服务贸易、与贸易有关的知识产权与投资领域的多边协定。其目的是促进各国的市场开放，调解贸易纠纷，实现全球范围内的贸易、投资自由化，以促进全球资源的充分利用，保护和维护环境，扩大实际收入和有效需求，提高生活水平，保证充分就业。

世界贸易组织总部设在瑞士日内瓦，截至 2001 年，已有 142 个国家和地区成为其成员，其最高权力机构是部长理事会，日常工作由总干事主持。总干事由成员方共同推举，每届任期 4 年，首任总干事是鲁杰罗，现任总干事是穆尔。世界贸易组织的机构见图 10－1。

世界贸易组织主要有六大职能：①管理诸项多边协议。世界贸易组织内设有多个专门委员会，专门负责各项多边协议的推进实施。②组织多边贸易谈判。其前身关贸总协定曾组织了八轮多边谈判，使发达国家的关税平均由原来的 40%下降到 4%。世界贸易组织的第一轮谈判回合原定于 1999 年 11 月底在美国西雅图世界贸易组织第三次部长会议上发起，后计划推迟到 2000 年发起。③处理贸易争端。世界贸易组织下设争端解决机构，通过专家小组磋商调解、咨询评议、裁决或仲裁，以求公正、快速地解决成员方之间的贸易争端。④监督各成员方的贸易政策。世界贸易组织设立了贸易政策审查机构，根据成员在世界贸易总额中所占的份额，实行每2年、4年、6年或更长期限的一次审查，促进各成员方的贸易政策向多边体系靠拢。⑤为发展中国家提供技术援助和培训。⑥与其他国际组织展开合作。

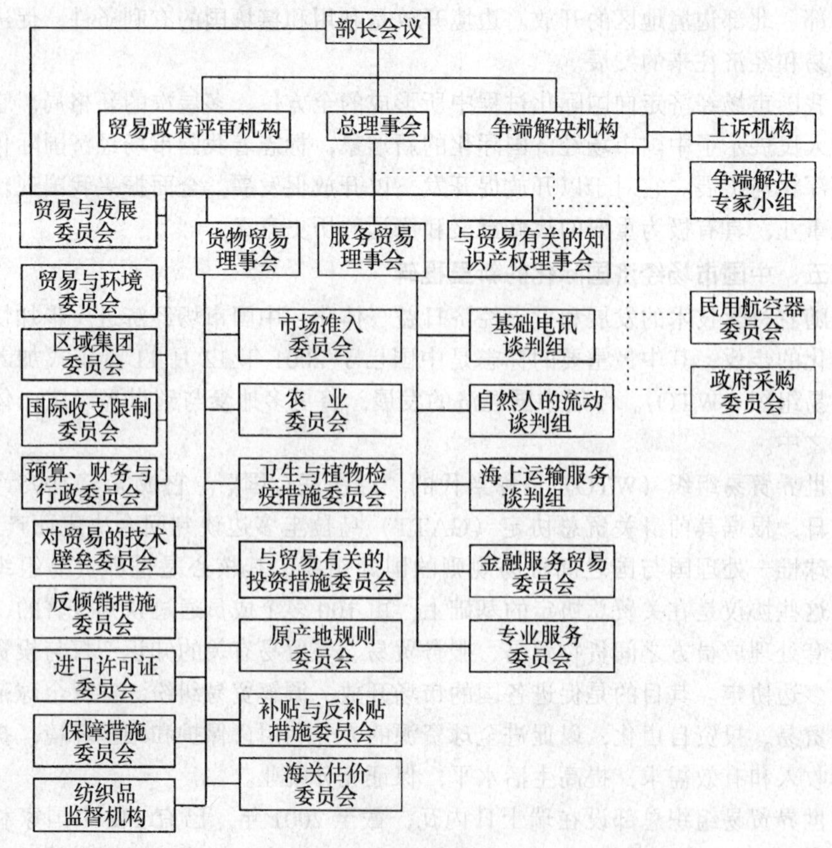

图10-1　世界贸易组织机构图

说明：此图资料截至于1999年7月。

中国是世界贸易组织的前身关贸总协定的原始缔约方，由于众所周知的原因中断了联系。1986年，中国提出恢复关贸总协定原始缔约方地位的申请，经过十五年的不懈努力，终于在2001年12月11日正式加入世界贸易组织。

世界贸易组织协议序言开宗明义，阐明该组织的宗旨："认识到发展贸易和经济关系方面应当按照提高生活水平，保证充分就业和大幅度稳步提高实际收入和有效需求，并扩大生产和商品交易以及服务等方面的观点，并为着持续发展的目的而扩大对世界资源的充分利用，寻求对环境的保护和维护，并根据它们各自需要和不同经济发展水平的情况，加强采取各种相应的措施。……为对以上的目标做出贡献，有必要根据互惠互利的安排，达到切实降低关税和其它贸易壁垒，并在国际贸易关系上消除歧视性待遇。”

世界贸易组织的以上宗旨是通过其所建立的法律原则和具体规则来实现的，其目的是促进各种要素的自由流通和有效利用，各种原则和规则在最惠国待遇基础上的普遍实施，实现效益的最大化。

由于世界贸易组织法律框架主要建立在关贸总协定基础之上，故两者的法律构成原则基本相同，只是内涵有所拓展。关贸总协定的法律框架是由若干基本原则及一些原则的例外构成的。其基本原则主要如下：

(1) 最惠国待遇原则。该原则规定签订双边或多边贸易条约的缔约一方在贸易、关税等方面，如给予任何第三国的减让、特权、优惠或豁免时，缔约另一方或其他缔约方也可以得到相同的待遇。无条件和非歧视是该原则的基本精神。

(2) 非歧视待遇原则。该原则规定：一缔约方在实施某种限制或禁止措施时，不得对其他缔约方实施歧视措施。该原则主要是通过最惠国待遇和国民待遇条款的实施来实现的。

(3) 国民待遇原则。该原则规定：一缔约方从另一缔约方进口的产品，在国内税收和法令规章方面享受同其它国内同类产品同等的待遇。该原则可视为最惠国待遇的补充，是非歧视原则在对进口产品的国内措施方面的体现，以防止由于国内行政及立法措施而造成的保护主义。

(4) 互惠原则。是总协定在互惠互利基础上，以大幅度地、普遍地降低关税水平为目标的关税谈判的一条重要原则。它使缔约双方的贸易建立在一方予以对方对等的补偿，以换取其所实施的某项优惠待遇的互惠的基础上。该原则与最惠国待遇原则的结合实施，以避免缔约方由双方互惠而导致的差别待遇。总协定通过缔约方以对等减让及相互之间提供互惠的方式来保护其贸易平衡，谋求贸易自由化的实现。

(5) 透明度原则。为总协定三个主要目标（贸易自由化、透明度和稳定性）之一。要求缔约方为使各国政府和贸易商熟悉其有关进出口货物规定，应迅速公布一切涉外及外贸的法令、条例和行政决定，未经正式公布，不得实施，以防止缔约方之间进行不公平的贸易，从而造成歧视性的存在。

(6) 关税减让原则。该原则作为非歧视、最惠国待遇、互惠及透明度诸原则的实际执行载体。关税减让以互惠为原则，通过多边关税减让谈判来降低进出口关税的总体水平，尤其是减低阻碍商品进口的高关税，由此促进国际贸易的发展。

世界贸易组织成员方享有的基本权利：①享受其他成员方提供的最惠国待遇和国民待遇的权利；②享受其他成员方提供的关税减让或承担进口增长义务的权利；③享受其他成员方取消或减少数量限制和其它贸易限制的好处；④可以利用世界贸易组织协定的体制，采取“豁免”与紧急行动的权利；⑤可以利用世界贸易组织协定的体制，同有关成员方进行磋商与协商，解决贸易争端的权利；⑥有获取其他成员方对外贸易政策和措施等资料的权利。此外，发展中国家有享受更多优惠、灵活措施的权利。

世界贸易组织成员方承担的基本义务：①给予其他成员方以最惠国待遇、国民待遇；②给予其他成员方以关税减让或承担进口增长义务；③取消进口数量限制或逐步减少约束非关税壁垒；④谅解其余成员方，根据其情况，采取“豁免”与紧急行动，实施保障措施；⑤应邀与其他成员进行磋商与协商，解决贸易争端；⑥向其他成员方提供本国贸易政策、措施等方面的资料；⑦缴纳会费。

中国加入世界贸易组织，既能享受“权利”，也要承担“义务”，加入世界贸易组织对中国经济的影响是利大于弊，将为中国改革和发展提供机遇，我国经济从此将进入一个新的发展阶段。

第一，加入世界贸易组织，将加速我国市场经济与世界市场经济的“对接”。随着我国改革开放的深入，与国际市场经济的“对接”，显得越来越重要。加入世界贸易组织就是实现这一“对接”的契机。世界贸易组织犹如世界经济领域的“联合国”，进入这一“联合国”，取得合法的地位，就有可能消除我国目前与一些国家之间的贸易障碍，就有可能在国际贸易中取得平等竞争的权利，从而更有利于我国社会主义市场经济的发展和完善社会主义市场经济体制。

第二，有利于改善我国的国际贸易环境。世界贸易组织的基本宗旨就是通过实施普遍的最惠国待遇，削减乃至取消关税和其它贸易壁垒，促进国际贸易增长。加入世界贸易组织，我国将享受四十多年来关贸总协定各缔约方在贸易开放上的所有成果，从而为我国产品进入国际市场，取得不低于别国的的平等机会，同时也为打破一些国家对我国滥用的歧视性限制创造了条件。

第三，有利于激发中国企业的竞争意识。加入世界贸易组织后，将有更多的外国跨国公司进军中国市场，从而将强化竞争机制，激发中国企业的竞争意识，迫使国内企业注重研究开发和对品牌的培育，加大技术投入，竭力提高员工素质和企业管理水平。竞争的压力会促进国有企业加快经济结构和产品结构的调整，加速改制、重组、兼并的进程。由于进口原材料价格的下降，有利于降低某些企业的生产成本，从而提高他们的竞争能力。

第四，有利于引进外资。加入世界贸易组织，实施世界贸易组织的有关协议，中国的国内市场，尤其是服务市场将更加开放；对外商投资企业的产品外销比例将不再适用；外汇平衡制约不复存在；外经贸政策的透明度增加；中国将给予外商投资企业国民待遇。这样，随着投资环境的进一步改善，外国直接投资的总量将大幅增加，投资方式实现多样化，从而大大活跃投资市场，扩大生产规模，有力地促进我国经济的发展。

第五，有利于我国技术进步。我国是一个发展中国家，迫切需要引进国外先进技术。由于过去我国不是世界贸易组织的成员方，主要工业发达国家对我国实行技术出口管制，同时由于我国未参加世界贸易组织知识产权保护协议，外国企业对我国知识产权保护的法律环境尚存疑虑，不愿向我国出售先进技术。加入世界贸易组织后，我国在获得高新技术产品和先进技术方面的条件将大大改善。

第六，有利于推进我国的经济体制改革。加入世界贸易组织，将进一步扩大开放，以开放带动改革，即所谓“放水冲沙”，以推动中国经济的市场化进程。世界贸易组织提供了一个统一、规范的国际市场竞争制度框架或体系和国际通行规则。入世后，将改造国内的市场运行规则，使其与国际市场通行的行为准则兼容，加速中国的市场化进程，为解决中国经济改革中一直未能解决的深层矛盾，完善社会主义市场经济体制提供一次契机。而且，不论是改革还是开放都将是不可逆转的，改革开放的时间表也将被强制性地确定下来，即到2005年，中国的经济领域都将逐步地对外开放市场，以便全面地参与国际市场竞争。

第七，有利于促进政府机构改革。尽管世界贸易组织对各国政府模式及管理方式并无特殊要求，但随着更多的国家尤其是西方发达国家的大公司进入中国市场后，他们一定会把在其他国家享受的制度环境折射到中国来，从而对中国政府管理体制提出一些新的要求。中国政府也必然在世界贸易组织规则框架下对自身运作体制做出调整和变革，这对于进一步解决诸如转变政府职能、理顺政企关系、加强宏观调控、提高政府决策和行为的透明度、优化机构设置等问题，产生积极影响。

第八，有利于国内生产总值（GDP）的增长和扩大就业机会。据国外专家估计，中国加入世界贸易组织，其国内生产总值可增长2～4个百分点，投资和出口的规模将进一步扩大，从而创造更多的就业机会。

中国加入世界贸易组织，有利是肯定的。但是也会对中国经济带来挑战，产生冲击，这是需要我国正确对待和处理的。

第一，宏观调控难度增加，易受到世界经济、金融风波的冲击。由于更多的跨国公司进入中国，非国有经济和外资企业在我国国民经济中地位的进一步上升，以及我国宏观经济政策及管理必须符合世界贸易组织多边协议的要求，政府的宏观调控策略需进一步调整。加入世界贸易组织后，中国产品对国际市场的依存度增加，中国固定资本投资对国际资本市场的依存度也会增加。尤其是按世界贸易组织协议，若干年后，一旦全面开放银行、证券、外汇等市场后，国际商品市场、国际资本市场的波动对中国的传递必将十分显著。如出现世界性的金融风波，对我国经济的全面影响将远甚于前。

第二，我国的许多民族工业和农业将受到无情冲击。目前，国内许多企业仍在高关税、非关税措施、地方及部门保护政策等重重围墙之内，依靠不平等的竞争来获取利润。加入世界贸易组织之后，企业将脱离政府的怀抱，而被推向市场。中国民族工业，面对国外已有数百年历史的现代工业，实力相差悬殊，其冲击自然很大。比如化工、制药、机械、汽车等行业。开放农产品市场，农产品的进口会逐渐增加，我国农业生产集约度较差，在粮食等大宗产品生产上缺乏优势，价格与国际市场存在差距，极易受到进口的冲击。

第三，某些服务业受到冲击。开放服务市场是我国加入世界贸易组织所承诺的重要义务。服务贸易总协定要求缔约方最终对服务贸易实施无条件最惠国待遇和国民待遇，要求开放银行、保险、商业批发、零售、建筑、运输、旅游、通信、法律、会计等行业。因此，我国的这些服务行业将面临外国同行的强有力挑战，将不得不让出一定的市场份额。

第四，对我国国际收支及币值产生不利影响。随着关税的大幅度减让和非关税壁垒的撤除，国门大开，世界贸易组织的其他缔约国必定会趁机占领中国市场，而国内对进口商品的需求又十分巨大，这就必然导致进口量的大幅度增加。相对而言，出口的增长幅度要小一些。因此，一定时期内进口的增长幅度会大大超过出口的增长幅度，这就会导致我国国际收支的失衡。而贸易出现收支逆差，就可能迫使我国币值下降，给举借外债造成不利影响，致使举债成本上升。

第五，知识产权保护范围扩大而造成经济损失和有关争端的增加。乌拉圭回合已就知识产权的保护达成一些协议，扩大了知识产权的保护范围，严格了保护标准。应当承认，我国还存在一些伪造、假冒、非法仿制国外商品的现象。据有关方面统计，我国生产的西药大部分属于仿制品，其中非法仿制的占有相当比重。加入世界贸易组织后，有关企业必须按照规定支付专利的许可证费，以合法购买外国专利。这势必会使许多企业在经济上有所损失。同时，由于对仿制、假冒等在内涵和外延上难以精确界定，而我国知识产权保护的国民意识较为淡薄，有关的争端可能会因此激增。

我国改革开放二十多年来，社会主义市场经济体制已初步建立。我国物质基础和经济实力有了实质上的增强。因此，加入世界贸易组织不会对各行各业和人民的生活产生太大的冲击。对广大企业来说，机遇是利，但如不能抓住，则利也会成为弊；挑战是压力，如果应对无策，会成为弊，但如能将压力变成动力，也能转化为利，并可推进我国改革开放，加快企业改革的进程。

本章内容提要

市场经济国际化的产生和发展是社会化生产发展的必然结果。社会化生产的发展，使国内经济同国外经济发生广泛联系。而生产的社会化发展为国际化，即形成经济联系的国际化。各个国家经济，只有对外开放，发展同其他国家的经济联系，才能发展壮大本国经济。

中国市场经济国际化，是我国现代化建设的客观要求。第一，是加快摆脱贫困与落后的需要；第二，是我国利用国外的资金、技术和管理经验的需要；第三，是我国提高经济效益的需要；第四，是保证国民经济协调发展的需要；第五，是为我国现代化建设创造一个良好的国际环境的需要。

中国市场经济国际化的基本形式有：对外贸易、对外资金交流、对外技术交流、对外承包工程和劳务合作、国际旅游业。

经过二十多年的改革开放，我国已形成了“经济特区—沿海开放城市—沿海经济开放区—沿边开放城市—沿江开放城市—内地”这样一种从东到西、从沿海到内地的全方位、多层次、宽领域的对外开放格局。

世界贸易组织（WTO）是全球最大的多边贸易机构，是惟一处理国与国之间贸易规则的国际组织，其核心是世贸组织的各项协议。它主要有六大职能：①管理诸项多边协议；②组织多边贸易谈判；③处理贸易争端；④监督各成员方的贸易政策；⑤为发展中国家提供技术援助和培训；⑥与其他国际组织展开合作。该组织的基本原则主要有：无歧视原则（包括国民待遇和最惠国待遇）、不断减低关税和非关税堡垒的贸易自由化原则、透明度原则、互惠互利和协商原则、公平竞争原则和给予发展中国家差别及更优惠待遇的原则。

中国加入世界贸易组织，将为中国的改革和发展提供机遇，也会对中国经济带来挑战。

第十一章　中国市场经济的法制和信用基础

第一节　市场经济是法制经济

一、市场经济法律体系的基本内容

法律是上层建筑的一部分，根源于社会经济关系。自古以来，法律的发展都是经济关系变化发展的结果。市场经济法律作为整个法律体系的一部分，是市场经济发展的产物。市场经济法律体系是调整社会经济关系的各种经济法律所构成的整体，作为现代市场经济总体结构的重要组成部分，其基本内容包括民法、商法和经济法（市场管制法）。

民法是调整平等主体之间的财产关系和人身关系的法律规范的总称。商品交换关系，是市场主体之间的经济关系，当事人双方自由、平等，共同协商决定他们之间的利益关系，这是一般规则。因此，市场经济不可能依靠行政手段直接组织和动作，必须依靠法律调整，其中首先是依靠民法调整。民法在市场经济法律体系中处于基本法地位。

民法，作为调整现代市场经济的法律，其重大作用之一是保障市场经济活动得以健康有序地进行，促进市场经济的发展。在社会主义市场经济条件下，民法担负着维护社会公平正义的重要任务，发挥着协调各种利益冲突的“调节器”功能。民法的另一重大作用是保障公民的人身权和人格权。

我国已制定了《民法通则》，规定了民法的基本原则，公民（自然人），法人，民事法律行为和代理，民事权利包括财产所有权以及有关的知识产权、人身权、民事责任，诉讼时效以及涉外民事关系的法律适用等。

商法是调整公司企业内部关系及对外关系的法律规范的总称。它主要包括公司法、票据法、证券法、保险法和海商法等。我国已经制定了以上有关法，并正在不断完善和健全。

需要说明的是，商法属于民法的特别法。各国在民商立法体制上有民商分立主义与民商合一主义。其中民商分立主义为旧制，是20世纪之前制定民商法的国家采用的。民商分立是由于欧陆各国在资本主义的早期发展中形成商人特殊阶层和特殊利益，形成商事习惯和商事法庭，形成独立于民法之外的商法。市场经济发展的结果，导致生产者直接成为商人，商人直接成为生产者，商业职能与生产职能融合为一，并进一步导致商人特殊阶层和特殊利益的消失。因此，出现了“民商二法合一论”。

新中国成立后，我国立法一直采取民商合一，迄今未改。《民法通则》为民商合一法。在社会主义市场经济法律体系中，由民法通则的大部分规范和属于民事特别法的知识产权法、公司法、票据法、证券法、海商法、保险法等，共同构成实质意义上的商法，为市场经济活动提供完善的法律规则和法律保障，将对促进和保障社会主义市场经济健康有序的发展发挥重大作用。

经济法（市场管制法）是调整以社会公共性为根本特征的经济管理关系的法律规范的总称。它调整的范围，一是因市场管理而产生的经济管理关系；二是因宏观调控而产生的经济管理关系。它的主要内容是：经济组织法、市场管理法和宏观调控法。经济法同民法和商法一样，都是社会主义市场经济法律体系中最基本的法律规范。

在建立和维护社会主义市场竞争秩序中，有两种不同的调节机制，一种是市场主体的自我调节机制；另一种是社会整体调节机制。而这两种机制都需要借助一定的法律规范，其中，市场主体的自我调节机制，主要借助民法和商法来实现；而社会整体调节机制则主要借助经济法来实现。如果说民法、商法主要是保护民事关系当事人自身的合法权益，那么，经济法则主要是维护社会公共利益。因此，经济法在市场法律体系中具有不可替代的重要地位和作用。

市场经济法律体系，从直接作用于市场经济运行角度分析，主要由以下六方面法律或规范构成。

1. 关于市场主体的法律，即关于市场主体组织形式和地位的法律规范。具体一点来讲，这方面的法律是对进入市场的主体资格进行界定，明确规定各类市场主体的法律地位、权利和义务。市场主体法主要包括公司法、国有企业法、集体企业法、合作社法、合伙企业法、中外合资经营企业法、私营独资企业法、经营户法和破产法等。

2. 关于市场主体行为的法律，即关于市场主体交易行为的法律规范。这方面的法律主要包括财产权法、合同法、债权法、票据法、证券交易法、保险法、海商法、专利法、商标法、著作权法等。通过这些法律，使市场活动规范化，维护平等、自愿、有偿、诚实、信用的原则，建立公开、公平、公正的市场竞争秩序，既保证市场主体的经济活动在不损害他人或社会利益的范围下进行，又保证各市场主体相互之间不发生侵权行为，从而使之在公平的市场环境中展开平等竞争。

3. 关于市场管理的法律，即关于规定市场平等竞争条件，维护公平竞争秩序的具有普遍性的法律规范。它主要包括反不正当竞争法、反垄断法、消费者权益保护法、产品责任法等。

4. 关于市场体系的法律，即关于确认不同市场，规定个别市场规则的法律规范。它主要包括货物买卖法、期货交易法、信贷法、劳动力市场管理法、技术贸易法、信息法、建筑工程招标投标法等。我国的市场体系尚处于建立和发育阶段，所以市场体系法还未建立，有待探讨和建立。

5. 关于宏观调控的法律，即关于国家管理和调控经济的范围和形式的法律规范。在市场经济条件下，国家对经济运行进行宏观调控，需要以法律为依据，用法律的形式对其干预经济活动的行为进行规定。这方面的法律主要有预算法、中央银行法、计划法、税法、审计法，投资法、产业政策法、国有资产管理法等。

6. 关于社会保障的法律，即关于对劳动者提供社会保障的法律规范。这方面的法律主要有劳动法、社会保险法、社会保障法、社会保护法等。

二、现代市场经济的法制基础

邓小平曾明确指出："搞四个现代化一定要有两手，只有一手是不行的。所谓两手，即一手抓建设，一手抓法制。"[①] 从一定意义上讲，市场经济是一种法制经济。没有法制的保障，市场经济体制就不可能确立和完善；没有法制作为市场经济运行的基础，市场经济秩序就会遭到破坏而走向混乱；没有健全的法制，市场经济优化配置社会资源的功能就难以正常有效地发挥。具体地说，市场经济的健康发展需要法制体现在以下几个方面：

1. 市场主体（企业和个人）的行为需要法制。市场主体是市场经济构成的基本要素，没有成千上万的市场主体在市场上进行纷繁复杂的经济活动，就没有市场经济。这些各自独立的、追求自身经济利益最大化的市场主体在从事经济活动过程中，必须有法制来规范和制约。其主要表现在：

（1）市场主体的自主性要求法制。市场主体的自主性，一方面是财产的自主性，即自主行使占有、使用和处分财产的权利，这些权利要求法律保障；另一方面是自主经营、自主管理、自主决策，也要求法律保障。

（2）市场主体活动的契约性要求法制。现代市场经济中，市场主体之间进行的各种商品交换和其它经济往来，都是通过契约（合同）形式实现的。而维

---

① 《邓小平文选》第三卷，人民出版社 1993 年版，第 154 页。

护契约的有效性必须依赖法律。

(3) 市场主体行为的竞争性要求法制。市场经济是竞争性经济，竞争要有一定的规则，而这些规则是要用法律的力量来规范和调整的。

2. 市场的统一性需要法制。市场的统一性包括三层含义：一是市场本身必须是全国统一的，即有统一的国内市场，这就必须运用国家的法律力量来实现。二是一个统一完备的市场体系，要求相应的法律加以支持和保护。三是市场规则要做到统一，这也需要由全国性法律来统一规范。

3. 对市场经济进行宏观调控需要法制。市场不是万能的，需要国家进行宏观调控，但国家的宏观调控或政府对经济的干预都是在法律范围内进行的。一方面，要通过法律形式明确规定国家宏观调控的范围；另一方面，通过法律形式明确国家宏观调控的方法和手段。

4. 市场经济中裁判和仲裁活动需要法制。市场经济活动伴随着激烈的竞争，经济主体之间常常发生冲突，因此，需要有仲裁和裁判制度，这种制度一般表现为司法和仲裁制度。

5. 市场经济的对外开放需要法制。市场经济是一种开放经济。市场经济的开放性，一方面要求产生一系列被世界各国公认通行的国际惯例和规则，促进国际经济贸易的健康发展，保证资源在国际之间的合理流动；另一方面也要求世界各国要注意国内法制建设同国际惯例和规则的接轨，为本国经济的对外开放创造良好的法制环境。

综上所述，概括起来说，法制在现代市场经济中的作用主要包括约束政府和约束市场主体两个方面。

第一，法制约束政府对经济活动的任意干预对经济的发展至关重要。因为政府的权力天然地大于企业和个人，如果没有法制对政府的约束，那么，政府对经济随意干预的倾向很难自我抑制，如乱收费就是一例。这样，市场主体理性地预期政府的这种行为，便失去投资的积极性，或做出扭曲性投资，比如上短、平、快项目，甚至去贿赂政府官员以换取政府干预的减少，这就构成对经济发展的障碍，或者说就会窒息经济的活力。反过来，政府受到法律约束，明确哪些方面政府应当管理，通过何种手段进行管理，明确政府不能对经济随意干预，比如，政府不可以随意收费，也不可以随意限制经济活动，经济政策也不可以朝令夕改等等，那么，个人和企业就会理性地放心投资，由此而产生的经济活力，不仅个人和企业受益，政府也可以从中获取更多的税收，即达到“双赢”。

第二，法制约束经济主体行为，其中包括产权界定和保护、合同和法律的执行、公平裁判、维护市场竞争等。法制约束经济主体行为对经济的发展同样重要。如果经济主体行为不受约束，为了获利，想尽办法占他人的便宜，如事后不付钱或不交货，或交次品等，彼此都这样做的结果，便是“双输”局面，直接制约经济的发展。因此，就需要政府依照法律发挥其支持和促进市场的作用，如明确规定产权，保护产权，执行合同，执行法律，维护竞争，规制市场，当好裁判等等。通过政府的这些作用，交易双方约束自己的经济行为而达到“双赢”结果。

第二节　加强市场经济的立法与执法

一、进一步完善市场经济立法

党的十一届三中全会以来，我国的立法工作已有了很大的进展。据报载，改革开放以来，国家最高权力机关制定的法律和有关法律问题的决定就有 300 多件，国务院制定的行政法规 800 多件，有立法权的地方人大制定的地方性法规 5000 多件。仅 1993 年 3 月八届全国人大一次会议以来，全国人大及其常委会就制定了 100 多个法律和有关法规问题的决定，其中有关市场经济方面的法律和法律问题约占 2/3。在规范市场主体和市场行为、维护市场秩序、加强宏观调控、完善社会保障制度、振兴基础产业和支柱产业、促进对外开放等方面，都制定了一些重要法律，社会主义市场经济法律体系已初步建成，这是了不起的成就。但是，同改革开放和现代化建设深入发展的需要相比，我国的市场经济法律体系还有待健全、完善和深化。

2001 年 12 月 11 日我国已正式加入世界贸易组织，这对我国法制进程尤其是对立法的影响是不言而喻的。所谓“入世”首先是指法律“入世”，是中国国内法与世界贸易组织规则及国际惯例的接轨。加入世界贸易组织为中国法律体系的完善提供了极为有利的契机。因此，中国立法机关应当抓住入世机遇重点完善以下几方面的立法工作：

1. 进一步完善宪法。宪法是国家的根本大法，是建立与完善市场经济法律体系的基础。可以说，加入世界贸易组织不止是涉及到一般性的经济贸易法律问题，同时也会涉及到宪法的解释乃至宪法修正的宪法性问题。

实事求是地讲，我国已经三次修正的现行宪法依然存在某些与市场经济规律和世界贸易组织规则不相适应的内容。例如，在中国承担的世界贸易组织协定与我国法律相冲突时，究竟是世界贸易组织协定优先适用还是我国国内法优先适用，这首先是涉及到宪法的立法问题，应当通过相关的宪法解释或宪法修正予以解决。再如，我国现行宪法规定：国务院有权缔结条约和协定，全国人大常委会决定批准和废除国际条约和重要协定，国家主席根据全国人大常委会的决定，批准和废除条约和重要协定。但是，中国宪法对何谓“重要协定”并无明确解释，这同样应当通过相关的宪法解释或宪法修正予以解决。不然的话，对经济全球化背景下国家的市场经济发展容易造成消极的影响。

2. 进一步完善市场主体方面的法律规定。这方面应尽快修改公司法和国有企业财产监督条例；抓紧起草企业兼并、关闭、清算条例；修改破产法。2001年3月新修正的《中外合资经营企业法》在关于企业生产经营计划问题、关于应先在中国的采购问题、关于合营企业的投保问题、关于纠纷处理等不符合市场经济规律尤其是不符合国际惯例和世界贸易组织规则的问题进行了修改。但这次修改依然不够彻底，与世界贸易组织规则尚存在一定的差距。如外商投资企业的准入问题、国民待遇问题等。因此，为给外商投资营造良好的法律环境，在进一步修改完善相关法律的基础上需要制定统一的外商投资企业法。

3. 进一步完善市场主体交易行为方面的法律规定。为维护市场经济的正常秩序，要用法律规范不同市场主体之间的相互交易活动，使任何一方不受他方侵权，保障市场主体各自的利益。这方面需要完善的立法首先是要在现有物权法律基础之上制定物权法，确立国有公司的法人财产所有权，强化农民土地承包经营权的物权性质。同时，在制定物权的基础上尽快编纂统一的民法典，使公民及法人的民事权利、民事行为及民事责任规范化和明确化。其次，要参照世界贸易组织有关知识产权方面的协议加速知识产权领域的立法，同时进一步完善专利法、商标法、著作权法等有关知识产权的配套性法律。再次，加快服务贸易领域的立法，其中尤其是金融、保险、电信、证券、旅游、航运等部门的立法。

4. 进一步完善市场秩序方面的法律规定。为切实维护市场秩序，应抓紧制定反垄断法、商业秘密保护法、期货交易法、信托法等。

5. 进一步完善政府的宏观调控方面的法律规定。这方面应抓紧制定外汇管理法、国有资产法、投资基金法等。此外，中国对外经济贸易部还应按照世界贸易组织的要求，制定保障措施条例，修改反倾销和反补贴的保障措施，保护国内相关产业；制定外资保险公司条例，加强对外资保险公司的监督管理；制定外商投资经营电信业的管理规定，加强对外商在华投资经营电信业的监督管理。

二、完善法制的关键是强化执法和司法

市场经济条件下的法制，不仅仅是指立法，还有执法和司法，执法和司法也是社会主义市场经济法律体系建设的重要环节，而且完全可以说，是比立法

难度更大的环节。从原则上讲，在世界经济趋向一体化的今天，一个国家的法律可以较易地照抄它国法律，现在甚至可以从网上下载，但是执法和司法就不那么容易。因为：①人力资源问题。执法和司法人员是不能从国外进口的。因此一个国家往往要用相当长的时间来培养执法和司法人员。②执法的力度问题。提高执法力度不能搞不按法律程序的"大检查"式的"运动式执法"，而必须在执法者在受法律约束下实现，这并非易事。③司法公正问题。执法会出错。这可能是政府判断失误，也可能是某些官员因利益所图而有意所为。为保障司法公正，经济主体应有通过法律程序起诉和上诉政府及其官员的权利，这更是困难的。④遵法是社会文化的一部分。公民普遍遵法的前提是要使全社会的人们对法制有信念，而信念的建立需要相当的时间。

要真正完善法治以建立好的市场经济，执法和司法比立法的难度要大得多。近年来我国的立法进展相当快，然而执法和司法问题就更显突出。因此，执法，特别是司法的改革就成为法制建设的关键。结合我国目前实际，强化执法和司法应主要从以下几方面入手：

1. 建立独立的法律运行机制。建立完善的市场经济法律体系，是完备的市场经济法律制度的前提条件，但仅仅有市场经济法律体系是远远不够的。法律制度是一个由多种要素构成的综合体，法律规范只有与其它要素相协调，才能发挥其应有的作用。目前，我们面临的现实不是缺乏法律制度，而是现有的法律制度不适应市场经济的要求。在现行的法律制度中，一个突出的问题是法律运行机制的独立性差，行政权力的干预现象仍比较严重。因此，必须加以改革，其关键是建立独立的法律运行机制。市场经济要求确立合理、独立的司法权的权威地位，以保证法律有效、公正地运行。如果没有独立的司法权，法律运行依然由行政机关左右，就不可能建立市场经济所要求的法律制度。

2. 严格依法行政。在我国约有80%的法律和法规是由行政机关执行的。行政执法在法律实施过程中处于举足轻重的地位。政府机关能否严格依法行政，是实行依法治国的关键。政府机关只有严格依法行政，才能保证政府的管理活动体现人民的意志，代表人民群众的利益。依法行政就是行政机关行使行政权力，管理公共事务必须由法律授权并依据法律规定。法律是行政机关据以活动以及人们对该项活动进行评判的标准。一方面，依法行政要求行政机关能否行使某项行政职权，必须有法律授权；另一方面，法律授权行政机关管理经济和管理社会的权力，又必须行使，不能放弃。放弃职权，不依法行使职权，就是不履行自己的职责，就是失职，就应该追究法律责任。

3. 完善司法制度。司法制度是规定司法机关的性质、组织、审判程序，司法行政工作制度的总称。

司法制度是行使国家司法权的重要制度。法律的权威和尊严必须有健全的司法制度加以维护和保证。只有健全的司法制度，才能保证司法机关分工负责、相互配合、相互制约，做到司法公正。只有健全的司法制度，才能真正实现法律面前人人平等，保障国家的权威性，维护法律的尊严；才有利于从制度上防范司法人员枉法裁判、违法办案，保证司法活动的合法性，体现法律的严肃性。健全的司法制度，还是保障市场经济健康有序运行的重要条件。改革以来，地方性分权在极大地调动地方政府积极性的同时，也在某种程度上造成了地方保护主义，这也表现在立法、执法和司法问题上。比如属于两个地区的企业之间的纠纷，法院通常偏向属于本地区的企业。这既有失司法公正，又阻碍了全国统一市场的形成，影响了资源配置效率。为了打破地方司法保护主义，有必要设置直属中央一层的司法机构来处理涉及全国性的法律案件，现有的地方一层司法只裁判本地区内的纠纷。

4. 强化法律实施的监督体系。法律监督可以区分为狭义上的法律监督和广义上的法律监督。狭义上的法律监督是指由有关国家机关依照法定权限和法定程序对法律实施所进行的监督。在我国，有权实行法律监督的机关是国家权力机关即各级人大和人民检察机关。广义上的法律监督是指由所有的国家机关、社会团体和公民依法对法律实施所进行的监督。它包括立法监督、行政监督、司法监督、党纪监督和人民群众监督。这些监督构成法律实施的监督体系。实施法律监督，不仅能使市场活动行为规范化，避免和减少各类经济矛盾所造成的损失，而且能够提高社会经济运行的速度和效益。

要使监督机制真正能发挥作用。首先，要给予立法、行政、司法、党纪等监督部门以查纠违宪、违法和各种腐败现象的权力，保证它们的相对独立性，使国家监督与制约机制形成有机整体。其次，全国人大及其常委会要切实承担起监督宪法实施的责任；各级人大要切实加强对执法机关的法律监督；人民检察院作为国家的法律监督机关，要切实全面履行对公安机关的侦察活动、人民法院的审判活动的监督；再次，各执法机关要进一步完善本部门的监督机制，通过立法的形式建立错案追究制度和赔偿制度；最后，要进一步从制度上保证加大群众监督、舆论监督的力度，使广大人民群众能真正行使对法律实施进行监督的权利。

5. 加强法制教育，增强全民法律意识。社会主义法制应该是建立在公民自觉遵守、执行和维护法制的基础上。要深入持久地开展普法教育，努力增强广大公民的法律意识和法制观念，要使每一个人都懂得自由与法律是统一的。法国启蒙思想家孟德斯鸠早就明确指出："自由是做法律所许可的一切事情的权利；如果一个公民能够做法律禁止的事情，他就不再自由了。因为其他人也同样会有这个权利。”历史和现实反复表明，法律既有制约自由（超越正当范围的限度的自由）的一面，又有保障自由的一面。因此，人们为了实现自由，必须自觉遵守法律，维护法律尊严，把守法作为自己的义务。同时，自身正当的自由权利受到侵害时，又可以诉诸法律，用法律保障自己正当的自由权利。

第三节　市场经济是诚信经济

一、诚信在市场经济中的地位和作用

市场经济的正常运行，既要以法律作保证，又要有道德的约束。而诚信正是与市场经济制度相适应的经济道德的基石。

诚信，即诚实守信，是指做人真实不虚假、言行一致和遵守自己的诺言，履行对他人的约定。从法学上讲，诚信是道德的底线；从伦理学上说，诚信是道德的最高准则。我国宋代大史学家司马光说：“国之宝在民，民之宝在信”，以宝相称，可见诚信分量之重。

市场经济不是不讲规则、不讲道德、不讲信用的经济，而恰恰相反，诚信是市场经济与生俱来的准则。市场经济是以商品交换为前提。商品交换是以社会分工为基础的劳动产品交换，其基本原则为等价交换，交换双方都是以信用作为守约条件，构成相互信任的经济关系。任何一方不守信用，都会使等价交换遭到破坏。随着交换关系的复杂化，日益扩展的市场关系逐步构建起彼此相互联系、相互制约的信用关系链条，维系着复杂的交换关系和有序的市场秩序。在一个现代化的社会里，没有一项活动不需要人类社会共同的合作，诚信就是合作的“粘合剂”。市场经济越发展就越要求各市场主体诚实守信，这是现代信用的重要基础和标志。没有诚信，就没有交换；没有诚信，就没有市场；没有诚信，就没有秩序；没有诚信，经济活动就难以健康发展。因此，恪守诚信的道德，对于维系市场经济社会的正常运转具有极其重要的意义。

其一，诚信是企业生存和发展的基石。一个企业里里外外讲信用，就会赢得创业和发展的机遇。这是因为企业内部有成员相互之间的诚信，就会形成企业内部的亲和力和凝聚力，一个成功的企业，往往得益于上上下下真诚相待，以信为本；企业对外讲诚信，就会形成对外的吸引力，人们就会愿意与他打交道、谈生意，人气旺，就会聚财气，从而创造企业再生产、再发展的财富。反之，如果不守信用，不讲信誉，践踏道德，漠视法制，它会使一个知名企业轰然倒地。我国南京冠生园食品有限公司是一家享誉七十年历史的知名企业，由于 2001 年 9 月将陈馅翻新制成月饼一事被中央电视台曝光而宣告倒闭。以擅

长经商而闻名于世的潮汕地区前些年由于走私猖獗、疯狂骗税、造假难禁，以致经济受到沉重打击。2002年新年伊始，拥有3000多家子公司和合作伙伴、在“世界百强企业”中排名第16位的美国能源巨头安然公司因财务造假和逃税丑闻，几乎是一夜之间轰然倒地即破产倒闭。无数事实一再证明，诚信是市场经济条件下企业安身立本的基础，只有讲信誉的企业，才会有长久的生命力，不讲诚信，靠坑蒙拐骗换不来真正的持久的经济发展。

其二，诚信是最好的竞争手段。企业竞争，既比拼商品的质量和价格，又比拼管理和服务。换句话说，一个企业要在激烈的市场竞争中脱颖而出或处于领先地位，除了加强商品质量和价格的竞争力外，另一个重要的方面是坚持信用至上。我国参与国际竞争多年的联想集团前总裁柳传志讲述自己认识诚信重要性的体会说：“较早的时候，我向银行贷款100万，以后一直按期还款，从来没有晚过一天。但有时，按期还款是要付出代价的，有一次，为按期还款我损失了100万，这在1990年前后是一个了不起的数字。”原来当时因为人民币和美元汇率突然变化，进出口商不肯按当时的比价履行合同。“他不给我转出来钱，我就没法还香港银行的钱，与进出口商就僵起来了。后来我就宁可他不守信用，也要保住我的信用，想方设法按期还了钱。这件事以后，我在中国银行总行所做的贷款，就完全是享受信誉贷款了。”现在，对于联想集团而言贷款已不是难题，所有银行都特别积极为其服务，这让同在中关村的许多企业羡慕不已。这个事例足以让我们可以延伸说明，企业信用可以使企业较易获得所需资源、降低交易成本、提高效率、摆脱诉讼，提高竞争力。现在，已经有越来越多的企业认识到，决定竞争成败的不是知名度，而是信誉度、美誉度。诚信带来信誉，信誉的积累升华为美誉。信誉和美誉能够产生极大效益和无形资产。

其三，诚信是中国市场经济融入世界经济的“通行证”。我们已跨入了世界贸易组织的大门，宏观经济环境已发生重大变化，这意味着习惯了自选动作的运动员，将投身于一场有规定动作的竞技比赛中。我们承诺了的要履行，我们不熟悉的要熟悉，我们不习惯的规定要学会遵守，我们原有的条文不少要废除。如果说我们加入世界贸易组织，标志着中国市场经济与世界经济全面接轨的话，诚信就是“接轨器”。我们只有在诚信的基础上，遵守好世界贸易组织的各项规定和条款，才能建立起国际经济贸易的共同秩序，才能树立起在国际上的较好形象，才能在世界经济一体化的趋势中成长壮大。

其四，诚信是社会的重要“稳定器”。市场经济讲求契约规则、强调守信意识，诚信则是维系契约经济健康发展的纽带，同时它也是社会生活不可缺少的先决条件。它不仅是道德要素，也是每个公民应尽的义务与应享有的权利。

在一个社会中，人不能真诚地待人或被人真诚地对待，就会造成信任、信用、信誉的缺失，每个人不知所措，人与人的正常关系就会为猜疑、猜忌所代替，其交易、交流、交往就难以正常进行，经济生活、社会生活就会发生可怕的混乱和危机。当前，一些人在利益机制的强力驱动下，逐利若骛、背信弃义、钻营欺诈，致使假冒伪劣泛滥成灾，偷税漏税屡禁不止，呆账坏账居高不下，盗版侵权比比皆是等等，不仅给国家、企业和个人造成重大损失，而且衍生出各种经济纠纷、个人恩怨，酿就了不少刑事案件、家庭悲剧、社会风波。这说明失去诚信的市场是个无序的市场，失去诚信的社会是个难以稳定的社会，从这一意义上讲，诚信是一个社会的重要“稳定器”。

二、社会诚信缺失的危害

在当前我国经济社会生活中，诚信缺失或诚信危机已是不争的事实。这种现象任其下去，对经济和社会发展危害极大。

第一，它会破坏企业的正常生产经营活动。在市场经济条件下，企业的每项经济活动都必须依据市场信息做出决策，而弄虚作假的泛滥，必然导致市场信息失真，从而造成企业决策失误；大量假冒伪劣生产资料的存在，势必直接影响企业产品的质量和经济效益；债务的连环拖欠，必然造成企业的资金周转受阻；技术发明等知识产权任意受到他人侵占，势必挫伤企业开发应用新技术的积极性，阻碍科技进步，使企业发展失去强大的推动力；合同不能履行，就会使企业不知所措。一句话，社会诚信的缺失，企业的正常生产经营活动就无法正常进行。

第二，它会使银行业务无法正常进行。借钱不还，银行怎敢放贷。截至2000年末，在4家国有独资商业银行开户的62656个改制企业中，经金融债权管理机构认定的逃债企业就有32140家，占51.29%，逃废银行贷款本息1851亿元，占贷款本息的31.96%。如果任这种状况发展下去，银行由不敢正常放贷到不敢吸收存款，那么银行的生命也就终结了。

第三，它会使市场经济难以向高级阶段发展。人类交易有三个阶段，即实物交易、货币交易和信用交易。信用交易是市场经济高度发达和完善的表现，也是每一个发展市场经济的国家所追求的目标。当前，我国经济的信用基础十分薄弱，还处在货币交易阶段。以西方国家为例，所有商业贸易的90%多采用信用方式进行，只有不到10%的贸易采用现汇结算，信用结算方式已成为商品交易中的主流。而反观我国的情况，信用交易活动仅占所有交易的20%，现汇交易达到80%。这种较落后的交易方式不仅严重阻碍了贸易的扩大和企业的发展，也使我国企业的竞争力大大减弱。再说，没有社会信用，像债券、股票等虚拟资本就无法产生和发展，市场经济的发展速度必然受到严重影响。

第四，它会使广大公众对文明社会的美好信念产生动摇。信用的普遍缺失，不仅严重干扰着市场秩序，影响经济发展速度，而且会极大地扭曲人与人之间的正常关系。人们对制假造假、坑蒙拐骗等失信行为见怪不怪，习以为常，甚至与之为伍，势必导致社会发展在一定程度上偏离人的最终价值目标，远离人的生存意义，使个人和社会产生迷茫、沮丧和压抑之感，造成不合理的痛苦代价，丧失对文明社会的美好追求，动摇社会发展的根基。

第五，它会破坏社会的法制基础。包括诚信内容在内的公民道德和法律是相辅相成的，从立法的角度看，法律虽然是国家意志的体现，是国家颁布的行为准则，但是在法律规范中，凝结着立法者关于善与恶、合理与不合理、正义与非正义的基本道德价值判断，法和法律的规定，总是同人们关于正义的观念，关于公平的观念，关于捍卫人的自由、权利和尊严的观念，关于社会责任和义务的观念等联系在一起的，是道德建设的主要内容用法律规范的形式固定下来，是道德义务转化为法律义务。从法律实施的角度看，法治一指依法办事的原则，意指良好的法律秩序，它代表某种具有价值规定的社会生活方式。这就可以看出，人们只有具备了一定的道德水平，才能够认识到法治的重要性，也才能自觉地遵循法律规范，要求实行法治。因此，社会诚信的缺失，必然会直接破坏社会法治的基础，使社会法治流于形式。

三、社会诚信缺失的原因

社会诚信缺失的原因是多方面的，其中主要有：

第一，传统文化的影响。我国是一个有着优秀文化传统的古老民族，自古以来信用往往是建立在道德的基础上，但在市场经济高速发展的今天，单纯的依靠道德上的“自觉”、“自我约束”，而不是靠强有力的法律制度来约束人们的行为，这在客观上造成了信用的软约束。没有信用约束的法制保证，信用自身也不可能受到尊敬与维护，这可以说是造成信用危机的一个传统原因。另外，我国至今保持着强烈的群体认同感，人际关系、血缘关系成为信用中较为重要的感情纽带。在计划经济向市场经济过渡时，由于不同渠道带来的利润成本的差异，使得厂商通过以上关系从中获取更大利益。在打击不正之风时，这部分人又通过与各级政府官员的千丝万缕的联系得到保护，因而导致了人情风、裙带关系、贿赂等腐败的猖獗，不良风气的滋长蔓延，从而动摇了社会信用在市场经济中的基础地位。

第二，某些政府机构及工作人员的不作为或不当作为。当今社会，政府无疑是最具影响力的权威信誉机构。政府负有维护市场经济秩序，为市场经济的发展提供优越的环境、良好的基础设施、产权保护等职能。然而一些政府机构及工作人员却凭借手中的权力直接操办经济，以谋取不正当利益；或违背市场经济规律，对经济行为进行过分的干预，且一些出台的“红头文件”往往朝令夕改；或为了局部利益和眼前利益，大搞地方保护主义；或好大喜功，大搞不切实际且劳民伤财的“首长工程”、“政绩工程”、“形象工程”；或不履行政府对市场的监管职责，为假冒伪劣商品和造假者大开绿灯；更有甚者是直接以权谋私，贪污受贿，贪赃枉法。我国自古以来就有“民以吏为师”之说。政府讲诚信忠实履行自己的职责是第一位重要的。上行下效，如果政府都不讲诚信，何谈要求民众讲诚信，上面都越位，下面怎么不越位。政府工作失职是我国出现诚信危机的主要原因之一。

第三，长期实行计划经济体制的历史。在长期实行的计划经济体制下，经济社会活动中强调的只是“整体利益”、“舍己为人”、“平均主义”；企业是国家行政机构的附属物，各种稀缺资源都由政府直接通过行政命令在所属的各单位之间配置，企业之间的信用被严格禁止；劳动者的一切都由国家来安排，彼此之间不存在什么信用关系；无论是企业还是个人办事，只要到单位或上级主管行政部门开个组织介绍信，企业和个人都是用政府信用作支撑和后盾，没有什么企业和个人信用可言。但向市场经济体制转轨后，企业和个人成为了市场主体，计划经济体制下的指令性计划约束已逐渐失灵，企业和个人再不能借用政府信用，其间便产生了信用空缺，于是许多人便以为市场经济就是一切以个人利益为出发点和归宿点，从利他主义走向利己主义，进而以损人利己而自豪，不择手段地敛财致富。

第四，维系市场经济中信用关系的法律制度尚未建立。现代文明社会应当是一个法制化的社会。它把法律作为实行宏观经济调控和微观经济调节的最主要手段，既要求把竞争、效率和效益放在首位，又必须做到合法、合理，兼顾公平，有效实现规范化的社会秩序。但是，在这一转型过程中，由于立法滞后或部分原有的法律法规不能适应现代市场经济的发展，加之有法不依、执法不严等问题的存在，使得守信者得不到相应的鼓励和收益，失信者没有得到应有的谴责和惩罚，这在客观上助长了不讲信用的风气。

四、强化社会诚信的措施

在我国市场经济发展的今天，在全社会强化诚实守信的观念，规范各类经济主体的行为，引导市场经济从无序走向有序，真正成为信用经济，是一个重大而紧迫的课题。它的解决，无疑是一个系统工程。因此，这里仅指出其中几个要点：

第一，加强公民道德宣传教育是基础。提高公民信用道德素质，教育是基础。美籍学者弗兰西斯·福山写了一本《信任》，书中分析了东西方各种经济增长模式，他得出结论：在社会资本和物质资本同样重要的时代，只有那些拥有较高信任度的社会，才有可能创造较稳定、规模较大的企业组织，以便在新的全球经济中具备竞争力。我们要乘党中央 2001 年 9 月 20 日公布的《公民道德建设实施纲要》的东风，紧紧抓住影响人们道德观念形成和发展的重要环节，通过家庭、学校、机关、企事业单位和社会各方面，坚持不懈地在全体公民中进行信用道德教育，使人们懂得什么是对的，什么是错的，什么是可以做的，什么是不应该做的，什么是必须提倡的，什么是坚决反对的，积极营造一种“讲诚信的人人敬仰，不讲诚信的人人唾弃”的社会氛围。要利用各种传媒对社会潜层中的那种“以背信赚大钱为本事，以欺诈得大利为光荣”等各种不道德行为和错误观念，进行鞭挞和批判；要大力倡导爱岗敬业、诚实守信、办事公道、奉献社会的职业道德，大力提高全社会的商业道德水平，大力提倡德商，宣传德商，以逐步改变人们“无奸不商”的印象，努力形成与市场经济发展相适应的健康、和谐、积极向上的思想道德规范，加快向真正的信用社会迈进。

第二，各级政府率先垂范是关键。国家政权在社会政治控制中起着主导的作用，经济基础靠它维护，经济手段靠它运用，法律法规、政策策略靠它制定和实施，社会的精神文明建设靠它倡导。我国改革是在政府领导下，依靠国家政权的力量，依靠原有的各级行政机构和官员进行的。政府机构和工作人员既是改革的领导者和实施者，又是改革的对象。这一矛盾地位使得政府在体制转型中既可以充当改革的促进者，也可以成为改革的阻力。违背诚信原则的“权钱交易”等腐败现象的大量滋生，便证明了这一点。“民无信不立，政无信不威”，关键的问题是各级政府机构及工作人员，必须提高有效、公正行使社会政治控制权力的自觉性，忠实履行政府的职责，打造良好的政策、法制、人文和自然环境，率先塑造自己的“诚信”形象，为社会公众牢固树立诚信观念起到表率作用。

第三，建立全国信用管理制度是根本。规则造就秩序，良好的制度及其管理，可以形成培育人们“诚信意识”的机制。在信用制度比较完善的西方一些国家，个人信用档案十分严密，有过不良的民事记录甚至刑事记录的，如诈骗、空头支票、欠款不还、破产等，在你要贷款、上保险和求职时，都比清白人麻烦得多，要多掏利息或保险费。不老实是要付出代价的。在这样的社会，不是人们不想要滑头，而是制度约束人必须诚实。在我国，要从多方面加紧建立一套信用管理体系。首先，政府要在建设我国信用管理体系这项重大社会工程中发挥主导作用。政府要尽快拿出得力的手段，整合全社会与信用有关的资源，建立一套完整的信用档案。这个信用档案体系不应部门分割、互相封闭，而应统一资源共享，使企业之间、企业与银行之间的经营活动有据可查，有信用保证，这样也可以引导企业守法经营，不断提高自己的竞争能力。其次，企业要建立自己的信用管理体系。企业要建立信用管理部门，对客户进行信用调查，对有关的信用关系进行严格的管理。如果客户不还钱，有事前、事中、事后一系列解决办法，以降低交易成本，保护自身利益。最后，要建立社会化的信用管理支持体系。在全社会，建立社会化的中介组织来为信用当事人服务，如建立和利用专门的信用管理顾问公司，规避信用风险。这就要求在我国实现征信数据的开放和征信数据的商品化。目前，一些国外的资信机构已纷纷进入我国，我国市场经济回归诚信的历程已越来越近。

第四，健全立法和严格执法是保障。首先是加快信用立法，当前最主要的是尽快建立起开展信用管理的联合征信的法律体系，对一些不适应市场经济和信用制度建设的陈规旧制特别是保护部门利益的规章制度要及时废止和修订，及早制定公平使用信息法，以法律规范信用的公共信息、征信数据的取得和使用程序，做到守信有法可依，违信有法可究。在此基础上，严格执法，强化综合治理的力度，公安、法院、银行、工商、税务、海关等机关和部门在建立失信约束惩罚机制方面要发挥重要作用，齐心协力，强力整顿市场经济秩序，造假售假露头就打，偷税漏税严惩不贷，走私套汇毫不留情，运用法制的威力，为诚信畅行天下保驾护航。

本章内容提要

市场经济的健康发展，必须以法制和信用为基础。

市场经济是法制经济。没有法制，市场经济体制就不可能确立和完善；没有法制作为市场经济运行的基础，市场经济秩序就会遭到破坏而走向混乱；没有健全的法制，市场经济优化配置社会资源的功能就难以正常有效的发挥。

市场经济法律体系，主要由关于市场主体、市场主体行为、市场管理、市场体系、宏观调控、社会保障等方面的法律所构成。

为适应和促进市场经济的发展，鉴于我国当前的现状，必须进一步加强市场经济的立法与执法。

市场经济是诚信经济。诚信在市场经济中具有重要作用：①它是企业生存和发展的基石；②它是企业最好的竞争手段；③它是中国市场经济融入世界经济的“通行证”；④它是社会的重要“稳定器”。

社会诚信的缺失危害极大。它会破坏企业的正常生产经营活动；会使银行业务无法正常进行；会使市场经济难以向高级阶段发展；会使广大公众对文明社会的美好信念产生动摇；会破坏社会的法制基础。

强化社会诚信的措施主要有：第一，加强公民道德宣传教育；第二，各级政府率先垂范；第三，建立全国信用管理制度；第四，健全立法和严格执法。

第十二章　建立适应市场经济的政府体制

第一节　市场经济条件下的政府经济职能

一、市场经济条件下的政府经济职能

政府，即国家行政机关，是国家政权体系中的重要组成部分，是执行立法机关制定的法律和决议，对社会公共事务和国家事务进行管理的国家机关。由于政府是国家机器的最主要组成部分，政府的职能就是国家职能的具体化。一般来说，政府职能，指的是政府在一定历史时期内根据社会环境的需要而履行的职责和功能，它反映政府的实质和活动的内容与方向。政府作为维护统治阶级意志的权力组织和工具，从来就具有政治和经济两方面的职能。尽管西方不少学者有意淡化政府经济职能，但事实是，随着社会化大生产和市场经济的发展，政府的经济职能不断得到强化。

怎样来界定或概括我国在市场经济条件下的政府经济职能？这是一个理论界至今没有取得共识或难度较大的问题。改革开放以来，对国家宏观经济管理职能，党和国家曾多次从不同角度做过原则性规定。1984 年，《中共中央关于经济体制改革的决定》指出："根据多年来的实践经验，政府机构管理经济的主要职能应该是：制定经济和社会发展的战略、计划、方针和政策；制定资源开发、技术改造和智力开发的方案；协调地区、部门、企业之间的发展计划和经济关系；部署重点工程特别是能源、交通和原材料工业的建设；制定并监督执行经济法规；按规定的范围任免干部；管理对外经济技术交流和合作等。"这些规定都属于宏观经济管理职能。

1993 年，《中共中央关于建立社会主义市场经济体制若干问题的决定》指出："政府管理经济的职能，主要是制订和执行宏观调控政策，搞好基础设施建设，创造良好的经济发展环境。同时，要培育市场体系、监督市场运行和维护平等竞争，调节社会分配和组织社会保障，控制人口增长，保护自然资源和

生态环境，管理国有资产和监督国有资产经营，实现国家的经济和社会发展目标。”这是在市场经济体制下，对国家的宏观经济管理的职能所做的新规定。

如果将上述职能从一个更高的层次上，做一个简单明了的概括，又可以把政府的经济职能概括为三个方面：一是国有资产所有者的职能；二是社会经济管理者的职能；三是宏观经济调控者的职能。

1. 政府作为国有资产所有者，应建立有效的国有资产管理、监督和营运机制，把国有资产的所有者、经营者、生产者三种职能适当分开，坚持公有制的主体地位，确保国有经济控制国民经济命脉，对经济发展起主导作用，增强国有经济的控制力和竞争力，提高国有资产的整体质量，保证国有资产的保值与增值，防止国有资产流失，并协调国有资产内部所有者、经营者和生产者的相互关系。

2. 政府作为社会经济管理者，应培育和发展社会主义市场体系，建立比较完善的市场规则和法律制度，监督市场运行，维护平等竞争和社会经济秩序，建立和完善社会保障制度，汇集和传播经济信息，保护生态环境和自然资源，控制人口增长，为企业的发展提供多方面的服务和创造良好的社会环境，并检查监督国家法律、法规的执行。

3. 政府作为宏观经济调控者，主要承担统筹规划、掌握政策、制定方针、组织协调的职能，制定经济和社会发展战略、计划、方案和政策，调整产业结构和规划经济布局，部署重点工程和基础设施的建设，协调地区、部门、企业之间的经济关系，实现公平分配，搞好宏观经济综合平衡，引导和调节国民经济的发展，实现国家经济社会发展目标。

二、加快政府职能转变

长期以来，我国实行计划经济体制，这种政企合一的体制形成了政府全面参与和直接管理经济的经济职能。其结果，一方面使企业成了行政机构的附属物而失去了活力；另一方面使政府陷于微观事务而宏观管理效率低下。政府没有精力去抓宏观管理的大政方针，导致重大的决策失误和人为的经济波动。因此，随着我国计划经济体制向市场经济体制的转变，政府的经济职能也必须相应转变。

适应市场经济的要求，转变政府职能，首要的是对政府职能应有一个准确“定位”。总结历史教训和实践经验，政府应尽力避免去管不该管的“越位”问题；尽力避免不该成为投资主体的时候去越俎代庖的“错位”问题；着力解决应该服务而没有服务的“缺位”问题。

改革开放以来，我国各级政府的职能转变取得了一定的进展，但与我国市场经济发展的要求和加入世界贸易组织的要求还相差甚远。其主要表现在：

1. 政府对微观经济特别是国有企业的直接干预依然过多，有效的国有资产管理体制尚未形成。计划经济时期形成的、经济转轨时期又有所扩展的行政审批制依然广泛存在，特别是企业设立、领导人任免、投资、外贸等领域的行政审批亟待清理、削减。值得注意的是，在推进国有企业改革的过程中，某些政策的实施又产生了强化行政审批和个案处理的副作用。在国有企业股份制改造、股票发行以及兼并收购等资产重组活动中，一些部门和地方政府往往出于部门利益、地方利益甚至长官意志，对企业进行不适当的行政干预。例如，强行要求效益好的企业在投资、担保贷款、资产重组等方面照顾劣势企业，甚至向企业摊派政府的行政性支出。国有经济布局不合理、战线过长的问题依然突出，对其进行战略性调整的力度不够，进展迟缓；对非公有经济的限制依然过多，公平竞争环境尚未形成。政府的公共管理职能和国有资产所有者职能混淆不清的状况没有根本改变。如何构建新型的国有资产管理运营体系，已成为深化国有企业改革亟待解决的重要问题。

2. 投融资管理体制改革滞后。在投融资领域，存在着政府以直接干预微观投融资活动达到宏观调控目标的倾向，其结果往往达不到宏观调控的预期目的，同时又加强了政府对投融资活动的不正常的干预。不少部门和地方政府仍然过多地承担着投融资主体的职能，花费大量精力争资金、争项目，投资决策依赖于行政机关的层层审批，不按科学严谨的、市场化的投资决策程序办事，缺乏严格的投资风险责任机制，屡屡造成重大的投资失误。

3. 规范、监管市场秩序的力度不够。一是规范市场秩序的法律法规仍不健全。例如，反垄断法迟迟没有出台，难以运用法律手段打破行政性垄断；证券市场的退出机制至今没有最终建立，难以保证上市公司质量。二是执法不严，管理松懈，纪律松弛，甚至有法不依，违法不究，致使已有的法律、规章和制度形同虚设。三是地方保护主义和部门分割不断变换手法，阻碍全国统一市场的形成。这些因素导致了市场秩序比较混乱，突出表现为假冒伪劣商品泛滥，偷税、逃税、骗税、骗汇和走私活动猖獗，社会信用关系紊乱，逃废债务现象相当普遍；建筑领域弄虚作假、工程质量低劣的问题严重，等等。

4. 一些政府部门出现利益集团化和非公共机构化倾向，公共服务职能弱化，乃至体制性腐败加剧。政府改革中专业经济部门陆续撤销以后，综合经济部门、执法监督部门和社会公共管理部门的公共服务职能需要加强。但是，目前一些政府部门在制定规划、方案和法规时，或在处理部门利益和公共利益的矛盾时，往往受到本部门或所管辖的行业利益的局限，对国家利益、公众利益考虑不够，甚至做出违背这些利益和法定程序的行政决策。随着市场化改革向垄断性行业的逐步深入，相关领域的部门利益、行业利益与社会公共利益的矛盾正在成为社会各界关注的焦点。现行行政管理体制中存在的同部门兼有决策、执行和监督职能的状况，容易强化部门的既得利益，使某些行政主管部门比地方政府更加留恋行政审批权。由于对微观经济活动设置了过多的行政审批事项，使体制性腐败难以得到有效遏制，在一些地方和部门甚至愈演愈烈。

5. 中央和地方的责权利关系尚未理顺。当前比较突出的问题有：①国家财权、财力在中央和地方间的分配关系尚不合理。一方面，中央财政可支配的财力明显低于国外平均水平。不少地方挪用工资和养老金搞建设，把欠账留给中央和省级政府，不利于中央政府实施有效的宏观经济调控，也不利于通过转移支付手段帮助欠发达地区的经济社会发展。另一方面，国家税收立法权过于集中于中央，税权划分缺乏稳定的法制基础，难免导致地方政府变通国家税法、越权减免税和滥用收费权。②在分权过程中，一些应当下放给企业的权力没有落实到企业。中央政府放给企业的一些自主权，往往被地方政府截留，不少地方政府迟迟不愿向企业放权，在政企分开方面落后于中央政府。③行政性集权、分权、收权的框框还没有根本突破，按市场经济规律合理划分中央和地方经济职能、责任和权利的框架还不清晰。人们习惯于按计划经济下“先集权、再分权”的思路考虑问题，还没有确立市场经济下“分权优先、集权居后”的观念。经济体制改革的方案以及国家制定的优惠政策，大多按行政层次、行政区划进行试点再逐步推广，或者限制在一定行政区划的范围内实施。这样往往增加行政层次，例如，计划单列市的设置就使中央和地方的关系更加复杂。中央政府对不同地区实行差别性优惠政策，不利于加强区域经济联系和促进区域协调发展。不适当的分权容易导致宏观经济失控、地区差距扩大和地方保护主义盛行，反过来又可能成为重新集权的诱因。

6. 依法行政的统一性和透明度不高。首先是经济体制改革进程与立法进程不协调，影响执法效果。目前我国在制定有关市场主体、市场行为和宏观调控的法律法规方面已经取得长足进展，但是由于经济体制转轨和政府职能转变还不到位，执法效果往往不理想。例如，反不正当竞争法的实施经常遇到行政性垄断的阻碍。其次是执法落后于立法。对有法不依、执法不严甚至违法不究的行为缺乏有力的监督制约，人治大于法治的现象在许多地方时有发生，严重损害司法独立和司法公正。再次是部门、地方政府的法规甚至内部文件与国家法律存在矛盾。在行政执法实践中，出现内部文件的权威大于部门法规，部门法规的权威大于国家法律的现象。一些部门和地方政府在处理矛盾和问题时，往往先依据本地内部文件和法规，然后才考虑中央政府的法规、部门规章和国家法律。更有甚者，一些地方法院在审理案件时，不是以国家法律法规而是以内部文件甚或长官意志作为判决依据。此类问题较多地表现在企业改制和涉外经济纠纷等方面。

7. 加入世界贸易组织客观上对政府职能转变提出了迫切要求。加入世界贸易组织，我国经济发展和经济运行方式的变化必然引起经济基础的变化，我国政府必须自觉地适应这一变化，并自觉地针对自身职能中不适应生产力发展的某些方面的环节进行调整和转变，为生产力的发展扫清障碍，使我国经济能在世界贸易组织的规范下取得更大、更快的发展。

上述问题或情况说明，加快我国政府职能转变，刻不容缓，否则，必将严重制约我国经济应有的发展，给经济社会进步造成不应有的损失。因此，必须进一步解放思想，彻底摆脱传统计划的羁绊，切实把政府职能转到经济调节、市场监管、社会管理和公共服务上来。

第二节　努力构建适应市场经济的政府体制

政府体制，是指国家政府机关的组织结构、职能配置、权力划分、运行机制等及其相互关系的总和。适应市场经济的政府体制，是市场经济体制的重要组成部分。但是，我国现阶段的政府体制与发展市场经济的内在要求有诸多冲突之处，如政府机构重叠、规模过大、职能不清、行政干预过多等。因此，要使市场机制成为资源配置的基本方式，要有效地组织全社会的力量从容地应对加入世界贸易组织所带来的机遇与挑战，必须深化政府体制改革，实现政府体制的全面创新。

一、实现行政观念现代化

体制创新的前提是观念创新。深化政府体制改革，必须更新行政观念。面对国内经济和国际经济的全面融合，全面推进现代化建设，建立富强、民主、文明的现代化国家，只有通过行政观念的现代化，才能推进政府体制的现代化。要实现行政观念现代化，必须树立和强化以下四个观念：

（一）树立法治观念

所谓树立法治观念，就是指各级政府及其工作人员要树立在行政过程中必须依据宪法和法律精神的观念。对国家和社会事务管理的法制化，是现代社会文明进步的重要标志，也是当今各国政府行政改革的大趋势。相对于西方国家而言，我国缺乏法治传统，加强法制建设更为紧迫和艰难。西方国家之所以能够比较顺利地实现法治化，一个深刻的原因是有着十分深厚的法治化传统。早在古希腊、古罗马时期，就已经孕育了近代主要法律制度和政治民主的萌芽，法治精神很早就成为社会共同崇尚的品格。而我国数千年来笼罩人们精神的是

“皇权至上”和“贤人政治”。从秦始皇时期的“朕即法律”，直到“文化大革命”时期林彪宣扬的“一句顶一万句”，对君主的崇拜，对领袖的崇拜，一直延续几千年，而惟独没有对法制的崇拜。无数的历史惨痛教训，特别是发生“文化大革命”那场“十年浩劫”，使中国人终于认识到必须走上法制化的轨道，必须变对“人治”的崇拜为对法律的崇拜。这是解决中国当前各种问题的基础。

在树立法治观念的过程中，一个核心的问题，是要树立宪法与法律在国家政治和社会生活中至高无上的地位，确立宪法和法律的绝对权威。作为对一个国家负有重要管理责任的各级政府而言，必须牢固树立严格遵守宪法和法律的观念，彻底改变目前普遍存在的政府行为的随意性与主观性，明确政府自身职能的边界，变无限政府为有限政府，使政府权力、政府行为受到国家宪法和法律的制约。

（二）树立平等观念

所谓树立平等观念，就是指各级政府及其工作人员要树立在行政过程中充分尊重并切实保障社会各行为主体的平等权利，以平等的姿态行使政府的各项权利和义务，从而建立政府与社会平等和谐的行政关系的观念。

自古以来，政府作为凌驾于社会之上的国家机器，历来是“治人”而不是“治于人”，高居于社会各阶层之上，成为社会各方面的统治者。政府与社会、政府与公民无平等可言，这正是专制社会的思想基础。它不仅与现代市场经济的原则格格不入，而且与整个社会的民主化、法治化的进步潮流背道而驰。

按照社会契约的观点，政府与社会是平等的契约关系；按照市场经济的原则，政府与社会各种组织都是平等的行为主体；按照“法律面前人人平等”的法治精神，政府与社会各种组织、每个公民在法律地位上都是担负着不同权利和义务的法律主体；按照社会分工的不同，政府与社会各方面，各自都按照不同的社会定位，承担着不同的职责和义务。现代政府从本质上说，它与社会各组织、广大公民都是平等的，所不同的只是社会分工不同，职权范围不同，所承担的责任义务不同。因此，政府树立平等观念，就是要把平等观念贯穿于政府的全部行政活动过程中，推动全社会的民主化、法治化的进程。如当政府公务人员行使职权出现过错而造成行政相对方受损时，政府应平等地按《国家赔偿法》的规定给予赔偿；又如当政府与社会组织或公民发生行政诉讼时，政府应直面于法庭，以平等当事人的身份接受诉讼，并接受法庭最终判决结果。

（三）树立选民观念

所谓树立选民观念，就是指各级政府及其工作人员要树立政府行政权力来自于选民，政府必须为选民服务、向选民负责，政府的行政结果必须接受选民的监督、评价和检验的观念。

当今许多国家政府都十分重视选民问题，许多政府领导人在上台前，都十分注重树立自己在选民中的良好形象；执政后，则努力实践自己在竞选过程中的承诺，以争取选民对政府工作最大限度的支持。尽管西方政府领导人的选民意识是为了巩固自身的执政地位，但在客观上有利于改进政府工作，努力使政府做出更好的业绩。因此，选民理念已成为世界普遍认同的行政观念。

我国是中国共产党领导的社会主义国家，全心全意为人民服务是党和政府的宗旨。我们强调树立的选民观念，与西方政治家所推崇的选民观念有着本质的区别。我们强调树立的选民观念，就是为了使各级政府及其工作人员，更好地坚持党的领导，更好地贯彻全心全意为人民服务的宗旨，更好地坚持人民代表大会的根本政治制度，真正按照"三个代表"的重要思想，在履行政府工作职责、行使政府工作权力时牢记自己的职权来源于各级选民以及由此而产生的人民代表，更加明确自己工作的服务重点，更加自觉地接受选民及人民代表的监督，一句话，充分代表最广大人民群众的根本利益。

（四）树立科学观念

所谓树立科学观念，就是指各级政府及其工作人员要树立以科学的态度、科学的方法进行科学决策和科学管理的观念。随着知识经济时代的到来和现代人文科学的不断进步，面对日益复杂化的经济社会管理事务，需要政府充分运用现代自然科学和社会科学的各项成果，改善政府的管理方式和管理手段，提高政府驾驭现代社会的能力。一个没有强烈科学精神的政府是难以担当起有效管理社会、促进生产力发展的重任的。

树立科学观念，首先是要用科学的态度对待经济社会的各方面问题，实事求是，把政府决策和行为过程建立在科学化的基础上；其次，要充分运用和借鉴自然科学和社会科学的新成果、新手段改进政府的管理方法，实现政府决策的科学化、政府决策手段的科学化。

二、实现行政管理法治化

观念上的创新仅仅是制度创新的前提，但并不等于制度创新。因此，在观念创新的基础上，必须切实在政府体制上真正实现与市场经济和世界贸易组织的顺利接轨。其中首要是实现行政管理法制化。

（一）健全行政法律法规体系

实现行政管理法制化，一个重要的前提是要有完善的行政法律法规体系，使各级政府及其工作人员在行使行政权时有法可依。应该说改革开放以来，我国的行政立法工作有了很大的发展，建立了从宪法、法律、行政法规、部门规章等构成的庞大的行政法规体系。但是，目前在行政立法方面，仍存在一些值得认真研究和解决的问题。一是立法上明显滞后，其中包括最基本的行政组织法、机构编制法等关于政府自身的基础性法律至今还不健全；二是不少现行的法律法规不适合时代要求，需要废止和修订；三是立法过程中的部门化、地方化倾向严重，影响了行政法律体系自身的健康发展。

(二) 行政机构设置法定化

实现行政管理法治化，一个重要的方面是行政机构设置法定化，机构职能及编制法定化。行政机构的设置、机构职能的确定，必须具有宪法和法律的明确依据。任何组织和个人都不得在法律所规定的范围之外任意设立行使行政权力的行政组织机构；任何机构和个人都不得超越法律所授予的职权行使权力。凡不具备合法性的行政机构及超越职权范围的行政行为均为非法。而行政机构及其行政权力一旦明确，该机构就必须认真履行自己的职权，既不能越权，也不能职权缺位而失职渎职。

(三) 依法规范行政行为

实现行政管理法治化，要求各级政府不仅要依法设置，而且要依法行政。依法行政具体体现在大量的政府行政行为中。目前在具体行政行为领域的依法行政有几个问题值得关注。一是要高度重视执法程序问题。依法行政原则不仅要求权限合法、内容合法，而且还要求程序合法。所谓程序合法，是指行政机关实施行政行为要符合法律规定的方式、形式、步骤和时限，符合法定的操作规程。程序是实体的保证。只有程序合法，才可能实体处理合法。在整个法律体系中，程序法与实体法一样重要。政府的行政行为只有在符合法定程序的前提下才是合法的，只有在法律程序的约束和指引下才是有效的。当前许多政府部门及其工作人员，在实施政府行政行为中，不重视行政程序，不按法律所规定的程序办事的现象大量发生，如不注意调查程序，不说明理由，不告之当事人权利，不进行听证，不按时限办理等。二是要高度重视目前政府行政行为的自由裁量权弹性过大的问题。当前在各级政府的行政行为过程中，许多事情、许多收费项目和标准都处在可办可不办、可收可不收，可高可低的状态中，存在着很大的弹性。这也是当前行政执法不严、执法标准不统一的重要原因，也是容易引起行政腐败的一个重要根源。要真正做到执法必严、违法必究，保证执法的公平公正，必须认真解决这一问题。三是要严格行政执法责任制和错案追究制，增强对各级政府及其工作人员依法行政的约束力和责任感。

(四) 完善行政法律监督体系

行政法律监督体系，既是行政管理法治化的重要环节，又是行政管理法治化的重要保障。古今中外的无数实践证明，任何失去监督或制约的权力必然导致专制和腐败。因此，我们在构建新的政府体制时，必须高度重视行政法律监督问题。

改革开放以来，我国已初步建立了行政法治监督体系，如在行政系统内部设立监察机构，在行政系统外部建立了法院对行政行为的司法审查制度等。但由于行政执法监督制度在法律上还只有原则性的规定，可操作性不强，加之从事监督的政府法制部门机构不健全、专业素质低，致使对政府行政行为的监督显得乏力。因此，必须从内容、形式上认真进行改进和完善。

在完善行政法律监督内容方面，必须进一步拓展行政法律监督的范围。其中包括：①加强对宪法实施状况的监督；②加强对执行国家法律法规的监督；③加强对政府行政过程的监督；④加强对政府经济活动的监督。

在完善行政法律监督形式方面，一是要加强上级政府部门对所属工作部门和对下级政府的执法情况进行监督；二是要加强监察机关和审计机关的监督力度；三是要充分发挥司法监督的作用；四是要加强包括大众传媒在内的舆论监督；五是要开展经常性的执法检查。

三、实现行政决策科学化

行政决策是政府工作的中心环节，是政府各项行政环节的基础。所谓行政决策科学化，是指政府机构遵循科学决策的原则、程序和方法所进行的决策。它包括决策的内容是科学的，决策的方法也是科学的。

在经济全球化，特别是我国已加入世界贸易组织、全面融入国际经济主流的大背景下，各种国际化经济、政治、社会因素都将对我国政府决策产生重大影响。影响因素变量的空前增大，在客观上必然要求政府的行政决策科学化，无论多么高明的领导人，仅凭个人的经验和智慧拍脑袋决策，都可能造成重大的决策失误。因此，加速推进各级政府决策的科学化具有十分重要的意义。

首先，实现行政决策科学化，要健全科学行政决策体制。所谓行政决策体制，是指承担行政决策的机构和人员所形成的组织体系及相应的制度。健全科学行政决策体制，就是要使这种决策组织体系和决策制度最大限度地实现科学化。在行政决策体制中，由于行政首长具有决定权、否决权，处于最关键的特殊位置，因此，健全科学行政决策体制，要努力提高各级行政首长的科学决策意识和科学决策能力，要高度重视行政首长在决策中的作用。同时，应充分认识并发挥咨询智囊机构在决策过程中的参谋作用。另外，要实现行政决策科学化，必须充分吸收社会各方面对政府决策的民主参与，以最广泛的民主，保证政府决策充分集中和体现人民群众的民情民意。

其次，实现行政决策科学化，要完善科学决策程序。完善的决策程序，是科学决策的保证。其中既包括决策前的调查研究，即信息收集整理，又包括决策中的行为规范，还包括决策后的反馈调整，以使整个决策过程在制度化、规范化、程序化的过程中有序地进行。

四、实现组织结构合理化

政府组织结构是履行政府职能的载体。通过政府机构改革，努力构建廉洁、勤政、务实、高效的政府机构体系，实现政府组织结构的合理化，是我国政府体制创新的一个重要目标。

新中国成立以来，我国政府机构曾先后进行了七次大的改革（见表 12－1)。改革开放以来主要有四次，第一次是 1982 年，当时城市经济体制改革尚未进行，仍处于计划经济时代，因而机构改革主要着眼于建立适应现代化建设需要的“革命化、年轻化、知识化、专业化”的领导班子，以及改革领导干部终身制，而没有涉及转变政府职能。第二次是 1988 年，主要是因为这时市场调节作用的范围扩大，有的事情不需要政府管理，因此，这次机构改革提出了“转变政府职能”的要求，但实际进展不大。第三次是 1993 年，起因是 1992 年党的十四大已明确经济体制改革的目标是建立社会主义市场经济体制，在微观经济市场化步伐加快的情况下，要求改善政府宏观经济的调控，切实转变政府职能。第四次是 1998 年 3 月起至 2002 年上半年止的政府机构改革。

由于各种原因，主要是体制性的原因，前三次机构改革后的政府体制，仍没有转到适应市场经济的轨道上来。政府机构规模过于庞大，人浮于事，财政吃紧。1998 年的这次政府机构改革从当年 3 月到年底，国务院机构编制从 3.2 万人减至 1.68 万人，精简了 47.5%。经过四年半的全国各级党政机构改革，共精简行政编制人员 115 万名，其中，党中央及省级党委各部门精简 20%，省级政府精简 48.2%，市县乡党政群机关精简 19.4%。此外，市县乡还清退超编人员约 43 万人。这次改革力度之大，涉及的机关人员之多，是以往几次机构改革所不能比拟的，而且这次改革的总体原则十分明确，即“按照发展社会主义市场经济的要求，转变政府职能，实现政企分开，按照精简、统一、效能的原则，调整组织结构，实行精兵简政。按照权责一致的原则，调整政府部门的职责权限，明确划分部门之间的职能分工，完善行政运行机制，按照依法治国、依法行政的要求，加强行政体系的法制建设。”同时，我们也应清醒地看到，我国目前仍处在两种体制的过渡转变时期，完善的市场经济体制仍未形成，尤其是加入世界贸易组织之后，我国又面临着一次体制上与世界全面接轨的挑战。因此可以说，我国的这次政府机构改革仍然是过渡性的。为较好地适应市场经济未来发展的要求，必将提出实现政府组织结构更趋合理化的改革要求。

表 12-1 1954～1998 年中国的政府机构改革

次序	时间	国务院机构数	机关人数	原因
第一次	1954～1956 年	64 个增至 81 个		大规模经济建设
第二次	1959～1961 年	60 个增至 79 个	减少 1/3 左右	权力下放及调整
第三次	1968～1970 年	减至 33 个	减少 2/3 以上	“文化大革命”
第四次	1982～1983 年	100 个减至 61 个	减至 3.9 万人	打破干部职务终身制
第五次	1987～1988 年	常设机构由 72 个减至 66 个，非常设机构由 75 个减至 49 个	由 5.25 万人减至 4.48 万人	扩大企业自主权
第六次	1993～1996 年	常设机构由 86 个减至 59 个，非常设机构由 85 个减至 30 个	由 3.67 万人减至 2.92 万人	确立市场经济体制改革目标
第七次	1998 年	40 个减至 29 个	由 3.2 万人减至 1.68 万人	经济体制改革深入发展

五、实现政务活动公开化

所谓政务活动公开，是指政府机构及其工作人员的行政行为除涉及国家安全及商业机密等不宜披露的信息外，都应通过适当的渠道和途径告知社会。推进政务活动公开化是我国政府体制改革的重要内容。因为只有在公开的环境中，才能提高政府公共服务的质量，才能有效地保障各种行为主体能在平等参与、自由竞争的基础上实现公正和公平的交往，才能更好地促进社会活动的发展。

多年来，我国政府尽管一直在倡导政务活动公开，但由于缺乏制度的保障和约束，政务信息及时发布仍未达到制度化和经常化的要求，致使社会公众对政务活动信息的知晓度很低。这种机制，既隔阻了政府与社会的联系，也给一些政府部门在行使行政权力时进行“权力寻租”以可乘之机，同时也极大地降低了政府的办事效率。

要全面提高政府政务活动的透明度，从我国政府运行体制和行政特征来看，政务公开的主要内容至少包括以下五方面：①公开政府重大决策；②公开重要法规规章；③公开行政标准；④公开办事程序；⑤公开办事结果。

政务公开的方式，从时间上讲，要坚持注重时效的原则，及时发布，及时公开；从形式上讲，要突出扩大信息发布的范围，积极利用各种媒体及时发布，大力倡导建设政务信息咨询机构，为国内外企业和公民提供信息咨询服务。

六、实现政府形象廉洁化

严重的腐败是政府发挥有效作用的最大障碍。从目前揭露出来的腐败案件情况看，腐败的产生，既有个人的品质因素，更有深层次的体制因素。当前产生腐败的一个重要源头是由于政府对经济的过度干预，诸如高关税、贸易壁垒、对某些产业的补贴和税收减免、物价管制、信贷分配、行业垄断等过度的政府干预，形成了寻租租金，从而产生腐败。此外，严重的制度缺陷也使得腐败盛行，诸如机构臃肿，效率低下，委任干部的人事制度，立法和司法力量薄弱，文牍主义等。因而铲除腐败有赖于政府机构改革，而克服制度和机构方面的缺陷，又有助于抑制腐败。多年来，我们习惯于利用政治运动的手段来反腐败，固然是必要的，但这只是治标的做法。今后我们还应当从导致腐败的经济根源分析，采取治本的改革性措施，如尽快实现政府职能转变，大幅度地减少政府的过度干预，制约行政权力，坚定不移地推行机构改革，把“寻租空间”减少到最低限度。同时，强化权力实施的监督，积极创新监督机制，把同级监督、上下级双向监督、群众监督和舆论监督统一起来。要彻底改变政府行使权力的“暗箱”操作状态，使党政机关的各种权力活动“阳光化”。要进一步加大依法对腐败分子的打击力度，提高法治的威慑力。

本章内容提要

在现代市场经济中，政府所履行的经济职能有三个方面：国有资产所有者的职能，社会经济管理者的职能，宏观经济调控者的职能。随着我国计划经济体制向市场经济体制的转变，政府的职能也必须相应转变。适应市场经济的要求，转变政府职能，首要的是对政府职能准确定位，解决以往存在的管了不该管的“越位”问题，该管而没管的“缺位”问题，越俎代庖的“错位”问题。改革开放以来，我国政府职能转变取得了一定进步，但与市场经济发展的要求和加入世界贸易组织的要求相差甚远，必须加快政府职能转变。

适应市场经济的政府体制，是我国市场经济体制的重要组成部分。我国现阶段的政府体制，与发展市场经济的内在要求存在诸多冲突之处。要使市场机制成为资源配置的基本方式，全面推进现代化建设，必须深化政府体制改革，实现政府体制的全面创新。其内容主要包括：①实现行政观念现代化；②实现行政管理法制化；③实现行政决策科学化；④实现政府组织结构合理化；⑤实现政务活动公开化；⑥实现政府形象廉洁化。

附录一

中共中央关于建立社会主义市场经济体制若干问题的决定

（中国共产党第十四届中央委员会第三次全体会议 1993 年 11 月 14 日通过）

为贯彻落实党的第十四次全国代表大会提出的经济体制改革的任务，加快改革开放和社会主义现代化建设步伐，十四届中央委员会第三次全体会议讨论了关于建立社会主义市场经济体制的若干重大问题，并作出如下决定。

一、我国经济体制改革面临的新形势和新任务

(1) 在邓小平同志建设有中国特色社会主义的理论指导下，经过十多年改革，我国经济体制发生了巨大变化。以公有制为主体的多种经济成份共同发展的格局初步形成，农村经济体制改革不断深入，国有企业经营机制正在转换，市场在资源配置中的作用迅速扩大，对外经济技术交流与合作广泛展开，计划经济体制逐步向社会主义市场经济体制过渡。改革解放和发展了社会生产力，推动我国经济建设、人民生活和综合国力上了一个大台阶。在国际风云急剧变幻的情况下，中国的社会主义制度显示了强大的生命力。改革开放是党和人民在认真总结历史经验的基础上，作出的符合社会经济发展规律的战略决策，是我国实现现代化的必由之路。

以邓小平同志 1992 年年初重要谈话和党的十四大为标志，我国改革开放和现代化建设事业进入了一个新的发展阶段。十四大明确提出的建立社会主义市场经济体制，这是建设有中国特色社会主义理论的重要组成部分，对于我国现代化建设事业具有重大而深远的意义。在本世纪末初步建立起新的经济体制，是全党和全国各族人民在新时期的伟大历史任务。

(2) 社会主义市场经济体制是同社会主义基本制度结合在一起的。建立社会主义市场经济体制，就是要使市场在国家宏观调控下对资源配置起基础性作用。为实现这个目标，必须坚持以公有制为主体、多种经济成份共同发展的方针，进一步转换国有企业经营机制，建立适应市场经济要求，产权清晰、权责明确、政企分开、管理科学的现代企业制度；建立全国统一开放的市场体系，实现城乡市场紧密结合，国内市场与国际市场相互衔接，促进资源的优化配

置；转变政府管理经济的职能，建立以间接手段为主的完善的宏观调控体系，保证国民经济的健康运行；建立以按劳分配为主体，效率优先、兼顾公平的收入分配制度，鼓励一部分地区一部分人先富起来，走共同富裕的道路；建立多层次的社会保障制度，为城乡居民提供同我国国情相适应的社会保障，促进经济发展和社会稳定。这些主要环节是相互联系和相互制约的有机整体，构成社会主义市场经济体制的基本框架。必须围绕这些主要环节，建立相应的法律体系，采取切实措施，积极而有步骤地全面推进改革，促进社会生产力的发展。

(3) 建立社会主义市场经济体制是一项前无古人的开创性事业，需要解决许多极其复杂的问题。十五年来，我们已经走出一条卓有成效的改革之路，积累了丰富经验。实践证明，毫不动摇地坚持邓小平同志建设有中国特色社会主义的理论，坚持党在社会主义初级阶段的基本路线，我们就能够经受各种考验，顺利实现改革开放和现代化建设的宏伟目标。

在建立社会主义市场经济体制的进程中，我们应当在党的基本理论和基本路线指引下，始终坚持以是否有利于发展社会主义社会的生产力，是否有利于增强社会主义国家的综合国力，是否有利于提高人民的生活水平，作为决定各项改革措施取舍和检验其得失的根本标准，注意把握好以下几点：

——解放思想，实事求是。要转变计划经济的传统观念，提倡积极探索，敢于试验。既继承优良传统，又勇于突破陈规，从中国国情出发，借鉴世界各国包括资本主义发达国家一切反映社会化生产和市场经济一般规律的经验。要警惕右，主要是防止“左”。

——以经济建设为中心，改革开放、经济发展和社会稳定相互促进，相互统一。发展是硬道理。只有抓住有利时机，深化改革，扩大开放，加快发展，才能巩固安定团结的政治局面。只有坚持四项基本原则，坚持两手抓，保持社会政治稳定，才能有力地保证改革开放和经济发展的顺利推进。在积极发展经济和改革开放的过程中，注意稳妥，避免大的损失和社会震动。

——尊重群众首创精神，重视群众切身利益。及时总结群众创造出来的实践经验，尊重群众意愿，把群众的积极性引导好、保护好、发挥好。在深化改革和发展经济的过程中，妥善处理积累和消费、全局和局部、长期利益和近期利益的关系，不断提高群众生活水平，使改革赢得广泛而深厚的群众基础。

——整体推进和重点突破相结合。改革从农村起步逐渐向城市拓展，实现城乡改革结合，微观改革与宏观改革相配套，对内搞活和对外开放紧密联系、相互促进，是符合中国国情的正确决策。重大的改革举措，根据不同情况，有的先制订方案，在经济体制的相关方面配套展开；有的先在局部试验，取得经验后再推广。既注意改革的循序渐进，又不失时机地在重要环节取得突破，带动改革全局。

二、转换国有企业经营机制，建立现代企业制度

(4) 以公有制为主体的现代企业制度是社会主义市场经济体制的基础。十几年来，采取扩大国有企业经营自主权、改革经营方式等措施，增强了企业活力，为企业进入市场奠定了初步基础。继续深化企业改革，必须解决深层次矛盾，着力进行企业制度的创新，进一步解放和发展生产力，充分发挥社会主义制度的优越性。

建立现代企业制度，是发展社会化大生产和市场经济的必然要求，是我国国有企业改革的方向。其基本特征，一是产权关系明晰，企业中的国有资产所有权属于国家，企业拥有包括国家在内的出资者投资形成的全部法人财产权，成为享有民事权利、承担民事责任的法人实体。二是企业以其全部法人财产，依法自主经营，自负盈亏，照章纳税，对出资者承担资产保值增值的责任。三是出资者按投入企业的资本额享有所有者的权益，即资产受益、重大决策和选择管理者等权利。企业破产时，出资者只以投入企业的资本额对企业债务负有限责任。四是企业按照市场需求组织生产经营，以提高劳动生产率和经济效益为目的，政府不直接干预企业的生产经营活动。企业在市场竞争中优胜劣汰，长期亏损、资不抵债的应依法破产。五是建立科学的企业领导体制和组织管理制度，调节所有者、经营者和职工之间的关系，形成激励和约束相结合的经营机制。所有企业都要向这个方向努力。

(5) 建立现代企业制度是一项艰巨复杂的任务，必须积累经验，创造条件，逐步推进。当前，要继续贯彻《全民所有制工业企业法》和《全民所有制工业企业转换经营机制条例》，把企业的各项权利和责任不折不扣地落到实处。加强国有企业财产的监督管理，实现企业国有资产保值增值。加快转换国有企业经营机制和企业组织结构调整的步伐。坚决制止向企业乱集资、乱摊派、乱收费。减轻企业办社会的负担。有步骤地清产核资，界定产权，清理债权债务，评估资产，核实企业法人财产占有量。从各方面为国有企业稳步地向现代企业制度转变创造条件。

(6) 国有大中型企业是国民经济的支柱，推行现代企业制度，对于提高经营管理水平和竞争能力，更好地发挥主导作用，具有重要意义。现代企业按照财产构成可以有多种组织形式。国有企业实行公司制，是建立现代企业制度的有益探索。规范的公司，能够有效地实现出资者所有权与企业法人财产权的分离，有利于政企分开、转换经营机制，企业摆脱对行政机关的依赖，国家解除对企业承担的无限责任；也有利于筹集资金、分散风险。公司可以有不同的类型。具备条件的国有大中型企业，单一投资主体的可依法改组为独资公司，多个投资主体的可依法改组为有限责任公司或股份有限公司。上市的股份有限公司，只能是少数，必须经过严格审定。国有股权在公司中占有多少份额比较合适，可按不同产业和股权分散程度区别处理。生产某些特殊产品的公司和军工企业应由国家独资经营，支柱产业和基础产业中的骨干企业，国家要控股并吸收非国有资金入股，以扩大国有经济的主导作用和影响范围。实行公司制不是简单更换名称，也不是单纯为了筹集资金，而要着重于转换机制。要通过试点，逐步推行，绝不能搞形式主义，一哄而起。要防止把不具备条件的企业硬行改为公司。现有公司要按规范的要求加以整顿。

按照现代企业制度的要求，现有全国性行业总公司要逐步改组为控股公司。发展一批以公有制为主体，以产权联结为主要纽带的跨地区、跨行业的大型企业集团，发挥其在促进结构调整，提高规模效益，加快新技术、新产品开发，增强国际竞争能力等方面的重要作用。

一般小型国有企业，有的可以实行承包经营、租赁经营，有的可以改组为股份合作制，也可以出售给集体或个人。出售企业和股权的收入，由国家转投于急需发展的产业。

(7) 改革和完善企业领导体制和组织管理制度。坚持和完善厂长（经理）负责制，保证厂长（经理）依法行使职权。实行公司制的企业，要按照有关法规建立内部组织机构。企业中的党组织要发挥政治核心作用，保证监督党和国家方针政策的贯彻执行。全心全意依靠工人阶级。工会与职工代表大会要组织职工参加企业的民主管理，维护职工的合法权益。要加强职工队伍建设，造就企业家队伍。形成企业内部权责分明、团结合作、相互制约的机制，调动各方面的积极性。企业要按照市场经济的要求，完善和严格内部经营管理，严肃劳动纪律，加强技术开发、质量管理以及营销、财务和信息工作，提高决策水平、企业素质和经济效益。加强企业文化建设，培育优良的职业道德，树立敬业爱厂、遵法守信、开拓创新的精神。

(8) 加强企业中的国有资产管理。对国有资产实行国家统一所有、政府分级监管、企业自主经营的体制。按照政府的社会经济管理职能和国有资产所有者职能分开的原则，积极探索国有资产管理和经营的合理形式和途径。加强中央和省、自治区、直辖市两级政府专司国有资产管理的机构。当前国有资产管理不善和严重流失的情况，必须引起高度重视。有关部门对其分工监管的企业国有资产要负起监督职责，根据需要可派出监事会，对企业的国有资产保值增值实行监督。严禁将国有资产低价折股，低价出售，甚至无偿分给个人。要健全制度，从各方面堵塞漏洞，确保国有资产及其权益不受侵犯。

(9) 坚持以公有制为主体、多种经济成份共同发展的方针。在积极促进国有经济和集体经济发展的同时，鼓励个体、私营、外资经济发展，并依法加强管理。随着产权的流动和重组，财产混合所有的经济单位越来越多，将会形成新的财产所有结构。就全国来说，公有制在国民经济中应占主体地位，有的地方、有的产业可以有所差别。公有制的主体地位主要体现在国家和集体所有的资产在社会总资产中占优势，国有经济控制国民经济命脉及其对经济发展的主导作用等方面。公有制经济特别是国有经济，要积极参与市场竞争，在市场竞争中壮大和发展。国家要为各种所有制经济平等参与市场竞争创造条件，对各类企业一视同仁。现有城镇集体企业，也要理顺产权关系，区别不同情况可改组为股份合作制企业或合伙企业。有条件的也可以组建为有限责任公司。少数规模大、效益好的，也可以组建为股份有限公司或企业集团。

三、培育和发展市场体系

(10) 发挥市场机制在资源配置中的基础性作用，必须培育和发展市场体系。当前要着重发展生产要素市场，规范市场行为，打破地区、部门的分割和封锁，反对不正当竞争，创造平等竞争的环境，形成统一、开放、竞争、有序的大市场。

(11) 推进价格改革，建立主要由市场形成价格的机制。现在大部分商品价格已经放开，但少数生产资料价格双轨制仍然存在，生产要素价格的市场化程度还比较低，价格形成和调节机制还不健全。深化价格改革的主要任务是：在保持价格总水平相对稳定的前提下，放开竞争性商品和服务的价格，调顺少数由政府定价的商品和服务的价格；尽快取消生产资料价格双轨制；加速生产要素价格市场化进程；建立和完善少数关系国计民生的重要商品的储备制度，平抑市场价格。

(12) 改革现有商品流通体系，进一步发展商品市场。在重要商品的产地、销地或集散地，建立大宗农产品、工业消费品和生产资料的批发市场。严格规范少数商品期货市场试点。国有流通企业要转换经营机制，积极参与市场竞争，提高经济效益，并在完善和发展批发市场中发挥主导作用。根据商品流通的需要，构造大中小相结合、各种经济形式和经营方式并存、功能完备的商品市场网络，推动流通现代化。

(13) 当前培育市场体系的重点是，发展金融市场、劳动力市场、房地产市场、技术市场和信息市场等。

发展和完善以银行融资为主的金融市场。资本市场要积极稳妥地发展债券、股票融资。建立发债机构和债券信用评级制度，促进债券市场健康发展。规范股票的发行和上市，并逐步扩大规模。货币市场要发展规范的银行同业拆借和票据贴现，中央银行开展国债买卖。坚决制止和纠正违法违章的集资、拆借等融资活动。

改革劳动制度，逐步形成劳动力市场。我国劳动力充裕是经济发展的优势，同时也存在着就业的压力，要把开发利用和合理配置人力资源作为发展劳动力市场的出发点。广开就业门路，更多地吸纳城镇劳动力就业。鼓励和引导农村剩余劳动力逐步向非农产业转移和地区间的有序流动。发展多种就业形式，运用经济手段调节就业结构，形成用人单位和劳动者双向选择、合理流动的就业机制。

规范和发展房地产市场。我国地少人多，必须十分珍惜和合理使用土地资源，加强土地管理。切实保护耕地，严格控制农业用地转为非农业用地。国家垄断城镇土地一级市场。实行土地使用权有偿有限期出让制度，对商业性用地使用权的出让，要改变协议批租方式，实行招标、拍卖。同时加强土地二级市场的管理，建立正常的土地使用权价格的市场形成机制。通过开征和调整房地产税费等措施，防止在房地产交易中获取暴利和国家收益的流失。控制高档房屋和高消费游乐设施的过快增长。加快城镇住房制度改革，控制住房用地价格，促进住房商品化和住房建设的发展。

进一步发展技术、信息市场。引入竞争机制，保护知识产权，实行技术成果有偿转让，实现技术产品和信息商品化、产业化。

(14) 发展市场中介组织，发挥其服务、沟通、公证、监督作用。当前要着重发展会计师、审计师和律师事务所，公证和仲裁机构，计量和质量检验认证机构，信息咨询机构，资产和资信评估机构等。发挥行业协会、商会等组织的作用。中介组织要依法通过资格认定，依据市场规则，建立自律性运行机制，承担相应的法律和经济责任，并接受政府有关部门的管理和监督。

(15) 改善和加强对市场的管理和监督。建立正常的市场进入、市场竞争和市场交易秩序，保证公平交易、平等竞争，保护经营者和消费者的合法权益。坚决依法惩处生产和销售假冒伪劣产品、欺行霸市等违法行为。提高市场交易的公开化程度，建立有权威的市场执法和监督机构，加强对市场的管理，发挥社会舆论对市场的监督作用。

四、转变政府职能，建立健全宏观经济调控体系

(16) 转变政府职能，改革政府机构，是建立社会主义市场经济体制的迫切要求。政府管理经济的职能，主要是制订和执行宏观调控政策，搞好基础设施建设，创造良好的经济发展环境。同时，要培育市场体系、监督市场运行和维护平等竞争，调节社会分配和组织社会保障，控制人口增长，保护自然资源和生态环境，管理国有资产和监督国有资产经营，实现国家的经济和社会发展目标。政府运用经济手段、法律手段和必要的行政手段管理国民经济，不直接干预企业的生产经营活动。

目前各级政府普遍存在机构臃肿，人浮于事，职能交叉，效率低下的问题，严重阻碍企业经营机制的转换和新体制的建立进程，要按照政企分开，精简、统一、效能的原则，继续并尽早完成政府机构改革。政府经济管理部门要转变职能，专业经济部门要逐步减少，综合经济部门要做好综合协调工作，同时加强政府的社会管理职能，保证国民经济正常运行和良好的社会秩序。

(17) 社会主义市场经济必须有健全的宏观调控体系。宏观调控的主要任务是：保持经济总量的基本平衡，促进经济结构的优化，引导国民经济持续、快速、健康发展，推动社会全面进步。宏观调控主要采取经济办法，近期要在财税、金融、投资和计划体制的改革方面迈出重大步伐，建立计划、金融、财政之间相互配合和制约的机制，加强对经济运行的综合协调。计划提出国民经济和社会发展的目标、任务，以及需要配套实施的经济政策；中央银行以稳定币值为首要目标，调节货币供应总量，并保持国际收支平衡；财政运用预算和税收手段，着重调节经济结构和社会分配。运用货币政策与财政政策，调节社会总需求与总供给的基本平衡，并与产业政策相配合，促进国民经济和社会的协调发展。

(18) 积极推进财税体制改革。近期改革的重点，一是把现行地方财政包干制改为在合理划分中央与地方事权基础上的分税制，建立中央税收和地方税收体系。维护国家权益和实施宏观调控所必需的税种列为中央税；同经济发展直接相关的主要税种列为共享税；充实地方税税种，增加地方税收入。通过发展经济，提高效益，扩大财源，逐步提高财政收入在国民生产总值中的比重，合理确定中央财政收入和地方财政收入的比例。实行中央财政对地方的返还和转移支付的制度，以调节分配结构和地区结构，特别是扶持经济不发达地区的发展和老工业基地的改造。二是按照统一税法、公平税负、简化税制和合理分权的原则，改革和完善税收制度。推行以增值税为主体的流转税制度，对少数商品征收消费税，对大部分非商品经营继续征收营业税。在降低国有企业所得税税率，取消能源交通重点建设基金和预算调节基金的基础上，企业依法纳税，理顺国家和国有企业的利润分配关系。统一企业所得税和个人所得税，规范税率，扩大税基。开征和调整某些税种，清理税收减免，严格税收征管，堵塞税收流失。三是改进和规范复式预算制度。建立政府公共预算和国有资产经营预算，并可以根据需要建立社会保障预算和其他预算。要严格控制财政赤字。中央财政赤字不再向银行透支，而靠发行长短期国债解决。统一管理政府的国内外债务。

(19) 加快金融体制改革。中国人民银行作为中央银行，在国务院领导下独立执行货币政策，从主要依靠信贷规模管理，转变为运用存款准备金率、中央银行贷款利率和公开市场业务等手段，调控货币供应量，保持币值稳定；监管各类金融机构，维护金融秩序，不再对非金融机构办理业务。银行业与证券业实行分业管理。组建货币政策委员会，及时调整货币和信贷政策。按照货币在全国范围流通和需要集中统一调节的要求，中国人民银行的分支机构为总行的派出机构，应积极创造条件跨行政区设置。

建立政策性银行，实行政策性业务与商业性业务分离。组建国家开发银行和进出口信贷银行，改组中国农业银行，承担严格界定的政策性业务。

发展商业性银行。现有的专业银行要逐步转变为商业银行，并根据需要有步骤地组建农村合作银行和城市合作银行。商业银行要实行资产负债比例管理和风险管理。规范与发展非银行金融机构。

中央银行按照资金供求状况及时调整基准利率，并允许商业银行存贷款利率在规定幅度内自由浮动。改革外汇管理体制，建立以市场为基础的有管理的浮动汇率制度和统一规范的外汇市场。逐步使人民币成为可兑换的货币。

实现银行系统计算机网络化，扩大商业汇票和支票等结算工具的使用面，严格结算纪律，提高结算效率，积极推行信用卡，减少现金流通量。

(20) 深化投资体制改革。逐步建立法人投资和银行信贷的风险责任。竞争性项目投资由企业自主决策，自担风险，所需贷款由商业银行自主决定，自负盈亏。用项目登记备案制代替现行的行政审批制，把这方面的投融资活动推向市场，国家用产业政策予以引导。基础性项目建设要鼓励和吸引各方投资参与。地方政府负责地区性的基础设施建设。国家重大建设项目，按照统一规划，由国家开发银行等政策性银行，通过财政投融资和金融债券等渠道筹资，采取控股、参股和政策性优惠贷款等多种形式进行；企业法人对筹划、筹资、建设直至生产经营、归还贷款本息以及资产保值增值全过程负责。社会公益性项目建设，要广泛吸收社会各界资金，根据中央和地方事权划分，由政府通过财政统筹安排。

(21) 加快计划体制改革，进一步转变计划管理职能。国家计划要以市场为基础，总体上应当是指导性的计划。计划工作的任务，是合理确定国民经济和社会发展的战略、宏观调控目标和产业政策，搞好经济预测，规划重大经济结构、生产力布局、国土整治和重点建设。计划工作要突出宏观性、战略性、政策性，把重点放到中长期计划上，综合协调宏观经济政策和经济杠杆的运用。建立新的国民经济核算体系，完善宏观经济监测预警系统。

(22) 合理划分中央与地方经济管理权限，发挥中央和地方两个积极性。宏观经济调控权，包括货币的发行、基准利率的确定、汇率的调节和重要税种税率的调整等，必须集中在中央。这是保证经济总量平衡、经济结构优化和全国市场统一的需要。我国国家大，人口多，必须赋予省、自治区和直辖市必要的权力，使其能够按照国家法律、法规和宏观政策，制订地区性的法规、政策和规划；通过地方税收和预算，调节本地区的经济活动；充分运用地方资源，促进本地区的经济和社会发展。

五、建立合理的个人收入分配和社会保障制度

(23) 个人收入分配要坚持以按劳分配为主体、多种分配方式并存的制度，体现效率优先、兼顾公平的原则。劳动者的个人劳动报酬要引入竞争机制，打破平均主义，实行多劳多得，合理拉开差距。坚持鼓励一部分地区一部分人通过诚实劳动和合法经营先富起来的政策，提倡先富带动和帮助后富，逐步实现共同富裕。

(24) 建立适应企业、事业单位和行政机关各自特点的工资制度与正常的工资增长机制。国有企业在职职工工资总额增长率低于企业经济效益增长率，职工平均工资增长率低于本企业劳动生产率增长的前提下，根据劳动就业供求变化和国家有关政策规定，自主决定工资水平和内部分配方式。行政机关实行国家公务员制度，公务员的工资由国家根据经济发展状况并参照企业平均工资水平确定和调整，形成正常的晋级和工资增长机制。事业单位实行不同的工资制度和分配方式，有条件的可以实行企业工资制度。国家制订最低工资标准，各类企事业单位必须严格执行。积极推进个人收入的货币化和规范化。

(25) 国家依法保护法人和居民的一切合法收入和财产，鼓励城乡居民储蓄和投资，允许属于个人的资本等生产要素参与收益分配。逐步建立个人收入应税申报制度，依法强化征管个人所得税，适时开征遗产税和赠与税。要通过分配政策和税收调节，避免由于少数人收入畸高形成两极分化。对侵吞公有财产和采取偷税抗税、行贿受贿、贪赃枉法等非法手段牟取收入的，要依法惩处。

(26) 建立多层次的社会保障体系，对于深化企业和事业单位改革，保持社会稳定，顺利建立社会主义市场经济体制具有重大意义。社会保障体系包括社会保险、社会救济、社会福利、优抚安置和社会互助、个人储蓄积累保障。社会保障政策要统一，管理要法制化。社会保障水平要与我国社会生产力发展水平以及各方面的承受能力相适应。城乡居民的社会保障办法应有区别。提倡社会互助。发展商业性保险业，作为社会保险的补充。

(27) 按照社会保障的不同类型确定其资金来源和保障方式。重点完善企业养老和失业保险制度，强化社会服务功能以减轻企业负担，促进企业组织结构调整，提高企业经济效益和竞争能力。城镇职工养老和医疗保险金由单位和个人共同负担，实行社会统筹和个人账户相结合。进一步健全失业保险制度，保险费由企业按职工工资总额一定比例统一筹交。普遍建立企业工伤保险制度。农民养老以家庭保障为主，与社区扶持相结合。有条件的地方，根据农民自愿，也可以实行个人储蓄积累养老保险。发展和完善农村合作医疗制度。

(28) 建立统一的社会保障管理机构。提高社会保障事业的管理水平，形成社会保险基金筹集、运营的良性循环机制。社会保障行政管理和社会保险基金经营要分开。社会保障管理机构主要是行使行政管理职能。建立由政府有关部门和社会公众代表参加的社会保险基金监督组织，监督社会保险基金的收支和管理。社会保险基金经办机构，在保证基金正常支付和安全性流动性的前提下，可依法把社会保险基金主要用于购买国家债券，确保社会保险基金的保值增值。

六、深化农村经济体制改革

(29) 农业、农村和农民问题，是我国经济发展和现代化建设的根本问题。我国农村十多年来的改革，使农村社会经济面貌发生了历史性的变化，也为整个国民经济的改革和发展奠定了基础。近年来，农村面临着一些亟待解决的新问题，主要是农业特别是粮棉生产的比较效益下降，工农业产品价格剪刀差扩大，农民收入增长缓慢。必须稳定党在农村的基本政策，深化农村改革，加快农村经济发展，增加农民收入，进一步增强农业的基础地位，保证到本世纪末农业再上一个新台阶，广大农民的生活由温饱达到小康水平。

(30) 我国农村经济的发展，开始进入以调整结构、提高效益为主要特征的新阶段。要适应市场对农产品消费需求的变化，优化品种结构，使农业朝着高产、优质、高效的方向发展。在保持粮棉等基本农产品稳定增长的前提下，调整农村的产业结构，加快乡镇企业和其他非农产业的发展，为农村剩余劳动力提供更多的就业机会。实现农业产品结构和农村产业结构调整，必须积极培育农村市场，打破地区封锁、城乡分割的状况，进一步搞活流通，增强农村经济发展的开放性，使各种经济资源在更大的范围内流动和组合。这是加快农村经济发展，提高农民收入的根本途径。

(31) 以家庭联产承包为主的责任制和统分结合的双层经营体制，是农村的一项基本经济制度，必须长期稳定，并不断完善。在坚持土地集体所有的前提下，延长耕地承包期，允许继承开发性生产项目的承包经营权，允许土地使用权依法有偿转让。少数经济比较发达的地方，本着群众自愿原则，可以采取转包、入股等多种形式发展适度规模经营，提高农业劳动生产率和土地生产率。乡村集体经济组织，要积极兴办服务性的经济实体，为家庭经营提供服务，逐步积累集体资产，壮大集体经济实力。

(32) 发展农村社会化服务体系，促进农业专业化、商品化、社会化。从农民实际需要出发，发展多样化的服务组织，形成乡村集体经济组织、国家经济技术部门和各种专业技术协会等农民联合组织相结合的服务网络。各级供销社要继续深化改革，真正办成农民的合作经济组织，积极探索向综合性服务组织发展的新路子。逐步全面放开农产品经营，改变部门分割、产销脱节的状况，发展各种形式的贸工农一体化经营，把生产、加工、销售环节紧密结合起来。加快农村教育的改革和发展。积极推进农科教结合，加强农业科学技术的研究和先进适用技术的推广，用现代科学技术改造传统农业。要积极面向国际市场，大力发展高附加值产品和出口创汇农业。

(33) 乡镇企业是农村经济的重要支柱。要完善承包经营责任制，发展股份合作制，进行产权制度和经营方式的创新，进一步增强乡镇企业的活力。在明晰产权的基础上，促进生产要素跨社区流动和组合，形成更合理的企业布局。加强规划，引导乡镇企业适当集中，充分利用和改造现有小城镇，建设新的小城镇。逐步改革小城镇的户籍管理制度，允许农民进入小城镇务工经商，发展农村第三产业，促进农村剩余劳动力的转移。

(34) 加强政府对农业生产的支持和对农民利益的保护。各级政府要逐步增加对农业的投入，积极鼓励农民和集体增加劳动和资金投入，不断改善农业生产条件，增加农业的物质技术基础。要抓紧建立和健全粮食等基本农产品的储备调节体系和市场风险基金，实行保护价收购制度，防止市场价格过大波动。扶持农用工业发展。对农民负担的费用和劳务实行规范化、法制化管理，切实保护农民的经济利益。

(35) 扶持贫困地区特别是革命老区、少数民族地区、边远地区发展经济。中央和地方都要关心和支持这些地区的社会经济发展，进一步加强扶贫开发工作，重点搞好农业基本建设，改善交通通信状况。扩大发达地区与贫困地区的干部交流和经济技术协作。增强群众的市场经济意识，充分利用当地的资源优势，逐步形成主要靠自己力量脱贫致富的机制。

七、深化对外经济体制改革，进一步扩大对外开放

(36) 坚定不移地实行对外开放政策，加快对外开放步伐，充分利用国际国内两个市场、两种资源，优化资源配置。积极参与国际竞争与国际经济合作，发挥我国经济的比较优势，发展开放型经济，使国内经济与国际经济实现互接互补。依照我国国情和国际经济活动的一般准则，规范对外经济活动，正确处理对外经济关系，不断提高国际竞争能力。

(37) 实行全方位开放。继续推进经济特区、沿海开放城市、沿海开放地带，以及沿边、沿江和内陆中心城市的对外开放，充分发挥开放地区的辐射和带动作用；加快主要交通干线沿线地带的开发开放；鼓励中、西部地区吸引外资开发和利用自然资源，促进经济振兴；统筹规划，认真办好经济技术开发区、保税区，形成既有层次又各具特点的全方位开放格局。拓宽对外开放的领域，扩大生产要素的流动和交换，在注重工业和贸易领域国际联系的基础上，加快其他产业的对外开放，促进服务贸易的发展。改进海关、商检、运输等项口岸工作。加强对境外中资企业的管理。认真总结经验，不断提高对外开放程度，引导对外开放向高层次、宽领域、纵深方向发展。

(38) 进一步改革对外经济贸易体制，建立适应国际经济通行规则的运行机制。坚持统一政策、放开经营、平等竞争、自负盈亏、工贸结合、推行代理制的改革方向。加速转换各类企业的对外经营机制，按照现代企业制度改组国有对外经贸企业，赋予具备条件的生产和科技企业对外经营权，发展一批国际化、实业化、集团化的综合贸易公司。国家主要运用汇率、税收和信贷等经济手段调节对外经济活动。改革进出口管理制度，取消指令性计划，减少行政干预；对少数实行数量限制的进出口商品的管理，按照效益、公正和公开的原则，实行配额招标、拍卖或规则化分配。发挥进出口商会协调指导、咨询服务的作用。积极推进以质取胜和市场多元化战略。进一步搞好边境贸易。完善出口退税制度。降低关税总水平，合理调整关税结构，严格征管，打击走私。深化对外经济技术合作体制改革，提高综合经营能力和整体效益。统一和健全对外经济法规，维护国家利益。

(39) 积极引进外来资金、技术、人才和管理经验。改善投资环境和管理办法，扩大引进规模，拓宽投资领域，进一步开放国内市场。创造条件对外商投资企业实行国民待遇，依法完善对外商投资企业的管理。引导外资重点投向基础设施、基础产业、高新技术产业和老企业的技术改造，鼓励兴办出口型企业。发挥我国资源和市场的比较优势，吸引外来资金和技术，促进经济发展。

八、进一步改革科技体制和教育体制

(40) 科学技术是第一生产力，经济建设必须依靠科学技术，科学技术工作必须面向经济建设。科技体制改革的目标，是建立适应社会主义市场经济发展，符合科技自身发展规律，科技与经济密切结合的新型体制，促进科技进步。攀登科技高峰，以实现经济、科技和社会的综合协调发展。中央、地方和企业都要加大科技投入，逐步形成结构优化、布局合理、精干高效的研究开发体系，推动开发研究、高新技术及其产业和基础性研究的发展，促进科技成果向现实生产力的转化。要改变部门分割的状况，推进科技系统的结构调整和人才的合理分流。实行“稳住一头，放开一片”的方针，加强基础性研究，发展高新技术研究，放开技术开发和科技服务机构的研究开发经营活动。积极发展各种所有制形式和经营方式的科技企业。应用研究和开发研究机构以及科技咨询和信息服务机构要面向市场，逐步实行企业化经营，增强自我发展和市场竞争能力。

(41) 积极促进科技经济一体化。一是选择国民经济中重大和关键技术领域，统一协调组织科研力量进行科技攻关。二是建立自主开发与技术引进相互促进的新机制，搞好技术引进和技术创新。办好高新技术产业开发区，促进高新技术成果商品化和产业化。三是鼓励科研机构、高等院校和企业合作进行技术开发，支持技术开发研究机构与大型企业或企业集团联合创办新产品、新工艺的研究开发机构，加快用高新技术改造传统产业的步伐。在企业内部建立起市场、科研、生产一体化的技术进步机制，使企业成为技术开发的主体。四是发展促进技术转让的中介机构、中间试验和工业试验，建立地区和行业的技术创新组织和技术推广网络。五是国防军工科研单位要继续贯彻军民结合的方针，进一步深化改革，转换机制，在保障国防建设的前提下，加强军民两用技术研究开发，积极推进军工技术向民用领域转移。

(42) 社会主义市场经济体制的建立和现代化的实现，最终取决于国民素质的提高和人才的培养。各级党委和政府要把优先发展教育事业作为战略任务来抓，加强对教育工作的领导。切实落实《中国教育改革和发展纲要》，加快教育体制改革的步伐。确保教育投入，提高教学质量和办学效益。改变政府包揽办学的状况，形成政府办学为主与社会各界参与办学相结合的新体制。强化义务教育，大力发展职业教育和成人教育，优化教育结构。义务教育主要由政府投资办学，同时鼓励多渠道、多形式社会集资办学和民间办学；职业教育、成人教育以及各种社会教育要更多地面向市场需求，发挥社会各方面的作用。高等教育要改革办学体制，改变条块分割的状况，除特殊行业外，区别不同情况分步过渡到中央和地方两级管理的体制，扩大地方和院校的办学自主权。高等院校要在招生、专业设置、教材内容、教学方法以及毕业生就业等环节进一步改革。各类学校都要加强教师队伍建设，改善德育教育。

(43) 尊重知识，尊重人才，进一步创造人尽其才、人才辈出的环境和条件。要采取多种形式和途径，培养大量的熟练劳动者和各种专业人才，同时要造就一批进入世界科技前沿的跨世纪的学术和技术带头人。要把人才培养和合理使用结合起来，配套改革劳动人事与干部选拔制度。要制订各种职业资格标准和录用标准，实行学历文凭和职业资格两种证书制度，逐步实行公开招聘，平等竞争，促进人才合理流动。实行“支持留学、鼓励回国、来去自由”的方针，采取多种形式，鼓励海外人才为祖国服务。

九、加强法律制度建设

(44) 社会主义市场经济体制的建立和完善，必须有完备的法制来规范和保障。要高度重视法制建设，做到改革开放与法制建设的统一，学会运用法律手段管理经济。法制建设的目标是：遵循宪法规定的原则，加快经济立法，进一步完善民商法律、刑事法律、有关国家机构和行政管理方面的法律，本世纪末初步建立适应社会主义市场经济的法律体系；改革、完善司法制度和行政执法机制，提高司法和行政执法水平；建立健全执法监督机制和法律服务机构，深入开展法制教育，提高全社会的法律意识和法制观念。

(45) 坚持社会主义法制的统一。改革决策要与立法决策紧密结合。立法要体现改革精神，用法律引导、推进和保障改革顺利进行。要搞好立法规划，抓紧制订关于规范市场主体、维护市场秩序、加强宏观调控、完善社会保障、促进对外开放等方面的法律。要适时修改和废止与建立社会主义市场经济体制不相适应的法律和法规。加强党对立法工作领导，完善立法体制，改进立法程序，加快立法步伐，为社会主义市场经济提供法律规范。

加强和改善司法、行政执法和执法监督，维护社会稳定，保障经济发展和公民的合法权益。依法惩处刑事犯罪和经济犯罪，及时处理经济和民事纠纷。各级政府都要依法行政，依法办事。坚决纠正经济活动以及其他活动中有法不依，执法不严，违法不究，滥用职权，以及为谋求部门和地区利益而违反法律等现象。加强执法队伍建设，提高人员素质和执法水平。建立对执法违法的追究制度和赔偿制度。

(46) 加强廉政建设、反对腐败是建立社会主义市场经济体制的必要条件和重要保证，也是关系改革事业成败，关系党和国家命运的大事，必须切实抓紧抓好。反腐败斗争是长期的、艰巨的任务，要坚持不懈地进行。要加强廉政法制建设，完善党和国家机关及其工作人员特别是领导干部的廉洁自律和监督机制。执法、司法、经济管理等部门，要建立有效的约束机制，防范以权谋私，纠正部门和行业不正之风。绝不允许将商品交换原则引入党的政治生活和国家机关的政务活动，搞权钱交易。要依法严肃查处包括法人违法犯罪在内的大案要案，坚决惩处腐败分子。加强党的纪律检查机关和司法、监察、审计部门的工作，发挥法律监督，组织监督、群众监督和舆论监督的作用。

十、加强和改善党的领导，为本世纪末初步建立社会主义市场经济体制而奋斗

(47) 建立社会主义市场经济体制，加快现代化建设步伐，必须加强和改善党的领导。党要肩负起新时期的伟大历史任务，必须加强自身建设。当前，党的建设要着重抓好以下工作：一是坚持用邓小平同志建设有中国特色社会主

义的理论武装全党。要学习马克思列宁主义毛泽东思想，中心内容是学习建设有中国特色社会主义的理论，提高贯彻执行党的基本路线和发展社会主义市场经济方针政策的坚定性和自觉性，保持思想上政治上的高度一致。二是坚持全心全意为人民服务的宗旨，继承和发扬党的优良传统和作风，进一步密切党同人民群众的联系。三是严格执行党的民主集中制，健全党内政治生活，维护党的团结，严肃党的纪律，增强全局观念，使全党在行动上做到步调一致，令行禁止。四是加强各级领导班子的建设，深入实际，调查研究，坚决克服官僚主义和形式主义，认真学习社会主义市场经济基本知识和现代科技知识，努力提高领导现代化建设的水平。五是切实加强党的基层组织建设，努力改变一部分党组织软弱涣散的状况，充分发挥基层党组织战斗堡垒和广大党员的先锋模范作用。

(48) 同建立社会主义市场经济体制和经济发展相适应，积极推进政治体制改革，加强社会主义民主政治建设。坚持和完善人民代表大会制度和共产党领导的多党合作与政治协商制度。发挥工会、共青团、妇联等群众组织作为党联系群众的桥梁和纽带的作用。加快建立健全民主的科学的决策制度，提高决策水平。全面贯彻党的民族政策，完善民族区域自治制度，促进民族地区经济文化发展，巩固和发展平等、互助、团结、合作的社会主义民族关系，实现各民族的共同繁荣和团结进步。认真贯彻党的宗教政策、侨务政策，为社会主义现代化建设服务。加强基层民主建设，完善各种监督制度，切实保障人民群众依法管理国家事务、经济事务和社会事务的民主权利。

(49) 坚持两手抓、两手都要硬的方针，加强以培养有理想、有道德、有文化、有纪律的新人为目标的社会主义精神文明建设。各级党委和政府要发挥思想政治工作优势，加强对宣传思想和文化工作的领导。要加强对邓小平同志建设有中国特色社会主义理论的研究工作，加强以马克思主义为指导的哲学社会科学研究工作。要广泛深入生动地开展爱国主义、集体主义、社会主义教育，开展中国历史特别是近代史现代史和中华民族优良传统的教育，把亿万群众的巨大创造力凝聚到建设有中国特色社会主义的伟大事业上来。积极倡导在社会主义市场经济条件下坚持正确的人生观和文明健康的生活方式，加强社会公德和职业道德的建设，反对拜金主义、极端个人主义和腐朽的生活方式。坚持不懈地进行“扫黄”和扫除各种丑恶现象的斗争，加强社会治安综合治理。坚持为人民服务、为社会主义服务和百花齐放、百家争鸣的方针，鼓励创作积极向上、人民群众喜闻乐见的文化艺术作品，丰富人民的精神生活。深化文化体制改革，完善文化经济政策，依法加强文化市场管理。要把社会效益放在首位，正确处理精神产品社会效益与经济效益的关系。对需要扶持的文化艺术精粹，国家要有重点地给予必要的资助。

(50) 经济体制改革是一场涉及经济基础和上层建筑许多领域的深刻革命，必然要改变旧体制固有的和体制转变过程中形成的各种不合理的利益格局，不可避免地会遇到这样或那样的困难和阻力。必须从总体上处理好改革、发展和稳定的关系，处理好各方面的利益关系，调动一切积极因素，为国民经济健康发展创造有利条件。当前我国经济在高速增长过程中遇到的一些矛盾和问题，从根本上讲，是由于旧体制的弊病没有完全克服，新体制还没有完全形成，因此，各级党委和政府必须把更大的精力集中到加快改革上来。要紧紧抓住重点领域的改革，制订具体方案，大胆探索，勇于实践，认真总结经验，不断开拓前进。

十四届三中全会号召全党同志和全国各族人民，更加紧密地团结在以江泽民同志为核心的党中央周围，在邓小平同志建设有中国特色社会主义的理论和党的十四大精神指引下，同心同德，锐意改革，自力更生，艰苦创业，为在本世纪末初步建立起社会主义市场经济体制，实现国民经济和社会发展第二步战略目标而努力奋斗!

——转引自《中共中央关于建立社会主义市场体制若干问题的决定》(单行本)，人民出版社，1993年。

附录二

中华人民共和国加入议定书[①]

序　言

世界贸易组织（“WTO”），按照 WTO 部长级会议根据《马拉喀什建立世界贸易组织协定》（“《WTO 协定》”）第 12 条所作出的批准，与中华人民共和国（“中国”），

忆及中国是《1947 年关税与贸易总协定》的创始缔约方，

注意到中国是《乌拉圭回合多边贸易谈判结果最后文件》的签署方，

注意到载于 WT/ACC/CHN/49 号文件的《中国加入工作组报告书》（“工作组报告书”），

考虑到关于中国 WTO 成员资格的谈判结果，

协议如下：

第一部分　总体

第 1 条　总体情况

1. 自加入时起，中国根据《WTO 协定》第 12 条加入该协定，并由此成为 WTO 成员。

2. 中国所加入的《WTO 协定》应为经在加入之日前已生效的法律文件所更正、修正或修改的《WTO 协定》。本议定书，包括工作组报告书第 342 段所指的承诺，应成为《WTO 协定》的组成部分。

3. 除本议定书另有规定外，中国应履行《WTO 协定》所附各多边贸易协定中的、应在自该协定生效之日起开始的一段时间内履行的义务，如同中国在

① 对外贸易经济合作部世界贸易组织司：《中国加入世界贸易组织法律文件》，第 1～11 页，中国经济出版社，2002 年 1 月版。

该协定生效之日已接受该协定。

4. 中国可维持与《服务贸易总协定》（“GATS”）第2条第1款规定不一致的措施，只要此措施已记录在本议定书所附《第2条豁免清单》中，并符合GATS《关于第2条豁免的附件》中的条件。

第2条 贸易制度的实施

(A) 统一实施

1.《WTO协定》和本议定书的规定应适用于中国的全部关税领土，包括边境贸易地区、民族自治地方、经济特区、沿海开放城市、经济技术开发区以及其他在关税、国内税和法规方面已建立特殊制度的地区（统称为“特殊经济区”）。

2. 中国应以统一、公正和合理的方式适用和实施中央政府有关或影响货物贸易、服务贸易、与贸易有关的知识产权（“TRIPS”）或外汇管制的所有法律、法规及其他措施以及地方各级政府发布或适用的地方性法规、规章及其他措施（统称为“法律、法规及其他措施”）。

3. 中国地方各级政府的地方性法规、规章及其他措施应符合在《WTO协定》和本议定书中所承担的义务。

4. 中国应建立一种机制，使个人和企业可据以提请国家主管机关注意贸易制度未统一适用的情况。

(B) 特殊经济区

1. 中国应将所有与其特殊经济区有关的法律、法规及其他措施通知WTO，列明这些地区的名称，并指明界定这些地区的地理界线。中国应迅速，且无论如何应在60天内，将特殊经济区的任何增加或改变通知WTO，包括与此有关的法律、法规及其他措施。

2. 对于自特殊经济区输入中国关税领土其他部分的产品，包括物理结合的部件，中国应适用通常适用于输入中国关税领土其他部分的进口产品的所有影响进口产品的税费和措施，包括进口限制及海关税费。

3. 除本议定书另有规定外，在对此类特殊经济区内的企业提供优惠安排时，WTO关于非歧视和国民待遇的规定应得到全面遵守。

(C) 透明度

1. 中国承诺只执行已公布的、且其他WTO成员、个人和企业可容易获得的有关或影响货物贸易、服务贸易、TRIPS或外汇管制的法律、法规及其他措施。此外，在所有有关或影响货物贸易、服务贸易、TRIPS或外汇管制的法律、法规及其他措施实施或执行前，应请求，中国应使WTO成员可获得此类措施。在紧急情况下，应使法律、法规及其他措施最迟在实施或执行之时可获得。

2. 中国应设立或指定一官方刊物，用于公布所有有关或影响货物贸易、服务贸易、TRIPS 或外汇管制的法律、法规及其他措施，并且在其法律、法规或其他措施在该刊物上公布之后，应在此类措施实施之前提供一段可向有关主管机关提出意见的合理时间，但涉及国家安全的法律、法规及其他措施、确定外汇汇率或货币政策的特定措施以及一旦公布则会妨碍法律实施的其他措施外。中国应定期出版该刊物，并使个人和企业可容易获得该刊物各期。

3. 中国应设立或指定一咨询点，应任何个人、企业或 WTO 成员的请求，在咨询点可获得根据本议定书第 2 条（C）节第 1 款要求予以公布的措施有关的所有信息。对此类提供信息请求的答复一般应在收到请求后 30 天内作出。在例外情况下，可在收到请求后 45 天内作出答复。延迟的通知及其原因应以书面形式向有关当事人提供。向 WTO 成员作出的答复应全面，并应代表中国政府的权威观点。应向个人和企业提供准确和可靠的信息。

（D）司法审查

1. 中国应设立或指定并维持审查庭、联络点和程序，以便迅速审查所有与《1994 年关税与贸易总协定》（“GATT 1994”）第 10 条第 1 款、GATS 第 6 条和《TRIPS 协定》相关规定所指的法律、法规、普遍适用的司法决定和行政决定的实施有关的所有行政行为。此类审查庭应是公正的，并独立于被授权进行行政执行的机关，且不应对审查事项的结果有任何实质利害关系。

2. 审查程序应包括给予受审查的任何行政行为影响的个人或企业进行上诉的机会，且不因上诉而受到处罚。如初始上诉权需向行政机关提出，则在所有情况下应有选择向司法机关对决定提出上诉的机会。关于上诉的决定应通知上诉人，作出该决定的理由应以书面形式提供。上诉人还应被告知可进一步上诉的任何权利。

第 3 条　非歧视

除本议定书另有规定外，在下列方面给予外国个人、企业和外商投资企业的待遇不得低于给予其他个人和企业的待遇：

(a) 生产所需投入物、货物和服务的采购，及其货物据以在国内市场或供出口而生产、营销或销售的条件；及

(b) 国家和地方各级主管机关以及公有或国有企业在包括运输、能源、基础电信、其他生产设施和要求等领域所供应的货物和服务的价格和可用性。

第 4 条　特殊贸易安排

自加入时起，中国应取消与第三国和单独关税区之间的、与《WTO 协定》不符的所有特殊贸易安排，包括易货贸易安排，或使其符合《WTO 协

定》。

第5条 贸易权

1. 在不损害中国以与符合《WTO协定》的方式管理贸易的权利的情况下，中国应逐步放宽贸易权的获得及其范围，以便在加入后3年内，使所有在中国的企业均有权在中国的全部关税领土内从事所有货物的贸易，但附件2A所列依照本议定书继续实行国营贸易的货物除外。此种贸易权应为进口或出口货物的权利。对于所有此类货物，均应根据GATT 1994第3条，特别是其中第4款的规定，在国内销售、许诺销售、购买、运输、分销或使用方面，包括直接接触最终用户方面，给予国民待遇。对于附件2B所列货物，中国应根据该附件中所列时间表逐步取消在给予贸易权方面的限制。中国应在过渡期内完成执行这些规定所必需的立法程序。

2. 除本议定书另有规定外，对于所有外国个人和企业，包括未在中国投资或注册的外国个人和企业，在贸易权方面应给予其不低于给予在中国的企业的待遇。

第6条 国营贸易

1. 中国应保证国营贸易企业的进口购买程序完全透明，并符合《WTO协定》，且应避免采取任何措施对国营贸易企业购买或销售货物的数量、价值或原产国施加影响或指导，但依照《WTO协定》进行的除外。

2. 作为根据GATT 1994和《关于解释1994年关税与贸易总协定第17条的谅解》所作通知的一部分，中国还应提供有关其国营贸易企业出口货物定价机制的全部信息。

第7条 非关税措施

1. 中国应执行附件3包含的非关税措施取消时间表。在附件3中所列期限内，对该附件中所列措施所提供的保护在规模、范围或期限方面不得增加或扩大，且不得实施任何新的措施，除非符合《WTO协定》的规定。

2. 在实施GATT 1994第3条、第11条和《农业协定》的规定时，中国应取消且不得采取、重新采取或实施不能根据《WTO协定》的规定证明为合理的非关税措施。对于在加入之日以后实施的、与本议定书或《WTO协定》相一致的非关税措施，无论附件3是否提及，中国均应严格遵守《WTO协定》的规定，包括GATT 1994及其第13条以及《进口许可程序协定》的规定，包括通知要求，对此类措施进行分配或管理。

3. 自加入时起，中国应遵守《TRIMs协定》，但不援用《TRIMs协定》第5条的规定。中国应取消并停止执行通过法律、法规或其他措施实施的贸易平衡要求和外汇平衡要求、当地含量要求和出口实绩要求。此外，中国将不执行设置此类要求的合同条款。在不损害本议定书有关规定的情况下，中国应保证国家和地方各级主管机关对进口许可证、配额、关税配额的分配或对进口、进口权或投资权的任何其他批准方式，不以下列内容为条件：此类产品是否存在与之竞争的国内供应者；任何类型的实绩要求，例如当地含量、补偿、技术转让、出口实绩或在中国进行研究与开发等。

4. 进出口禁止和限制以及影响进出口的许可程序要求只能由国家主管机关或由国家主管机关授权的地方各级主管机关实行和执行。不得实施或执行不属国家主管机关或由国家主管机关授权的地方各级主管机关实行的措施。

第 8 条　进出口许可程序

1. 在实施《WTO 协定》和《进口许可程序协定》的规定时，中国应采取以下措施，以便遵守这些协定：

(a) 中国应定期在本议定书第 2 条（C）节第 2 款所指的官方刊物中公布下列内容：

——按产品排列的所有负责授权或批准进出口的组织的清单，包括由国家主管机关授权的组织，无论是通过发放许可证还是其他批准；

——获得此类进出口许可证或其他批准的程序和标准，以及决定是否发放进出口许可证或其他批准的条件；

——按照《进口许可程序协定》，按税号排列的实行招标要求管理的全部产品清单，包括关于实行此类招标要求管理产品的信息及任何变更；

——限制或禁止进出口的所有货物和技术的清单；这些货物也应通知进口许可程序委员会；

——限制或禁止进出口的货物和技术清单的任何变更；

用一种或多种 WTO 正式语文提交的这些文件的副本应在每次公布后 75 天内送交 WTO，供散发 WTO 成员并提交进口许可程序委员会。

(b) 中国应将加入后仍然有效的所有许可程序和配额要求通知 WTO，这些要求应按协调制度税号分别排列，并附与此种限制有关的数量（如有数量），以及保留此种限制的理由或预定的终止日期。

(c) 中国应向进口许可程序委员会提交其关于进口许可程序的通知。中国应每年向进口许可程序委员会报告其自动进口许可程序的情况，说明产生这些要求的情况，并证明继续实行的需要。该报告还应提供《进口许可程序协定》第 3 条中所列信息。

(d) 中国发放的进口许可证的有效期至少应为 6 个月，除非例外情况使此点无法做到。在此类情况下，中国应将要求缩短许可证有效期的例外情况迅速通知进口许可程序委员会。

2. 除本议定书另有规定外，对于外国个人、企业和外商投资企业在进出口许可证和配额分配方面，应给予不低于给予其他个人和企业的待遇。

第 9 条　价格控制

1. 在遵守以下第 2 款的前提下，中国应允许每一部门交易的货物和服务的价格由市场力量决定，且应取消对此类货物和服务的多重定价做法。

2. 在符合《WTO 协定》，特别是 GATT 1994 第 3 条和《农业协定》附件 2 第 3、4 款的情况下，可对附件 4 所列货物和服务实行价格控制。除非在特殊情况下，并须通知 WTO，否则不得对附件 4 所列货物或服务以外的货物或服务实行价格控制，且中国应尽最大努力减少和取消这些控制。

3. 中国应在官方刊物上公布实行国家定价的货物和服务的清单及其变更情况。

第 10 条　补贴

1. 中国应通知 WTO 在其领土内给予或维持的、属《补贴与反补贴措施协定》（“《SCM 协定》”）第 1 条含义内的、按具体产品划分的任何补贴，包括《SCM 协定》第 3 条界定的补贴。所提供的信息应尽可能具体，并遵循《SCM 协定》第 25 条所提及的关于补贴问卷的要求。

2. 就实施《SCM 协定》第 1 条第 2 款和第 2 条而言，对国有企业提供的补贴将被视为专向性补贴，特别是在国有企业是此类补贴的主要接受者或国有企业接受此类补贴的数量异常之大的情况下。

3. 中国应自加入时起取消属《SCM 协定》第 3 条范围内的所有补贴。

第 11 条　对进出口产品征收的税费

1. 中国应保证国家主管机关或地方各级主管机关实施或管理的海关规费或费用符合 GATT 1944。

2. 中国应保证国家主管机关或地方各级主管机关实施或管理的国内税费，包括增值税，符合 GATT 1994。

3. 中国应取消适用于出口产品的全部税费，除非本议定书附件 6 中有明确规定或按照 GATT 1944 第 8 条的规定适用。

4. 在进行边境税的调整方面，对于外国个人、企业和外商投资企业，自加入时起应被给予不低于给予其他个人和企业的待遇。

第 12 条　农业

1. 中国应实施中国货物贸易承诺和减让表中包含的规定，以及本议定书具体规定的《农业协定》的条款。在这方面，中国不得对农产品维持或采取任何出口补贴。

2. 中国应在过渡性审议机制中，就农业领域的国营贸易企业（无论是国家还是地方）与在农业领域按国营贸易企业经营的其他企业之间或在上述任何企业之间进行的财政和其他转移作出通知。

第 13 条　技术性贸易壁垒

1. 中国应在官方刊物上公布作为技术法规、标准或合格评定程序依据的所有正式的或非正式的标准。

2. 中国应自加入时起，使所有技术法规、标准和合格评定程序符合《TBT 协定》。

3. 中国对进口产品实施合格评定程序的目的应仅为确定其是否符合与本议定书和《WTO 协定》规定相一致的技术法规和标准。只有在合同各方授权的情况下，合格评定机构方可对进口产品是否符合该合同的商业条款进行合格评定。中国应保证此种针对产品是否符合合同商业条款的检验不影响此类产品通关或进口许可证的发放。

4.（a）自加入时起，中国应保证对进口产品和国产品适用相同的技术法规、标准和合格评定程序。为保证从现行体制的顺利过渡，中国应保证自加入时起，所有认证、安全许可和质量许可机构和部门获得既对进口产品又对国产品进行此类活动的授权；加入 1 年后，所有合格评定机构和部门获得既对进口产品又对国产品进行合格评定的授权。对机构或部门的选择应由申请人决定。对于进口产品和国产品，所有机构和部门应颁发相同的标志，收取相同的费用。它们还应提供相同的处理时间和申诉程序。进口产品不得实行一种以上的合格评定程序。中国应公布并使其他 WTO 成员、个人和企业可获得有关其各合格评定机构和部门相应职责的全部信息。

（b）不迟于加入后 18 个月，中国应仅依据工作范围和产品种类，指定其各合格评定机构的相应职责，而不考虑产品的原产地。指定给中国各合格评定机构的相应职责将在加入后 12 个月通知 TBT 委员会。

第 14 条　卫生与植物卫生措施

中国应在加入后 30 天内，向 WTO 通知其所有有关卫生与植物卫生措施的法律、法规及其他措施，包括产品范围及相关国际标准、指南和建议。

第 15 条　确定补贴和倾销时的价格可比性

GATT 1994 第 6 条、《关于实施 1994 年关税与贸易总协定第 6 条的协定》（"《反倾销协定》"）以及《SCM 协定》应适用于涉及原产于中国的进口产品进入一 WTO 成员的程序，并应符合下列规定：

(a) 在根据 GATT 1994 第 6 条和《反倾销协定》确定价格可比性时，该 WTO 进口成员应依据下列规则，使用接受调查产业的中国价格或成本，或者使用不依据与中国国内价格或成本进行严格比较的方法：

(ⅰ) 如受调查的生产者能够明确证明，生产该同类产品的产业在制造、生产和销售该产品方面具备市场经济条件，则该 WTO 进口成员在确定价格可比性时，应使用受调查产业的中国价格或成本；

(ⅱ) 如受调查的生产者不能明确证明生产该同类产品的产业在制造、生产和销售该产品方面具备市场经济条件，则该 WTO 进口成员可使用不依据与中国国内价格或成本进行严格比较的方法。

(b) 在根据《SCM 协定》第二、三及五部分规定进行的程序中，在处理第14 条 (a) 项、(b) 项、(c) 项和 (d) 项所述补贴时，应适用《SCM 协定》的有关规定；但是，如此种适用遇有特殊困难，则该 WTO 进口成员可使用考虑到中国国内现有情况和条件并非总能用作适当基准这一可能性的确定和衡量补贴利益的方法。在适用此类方法时，只要可行，该 WTO 进口成员在考虑使用中国以外的情况和条件之前，应对此类现有情况和条件进行调整。

(c) 该 WTO 进口成员应向反倾销措施委员会通知依照 (a) 项使用的方法，并应向补贴与反补贴措施委员会通知依照 (b) 项使用的方法。

(d) 一旦中国根据该 WTO 进口成员的国内法证实其是一个市场经济体，则 (a) 项的规定即应终止，但截至加入之日，该 WTO 进口成员的国内法中须包含有关市场经济的标准。无论如何，(a) 项 (ⅱ) 目的规定应在加入之日后 15 年终止。此外，如中国根据该 WTO 进口成员的国内法证实一特定产业或部门具备市场经济条件，则 (a) 项中的非市场经济条款不得再对该产业或部门适用。

第 16 条　特定产品过渡性保障机制

1. 如原产于中国的产品在进口至任何 WTO 成员领土时，其增长的数量或所依据的条件对生产同类产品或直接竞争产品的国内生产者造成或威胁造成市场扰乱，则受此影响的 WTO 成员可请求与中国进行磋商，以期寻求双方满意的解决办法，包括受影响的成员是否应根据《保障措施协定》采取措施。任何此种请求应立即通知保障措施委员会。

2. 如在这些双边磋商过程中，双方同意原产于中国的进口产品是造成此种情况的原因并有必要采取行动，则中国应采取行动以防止或补救此种市场扰乱。任何此类行动应立即通知保障措施委员会。

3. 如磋商未能使中国与有关 WTO 成员在收到磋商请求后 60 天内达成协议，则受影响的 WTO 成员有权在防止或补救此种市场扰乱所必需的限度内，对此类产品撤销减让或限制进口。任何此类行动应立即通知保障措施委员会。

4. 市场扰乱应在下列情况下存在：一项产品的进口快速增长，无论是绝对增长还是相对增长，从而构成对生产同类产品或直接竞争产品的国内产业造成实质损害或实质损害威胁的一个重要原因。在认定是否存在市场扰乱时，受影响的 WTO 成员应考虑客观因素，包括进口量、进口产品对同类产品或直接竞争产品价格的影响以及此类进口产品对生产同类产品或直接竞争产品的国内产业的影响。

5. 在根据第 3 款采取措施之前，采取此项行动的 WTO 成员应向所有利害关系方提供合理的公告，并应向进口商、出口商及其他利害关系方提供充分机会，供其就拟议措施的适当性及是否符合公众利益提出意见和证据。该 WTO 成员应提供关于采取措施的决定的书面通知，包括采取该措施的理由及其范围和期限。

6. 一 WTO 成员只能在防止和补救市场扰乱所必需的时限内根据本条采取措施。如一措施是由于进口水平的相对增长而采取的，而且如该项措施持续有效的期限超过 2 年，则中国有权针对实施该措施的 WTO 成员的贸易暂停实施 GATT 1994 项下实质相当的减让或义务。但是，如一措施是由于进口的绝对增长而采取的，而且如该措施持续有效的期限超过 3 年，则中国有权针对实施该措施的 WTO 成员的贸易暂停实施 GATT 1994 项下实质相当的减让或义务。中国采取的任何此种行动应立即通知保障措施委员会。

7. 在迟延会造成难以补救的损害的紧急情况下，受影响的 WTO 成员可根据一项有关进口产品已经造成或威胁造成市场扰乱的初步认定，采取临时保障措施。在此种情况下，应在采取措施后立即向保障措施委员会作出有关所采取措施的通知，并提出进行双边磋商的请求。临时措施的期限不得超过 200 天，在此期间，应符合第 1 款、第 2 款和第 5 款的有关要求。任何临时措施的期限均应计入第 6 款下规定的期限。

8. 如一 WTO 成员认为根据第 2 款、第 3 款或第 7 款采取的行动造成或威胁造成进入其市场的重大贸易转移，则该成员可请求与中国和/或有关 WTO 成员进行磋商。此类磋商应在向保障措施委员会作出通知后 30 天内举行。如此类磋商未能在作出通知后 60 天内使中国与一个或多个有关 WTO 成员达成协议，则请求进行磋商的 WTO 成员在防止或补救此类贸易转移所必需的限度内，有权针对该产品撤销减让或限制自中国的进口。此种行动应立即通知保障措施委员会。

9. 本条的适用应在加入之日后 12 年终止。

第 17 条 WTO 成员的保留

WTO 成员以与《WTO 协定》不一致的方式针对自中国进口的产品维持的所有禁止、数量限制和其他措施列在附件 7 中。所有此类禁止、数量限制和其他措施应依照该附件所列共同议定的条件和时间表逐步取消或加以处理。

第 18 条 过渡性审议机制

1. 所获授权涵盖中国在《WTO 协定》或本议定书项下承诺的 WTO 下属机构[①]，应在加入后 1 年内，并依照以下第 4 款，在符合其授权的情况下，审议中国实施《WTO 协定》和本议定书相关规定的情况。中国应在审议前向每一下属机构提供相关信息，包括附件 1A 所列信息。中国也可在具有相关授权的下属机构中提出与第 17 条下任何保留或其他 WTO 成员在本议定书中所作任何其他具体承诺有关的问题。每一下属机构应迅速向根据《WTO 协定》第 4 条第 5 款设立的有关理事会报告审议结果（如适用），有关理事会应随后迅速向总理事会报告。

2. 总理事会应在加入后 1 年内，依照以下第 4 款，审议中国实施《WTO 协定》和本议定书条款的情况。总理事会应依照附件 1B 所列框架，并按照根据第 1 款进行的任何审议的结果，进行此项审议。中国也可提出与第 17 条下任何保留或其他 WTO 成员在本议定书中所作任何其他具体承诺有关的问题。总理事会可在这些方面向中国或其他成员提出建议。

3. 根据本条审议问题不得损害包括中国在内的任何 WTO 成员在《WTO 协定》或任何诸边贸易协定项下的权利和义务，并不得排除或构成要求磋商或援用《WTO 协定》或本议定书中其他规定的先决条件。

4. 第 1 款和第 2 款规定的审议将在加入后 8 年内每年进行。此后，将在第 10 年或总理事会决定的较早日期进行最终审议。

第二部分 减让表

1. 本议定书所附减让表应成为与中国有关的、GATT 1994 所附减让和承诺表及 GATS 所附具体承诺表。减让表中所列减让和承诺的实施期应按有关

① 货物贸易理事会、与贸易有关的知识产权理事会、服务贸易理事会、国际收支限制委员会、市场准入委员会（包括《信息技术协定》）、农业委员会、卫生与植物卫生措施委员会、技术性贸易壁垒委员会、补贴与反补贴措施委员会、反倾销措施委员会、海关估价委员会、原产地规则委员会、进口许可程序委员会、与贸易有关的投资措施委员会、保障措施委员会和金融服务委员会。

减让表相关部分列明的时间执行。

2. 就 GATT 1994 第 2 条第 6 款（a）项所指的该协定日期而言，本议定书所附减让和承诺表的适用日期应为加入之日。

第三部分　最后条款

1. 本议定书应开放供中国在 2002 年 1 月 1 日前以签字或其他方式接受。

2. 本议定书应在接受之日后第 30 天生效。

3. 本议定书应交存 WTO 总干事。总干事应根据本议定书第三部分第 1 款的规定，迅速向每一 WTO 成员和中国提供一份本议定书经核证无误的副本和中国接受本议定书通知的副本。

4. 本议定书应依照《联合国宪章》第 102 条的规定予以登记。

2001 年 11 月 10 日订于多哈，正本一份用英文、法文和西班牙文写成，三种文本具有同等效力，除非所附减让表中规定该减让表只以以上文字中的一种或多种为准。

主要参考文献

1.《马克思恩格斯选集》第一、二、三、四卷，人民出版社，1972年。

2.《资本论》第一、二、三卷，人民出版社，1972年。

3.《邓小平文选》第一、二、三卷，人民出版社，1993年。

4. 中央财经领导小组办公室：《中共中央关于制定国民经济和社会发展第十个五年计划的建议》学习辅导讲座，人民出版社，2000年。

5. 曾培炎：《中华人民共和国国民经济和社会发展第十个五年计划纲要》学习辅导讲座，人民出版社，2001年。

6. 高尚全：《中国经济体制改革20年基本经验研究》，经济科学出版社，1998年。

7. 吴敬琏：《当代中国经济改革战略与实施》，上海远东出版社，1999年。

8. 魏杰：《社会主义市场经济通论》，中国人民大学出版社，1993年。

9. 王维澄、李连仲：《社会主义市场经济教程》，北京大学出版社，1995年。

10. 陈吉、彭建强、周文斌：《21世纪中国农业与农村经济》，河南人民出版社，2000年。

11. 阮成发：《WTO与政府改革》，经济日报出版社，2001年。

12. 陈东琪：《新政府干预论》，首都经济贸易大学出版社，2000年。

13. 宋醒民：《社会主义市场经济概论》，经济管理出版社，1998年。

14. 谢望礼：《邓小平经济理论教程》，经济管理出版社，2001年。

15. 李昌平：《我向总理说实话》，光明日报出版社，2002年。

16. 汪尧田、汪明：《世界贸易组织知识问答》，上海辞书出版社，2000年。

后　记

从党的十四大明确提出建立社会主义市场经济体制的改革目标至今已整整十个年头。十年来，经过全国人民的艰难探索和共同努力，社会主义市场经济体制已初步建立，人们对社会主义市场经济体制构架的认识日渐成熟。为了使一些社会主义市场经济的基本理论能够得到更广泛的普及并进而发挥其应有的效能，我们编写了《中国市场经济导论》一书。彭武汉副教授编写了本书的第四章、第八章和第十二章，其余章节由谢望礼教授编写。

本书从叙述市场经济的一般原理出发（第一章），以我国市场经济理论的确立为前提（第二章），基于我国现阶段的所有制结构（第三章），就构成市场经济体制的五个相互联系、相互制约的基本环节（企业制度、市场体系、宏观调控、收入分配和社会保障）分别进行了阐析（第四章至第八章），继而就关乎我国市场经济发展全局的“三农问题”（第九章）、国际化问题（第十章）、法制和信用问题（第十一章）以及政府体制问题（第十二章）做了说明。尽管我们对上述方面问题的分析是在市场经济体制初步建立的今天，但是，由于我们才疏学浅，加之我国的社会主义市场经济是一个新事物，其理论的完善必将经历一个相当长的历史时期，因此，本书肯定是很不成熟的，我们诚恳希望广大读者批评斧正。

在本书的编写过程中，我们参考并吸收了一些学者的研究成果，得到了江西财经大学王秋石教授及其他同仁的指导和帮助，在此，我们一并致以深深的谢意。

编著者

2002 年 7 月 6 日